让我们 甲骨文 一起追寻

御本丸

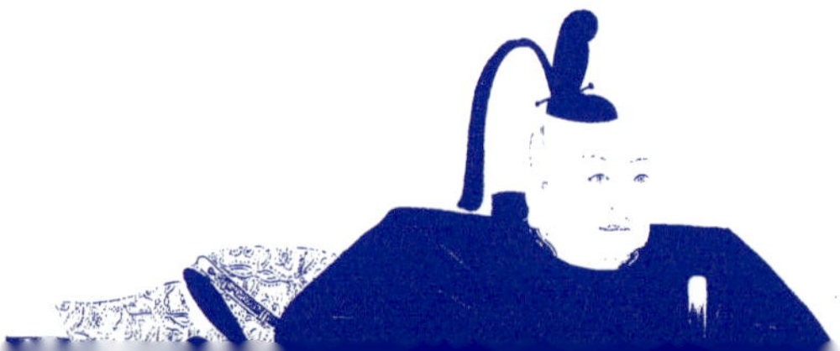

江户开幕

〔日〕藤井让治 著

刘晨 译

社会科学文献出版社
SOCIAL SCIENCES ACADEMIC PRESS (CHINA)

目　录

江户开幕

序章　政治的时代

本书将要讨论的内容，发生在从丰臣秀吉去世的一五九八年（庆长三年）起，至江户幕府第三代将军德川家光去世的一六五一年（庆安四年）为止的五十四年间。

在这半个多世纪的时间里，日本经历了家康和德川氏选择将军政权——而非前代丰臣氏所建立的关白政权——作为政治与国家体制，并逐步让这一体制变得稳固和长久的过程。而如果稍微转变一下观察视角的话还会发现，在这段时间里虽然领主与民众的对抗关系仍然是历史发展的基础，但同时包括他国在内的各种政治势力也在此期间冲突碰撞，而相应的政治秩序或者说国际秩序则作为其结果逐渐形成。从上述意义来讲，这半个世纪堪称“政治的时代”。

“乃成天下殿”

一五九九年（庆长四年）闰三月，家康从位于伏见向岛的自家宅邸迁居伏见城，听闻这一消息的奈良兴福寺僧人英俊，在日记中写下了“（家康）乃成天下殿”的评论。虽然关原之战尚未爆发，在世人眼中家康也已是掌握最高权力的“天下人”，但在表面上，家康仍然只不过是丰臣政权“五大老”的首座而已。这一状态甚至在关原之战以家康的胜利而结束之后仍未发生变化，家康此后还在向大坂城的丰臣秀赖行家臣之礼。

到一六〇三年就任征夷大将军之后，家康开始不再向秀赖行臣下之礼，可这并不意味着家康也获得了秀赖的服从。在此之后，两人虽然于一六一一年在京都二条城会面，但会面过程中没有表现出明确的君臣上下关系；双方之间的矛盾越来越大，最终通过大坂夏之阵和丰臣氏灭亡才终告消解。可以说，对德川氏而言，丰臣氏的存在本身就是这一时期的一大政治难题。

“御代交替”

一六〇五年（庆长十年），家康在就任将军仅两年后便让位于秀忠，秀忠也于一六二三年（元和九年）让位于家光，二人先后成为“大御所”。就任将军之人，会在以新年拜贺为代表的各种仪式中，优先于大御所接受来自诸大名的行礼，以德川氏长者[①]身份享受礼仪方面的待遇。

---

① 氏长者即族长。本书中所有脚注均为译者注，无特殊情况不再另行说明。

不过，秀忠在家康死后的一六二〇年命令诸大名完成的大坂城普请[①]被称作“御代交替之御普请”，此时距他就任将军已有近十五年；另外，已然就任将军十年的家光，在秀忠死后不久对熊本藩加藤忠广进行的改易[②]处分，也被视作“御代始之御法度”，家光于一六三四年（宽永十一年）的上洛[③]同样被称作“御代交替之御上洛”。

上述事实说明，就任将军也好，成为氏长者也罢，并非真正意义上“更替”的完成。“更替”是从大御所去世才开始变成现实的。换言之，虽然让出将军之职，大御所仍旧是天下人。而对于这一时期的领主们来说，相较于将军，天下人才是具有压倒性重要意义的存在；而怎样才能成为天下人，便是就任将军之人所要面对的首要课题。

“惟有以泪洗面”

一六〇九年（庆长十四年），朝廷内部发生了宫女与年轻公卿私通的事件。当时的后阳成天皇如触“逆鳞”般震怒，明确表态要求严惩不贷。就在此时家康介入，并

---

① 城郭等建筑或道路桥梁的修建或修复工程。

② 日本近世对于武士阶层的处分之一，包括剥夺其身份，没收领地等。

③ 日本古代对于从地方前往京都这一行为的称呼。

夺取了事件处理的主导权，最终做出了相对稳健的处罚决定。“惟有以泪洗面”，乃是事件的处理进入最后阶段时，后阳成天皇因无法按自己意愿行事而发出的悲叹。如果说颁布《禁中并公家诸法度》是幕府对于天皇和公家支配行为的体制化措施，那么上述事件的经过则表明，天下人将天皇和朝廷纳入其政治体制的行为获得了认可。以这一事件为契机，幕府逐步构筑起了以摄家和传奏①为中心的亲幕府的朝廷管理机构。

有一种观点认为，可以将朝廷理解为一个以公家、门迹为家臣的，拥有十万石左右岁入的藩国。但是，授予各公家知行②的却并不是天皇而是将军，勤勉于“诸家之学问”则是公家向将军履行的效忠义务。由此观之，公家们其实既从属于天皇，同时也从属于将军。

更重要的问题在于，对天皇采邑的“禁里御料”的支配权是掌握在幕府位于京都的代官手中的，所以天皇本人甚至连一般的独立封建领主所拥有的权限也并不具备，只不过承担着赋予幕府和德川氏以权威性这一政治职能而已。

---

① 摄家指拥有成为摄政和关白资格的藤原五家（近卫、一条、九条、二条、鹰司），传奏为室町时代以来负责朝廷与幕府交流的朝廷官职。

② 日本近世的知行是指公家或武士所获得的采邑或俸禄。

“国家之患”

一六一三年（庆长十八年）颁行的《伴天连追放之文》中，基督教徒[1]被宣布为“国家之患”。从此以后，这一认知奠定了幕府基督教政策的基调。

幕府的基督教政策，最初只是将重点放在驱逐外国传教士上，但很快民众也成为被镇压的对象，日本人航行出国遭到禁止，岛原之乱过后更是发展到了一六三九年（宽永十六年）驱逐全部葡萄牙人的地步。

这一葡萄牙人驱逐令向来被认为是锁国完成的标志。但是，法令上的意义如何尚且不论，锁国作为政治体制的完成，需要以这一驱逐令在现实中发挥真正功能为标志，也就是幕府于次年将前来日本寻求重启贸易的葡萄牙人处刑，用以彰显其禁止通航的决绝，并在防备对方报复的紧张时期构筑起以西国大名为中心的沿岸防卫体系等。

“不可使百姓饿死”

在宽永末年的饥荒爆发之时，时任幕府大老的若狭小滨藩主酒井忠胜，向自己领内家老表示“百姓饿死乃吾等之耻也”，备后福山藩主水野胜重也要求领内家老“不

---

① 本书中的基督教一词是指以天主教为主的基督教整体。

可使百姓饿死”。

在这之前，幕府划分到武家领主们头上的军役，都是通过最终转嫁给领内百姓的方式才得以完成的。这种压榨不断逼近极限，被自然灾害进一步加剧，最终造成了宽永饥馑的爆发。饥馑终于使得领主们被迫开始顾及百姓的生存问题。当然，对于领主们来说，这实际上也只是为了能长期维持剥削而已。不过以此为契机，一直以来专注于确立领主间、国家间政治秩序的武家领主们，重新将注意力投到了作为权力基础的百姓身上，为了使权力长存、百姓立命而努力。从这一立场上来说，宽永饥馑意义重大，对于新时代的方向性探索正是由此开始的。

从“神国、佛国”到日本型中华思想

继秀吉侵略朝鲜失败之后，家康在东亚世界内展开了善邻友好的外交活动，但即便如此，对于自己的国家究竟在东亚世界中占据怎样的地位，家康在这一时期并未抱有明确的构想。

虽然在一六一三年颁行的《伴天连追放之文》中出现了“日本乃神国、佛国也”的表述，但这不过是借用已有的意识形态而已，真正意义上的国家认识尚未完全形成。

在此之后，通过与朝鲜、琉球、中国，以及葡萄牙、西班牙、荷兰、英国等参与东亚世界事务的诸国之间的交流，日本逐步确立起以自己为中心的国际秩序。这其实是单方面且极其主观地以日本为“华”，同时通过朝鲜通信使、琉球庆贺使、荷兰商馆长赴江户拜谒将军等行为将这些国家定义为“夷”。更重要的是，不是“神国、佛国”思想，而是供奉着家康的东照宫占据了这一观念体系的核心，幕府通过在外交体系中称幕府将军为“日本国大君”，在外交文书上标注日本年号等手段，使日本自身的国家认识逐步明确化。

第一章　从丰臣到德川

1　关原之战

秀吉之死

一五九八年（庆长三年）八月十八日，丰臣秀吉在山城国伏见城中去世，享年六十三岁。该年五月卧病于床的秀吉，病情在六月时曾一度好转，进入七月却加速恶化。七月初时，秀吉已然病故的传闻不胫而走，京都、大坂、伏见等地趋于混乱，诸大名坚壁清野的种种备战举动同时出现。

政治动荡之中，以德川家康、前田利家、宇喜多秀家、上杉景胜、毛利辉元五大老，以及前田玄以、浅野长政、增田长盛、石田三成、长束正家五奉行为中心，诸大名相互签署了数份誓纸。[1] 一五九八年七月十五日，以毛利辉元和岛津义久为首的诸大名，于前田利家宅邸签署了交付对象为德川家康和前田利家的誓纸；八月五日，五大老和五奉行之间交换了以对方为交付对象的誓纸。紧接着八月八日，德川家康、前田利家、宇喜多秀家、德川秀忠、前田利长以五奉行为交付对象，八月十一日五奉行以五大老为交付对象，分别签署了誓纸。上述诸多誓纸的第一条内容，无一例外都是承诺将坚定不移地效忠丰臣秀赖，而此时丰臣秀赖刚满六岁。

就在五大老、五奉行之间交换誓纸的八月五日，秀吉向德川家康、前田利家、毛利辉元、上杉景胜、宇喜多秀家五大老传达了“以此片语托秀赖之将来于诸位，此外再无他念”的遗书，将身后事嘱托给五大老。到了八月十八日丑刻（凌晨两点），秀吉于伏见城中故去，其波澜壮阔的一生落下帷幕。不过，为了让还滞留在朝鲜的各支部队能够顺利撤回，秀吉的死讯暂时并未对外公布。

“天下殿”家康

一五九九年（庆长四年）正月一日，秀赖在伏见城

[1] “奉行”本意是奉命行事，后引申为主君身边的重臣职务。“誓纸”又名起请文，是以向神佛起誓形式达成的契约或约定遵守事项的文书，以血书写或按印的誓书称血判起请文。

接受完诸大名的新年拜贺之后，同月十日依照秀吉的遗命，在保护人前田利家的陪同下迁往大坂城。另一边，由于家康仍然留在伏见，政治核心由此一分为大坂和伏见两部分，五大老、五奉行合议政治的前景堪忧。就在这危机四伏的紧要关头，闰三月三日前田利家在大坂的自家府邸病逝，到此为止尚且勉强维系的合议体制初现裂痕。虽然利家死后其子利长增补成为五大老的一员，但即便只是对抗家康的力量也不复存在。而就在利家去世的当夜，自朝鲜出兵以来就对石田三成怀恨在心的加藤清正、黑田长政、浅野幸长（浅野长政之子）等七名武将，以诛三成而后快之故突然发难。察觉此事的三成逃往伏见，诸将也前往伏见请求家康交出三成。家康没有同意武将们的请求，而是将三成送回了他的居城近江佐和山（现彦根市）。如此一来，五奉行的中心人物三成失势，五奉行制度一角崩塌。

就在这一事件行将告一段落之时，闰三月十三日，家康从伏见向岛自家宅邸迁居伏见城西之丸。听闻这一事件的奈良兴福寺僧人英俊，在日记中写道“（家康）乃成天下殿”。此后的半年时间里，家康一直待在伏见。在此期间，七月，前一年刚从越后国移封至会津的上杉景胜出于领国经略的目的返回封地；八月，前田利长由大坂出发返回金泽，二人各自离开了上方①。

到九月，家康终于有了新的动作。以向秀赖行重阳（九月初九的节日）之贺礼为借口，九月七日家康从伏见启程前往大坂，并入住石田三成旧邸。隔日九月九日，家康向秀赖行礼结束之后，丝毫没有离开大坂的意思，而是从三成旧邸迁入三成兄长石田正澄宅邸，表现出要长留大坂之意。九月二十六日，不知是不是受家康之意所影响，秀吉的正妻北政所（高台院）突然从一直以来居住的大坂城西之丸搬出，前往京都。次日二十七日，家康便移居北政所离开之后空出的西之丸，将其变为自己的居所，甚至命令藤堂高虎在西之丸城垣曲轮内兴建了天守阁。

到一五九九年末，此前分别待在伏见和大坂的毛利辉元和宇喜多秀家二人也分别返回各自封地，依然坐镇上方的五大老只剩下家康一人，所有的政务处理都变为家康的独断裁决。一六〇〇年正月一日，诸大名首先在大坂城本丸向秀赖行贺年之礼后，继续前往西之丸拜访家康并祝贺新年。通过这一事件，家康作为丰臣政权内部第一人的形象清晰可见，不过如果换一种思考方式我们可以发现，即便被视作“天下殿”却仍旧无法超越作

① 中近世时期对于以京都为中心的近畿地区（主要包括山城、大和、河内、和泉、摄津等国）的别称。

为丰臣政权之主秀赖的家康，其所处的政治地位也在这一事件中一览无余。

会津攻略

尽管私下结成姻亲关系被法令禁止，家康还是于一五九九年（庆长四年）策划了与伊达、福岛、蜂须贺诸家之间的联姻，不过因五大老其他成员和五奉行等人的反对而暂时作罢。可到了第二年，德川与蜂须贺家的婚约随即结成，家康做出了无视秀吉所定法度和法规的行动。笔者认为，这些行动并非胡乱无谋之举，而是为了探测诸大名的动向和真实意图的有意之举。

在做出上述行动的同时，家康还给实力派大名制造难题，以使其屈从，进而确立自身势力。家康首先选定的目标就是五大老之一的加贺前田利长。就在这时，从五奉行之一的增田长盛那里，家康接到了利长伙同与其有姻亲关系的细川忠兴计划谋反的情报。笔者并不认为前田利长和细川忠兴真有谋反的意图，但家康以此为借口向二人发难。面对这一难题，细川忠兴亲自上洛，前田利长也派出老臣，各自做出辩解。家康迫使前田利长以生母、细川忠兴以嫡子忠利为人质，并将上述二人送往江户。结果就是，前田、细川两氏屈服于家康的谋略之下。

前田利长之后，家康的攻略对象便是会津一百二十万石大名上杉景胜。一六〇〇年正月，家康在面对前来大坂参加贺年仪式的景胜使者时，提出了让景胜及早上洛的要求。对此，景胜表示自己于一五九八年刚从越后转封到会津，此后则出于朝鲜出兵和秀吉去世等原因一直留在上方难以脱身，好不容易于一五九九年七月刚刚返回新封地，因此希望专心于领国经略之事，拒绝上洛。可是，家康仍旧再次要求景胜上洛，并且在景胜拒绝之后，以景胜心怀叛意为由，决定攻打会津。

六月十六日整军出阵，家康命佐野纲正留守大坂城西之丸，当天进抵伏见城，命鸟居元忠守城。十八日大军自伏见出发，出于谨防石田三成奇袭或诡计的考虑，全军急行，仅仅用了四天的时间就抵达三河国。此后家康从容行军，越过箱根进入德川领国之后脚步就更加缓慢，直到七月二日才终于进抵江户城。此后，一直到七月二十一日从江户城出发为止，家康按兵不动，关注着上方的动向。

西军起兵

视家康攻打会津为良机的石田三成，先是劝服越前敦贺城主大谷吉继，之后又偕同前田玄以、增田长盛、长束正家三奉行，成功策动五大老之一的毛利辉元担纲西军盟主。前一年回到领国的辉元在七月十五日坐船由广岛出发，十六日夜间抵达大坂，并于次日十七日驱逐了为家康留守大坂城西之丸的佐野纲正，自己入居西之丸。就在当天，悉数家康诸罪的十三条弹劾文《内府（家康）所违之条目》，连同前田玄以、增田长盛、长束正家三人所写的号召天下应与家康决一死战的檄文一起，被分发向全国诸大名。

从这一天开始，西军的活动日益频繁。次日十八日，拒绝加入西军的细川幽斋（细川忠兴之父）的固守之地丹后田边城（今舞鹤市）遭到丹波、但马诸将的攻击；十九日，小早川秀秋、岛津义弘等军开始进攻伏见城。但由于守将鸟居元忠等人的奋力抵抗，伏见城直到八月一日才最终失守。

就在毛利辉元进驻大坂城的七月十七日当天，家康获悉了石田三成等人暗地行动的消息。不过家康并未改变出兵会津的计划，仍于十九日挥师出发，家康本人也按照预定计划于二十一日从江户城出发。七月二十四日，家康抵达下野小山，同时收到伏见城鸟居元忠发来的西军起兵的消息。他便召集诸将举行军事会议，决定挥师返回上方以讨伐三成等人。

被任命为先锋军的福岛正则等丰臣系大名于二十六日从小山发兵，沿东海道西上。家康于八月四日由小山阵地出发，次日归抵江户城。他之所以在此后近一个月的时间里一直在江户城按兵不动，一方面是出于对会津上杉氏的警

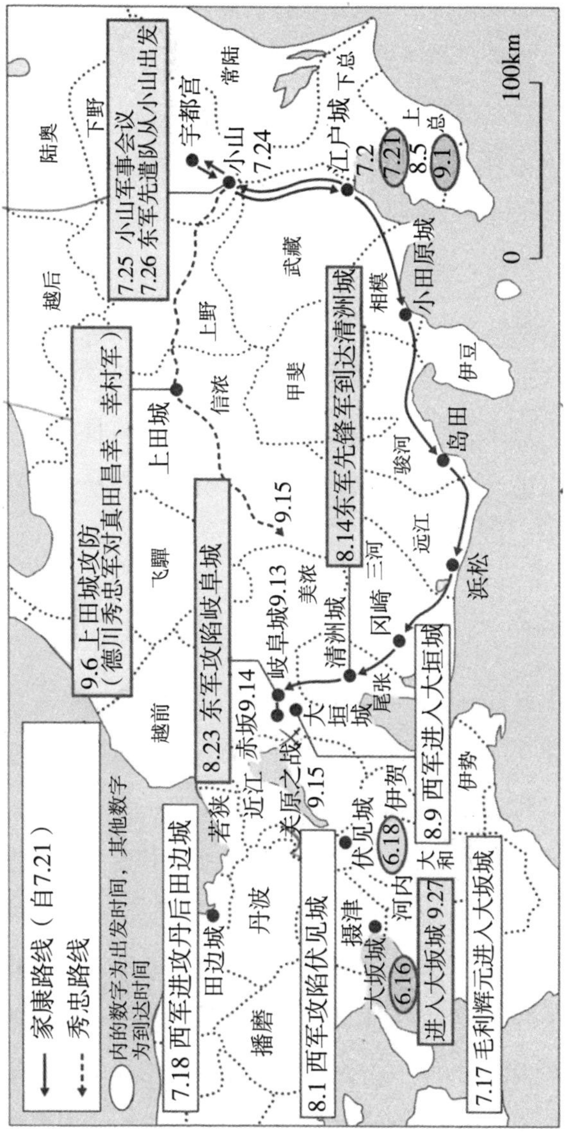

家康、秀忠在关原之战前后的动向

惕，另一方面是因为德川秀忠担任大将的德川军由小山经上野国进抵信浓这一行军过程不顺。还有一个原因是，家康在看到福岛正则、黑田长政、浅野幸长等受丰臣之恩的大名们效忠于自己的证明之前，恐怕不会轻易西进。在接到东军攻破岐阜城的捷报之后，家康终于整装待发，于九月一日从江户城起程。

攻下岐阜城之后，东军布阵于美浓赤坂，西军则占据大垣城，两军持续对峙直至关原之战。家康率领三万二千多人兵发江户，沿东海道稳步进发，于九月十三日进抵岐阜，十四日进入诸将虚席以待的赤坂，并做好了次日出战的准备。

关原之战

九月十五日清晨，被家康的计策引诱至关原的西军与东军之间拉开了合战大幕。西军有八万人，东军有七万五千人。自辰时（上午八时）开始的战斗，一度陷入一进一退的激战之中。但是，布阵松尾山的小早川秀秋倒戈东军，此外五奉行之一的长束正家、毛利秀元（辉元养子）、安国寺惠琼、长宗我部盛亲等人也作壁上观，因此实际上参加战斗的西军部队不过三万出头。另外，大将毛利辉元身在大坂城，并未亲临战场。如后文所述毛利辉元之将吉川广家，从一开始就回避战斗。虽说东军一方也缺少了因为进攻信浓上田城而受阻没能赶上参加合战的秀忠部队，可是这场战斗从一开始，西军就已经毫无胜算了。家康在取得“定分天下”之战的胜利后，更是继续督军前进，进攻了石田三成的居城佐和山城并于十八日将其攻陷。之后大军进抵近江八幡，十九日进入草津，二十日进入大津城。家康在这里一直停留到二十六日。

关原之战即将爆发之时，针对战争终结的积极外交战就已经展开。关原之战前一天的十四日，毛利辉元的部将吉川广家向家康表示，辉元成为西军盟主实非出自本心，并于当天得到了由家康部将本多忠胜、井伊直政二人签署的血判起请文，以保证辉元不受惩罚。合战结束两天后的十七日，加入东军的黑田长政与福岛正则向辉元转达了家康不会处罚他的约定。辉元随即向黑田和福岛发出了感谢书信，感谢二人在家康面前为自己从中调停。二十二日，辉元分别向黑田长政、福岛正则和本多忠胜、井伊执政发出两份起请文，保证领国完整以及和平交出大坂城西之丸。二十四日，受家康之命，福岛正则、黑田长政、藤堂高虎、浅野幸长、池田辉政等人和平接收西之丸，辉元则退至自己在木津的宅邸。

家康得到上述报告后，于二十六日从大津城出发，当日宿于山城国淀城。次日二十七日抵达大坂后，他首先面见了本丸的秀赖，随后进驻西之丸。这一天正是家康为征

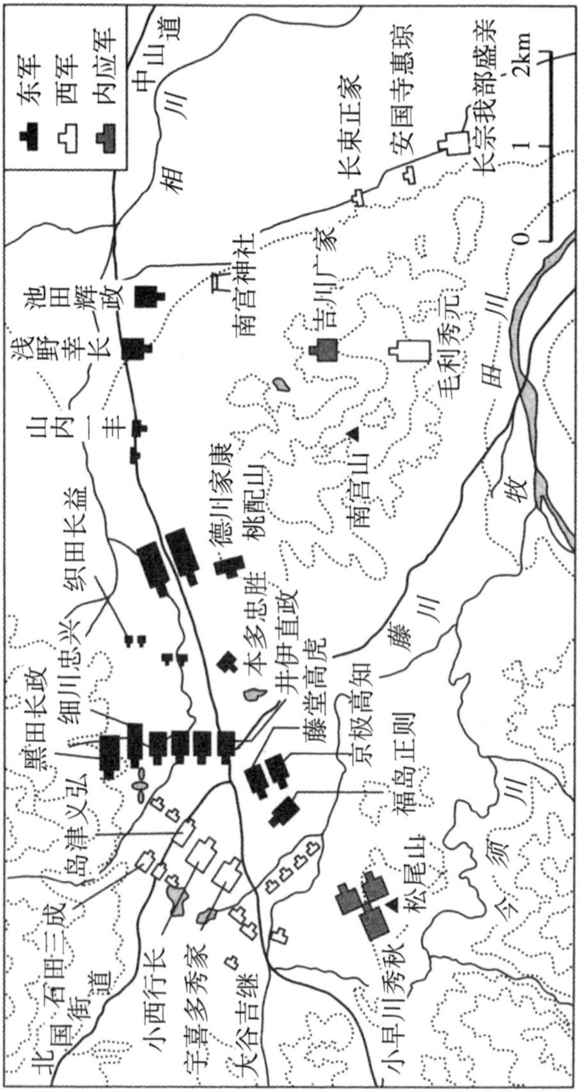

关原之战 9月15日上午8时左右

资料来源：『織豊政権と江户幕府』。

伐会津从大坂城西之丸出发后的第九十九天。在这九十九天里，政局天翻地覆，家康的天下变得稳如泰山。

名分与实质

关原之战，实质上是家康夺取天下之战。那么如果是这样，为什么家康没有趁机将丰臣氏消灭掉呢？

对于从属于西军的诸将来说，这一战有两大名义：一是对秀赖的效忠；二是弹劾违背了已故秀吉所制定法度和法规的家康，以剪除其为目的。

对于家康来说，这一战又意味着什么呢？在接到西军起兵的消息后，家康向诸大名表示“石田治部少辅（三成）、大谷刑部少辅（吉继）有逆心”；此外在七月二十九日寄给黑田长政和田中吉政等人的书信中称，“大坂奉行众怀别心之说”；还说前田玄以、增田长盛、长束正家等三奉行已与石田三成合谋，但只字未提秀赖。此外，据说就在关原之战刚结束，正在与辉元交涉和平交接西之丸问题的当口，家康便通过大野治长向秀赖母子申明了关原之战与秀赖毫无关系的立场。家康的这一立场也可以通过以下政策得到确认，即关原之战后家康在沿近江路进军的过程中，一方面命令东军诸将烧掠西军盟军诸将领地，另一方面又严格禁止诸将触犯秀赖的领地。此外，在九月二十二日寄给前田利长的书信中，家康表示“大坂亦于此一两日内可定，虽可攻取，但毕竟是秀赖大人之御居所，故慎免之”，明确地将秀赖和西军区别看待。

这样看来，对家康来说，关原一战不过是自己出于丰臣氏五大老的立场，为诛伐石田三成等人而进行的战斗，从名义上说并非丰臣氏与德川氏之间的战争。

家康之所以不得不采用这样一种名义，一方面是因为家康与尚且年幼的秀赖很难马上找到对立决裂的理由，另一方面也因为从属于东军的诸将所持的名义在于诛灭石田三成，无视这一点而直接与丰臣氏进行对决，对于这一时期的家康来说无疑是无谋之举。

战后的论功行赏

无论关原之战的名义为何，实质上经此一战天下便掌握在了家康的手里。进入大坂城西之丸的家康开始没收西军诸将领地，并对东军诸将论功行赏。

领地遭到没收的大名主要包括备前五十七万石宇喜多秀家、土佐二十二万石长宗我部盛亲、大和郡山二十万石增田长盛、肥后宇土二十万石小西行长、近江佐和山十九万石石田三成等，其总数达八十七名，共计四百一十五万石。另外，西军大将毛利辉元从安艺广岛一百二十万石减封至周防、长门两国三十七万石，上杉景胜从陆奥会津一百二十万石减封至出羽米泽三十万石，佐竹义宣从常陆水户五十四万石减封至出羽秋田二十万石，减封总数达二百零八万石①。除此之外，一五九八年（庆长三年）还拥有四十余国中总计二百二十二万石的丰臣氏藏入地（直辖领）也被削减至以摄津、河内、和泉为中心的六十五万石。

其结果是，家康在进行关原之战的论功行赏时可封赏的知行高达到了七百八十万石。这一数值占到了当时日本全部知行高一千八百五十万石的百分之四十以上，由此可以证明关原一战的重要意义。

另外，因功受赏的大名合计一百零四名，知行高达六百三十五万石。其中外样大名五十二名，共四百二十二万石，基本相当于从被改易的大名手里没收来的知行高数量，主要包括由下野宇都宫十八万石转封至陆奥会津六十万石的蒲生秀行，由丰前中津十八万石转封至筑前福冈五十二万石的黑田长政，由三河吉田（今丰桥市）十五万石转封至播磨姬路五十二万的池田辉政，由尾张清州二十万石转封至安艺广岛四十九万石的福岛正则，由丹后宫津十八万石转封至丰前小仓

① 各大名的石高数为不满一石的四舍五入后的概数，故合计时有误差，下文同理，不再另作说明。——编者注

（今北九州市）三十九万石的细川忠兴，由甲斐府中（今甲府市）十六万石转封至纪伊和歌山三十七万石的浅野幸长。

一门谱代中因功受赏者合计五十二名，知行高共二百一十二万石。关原之战时驻留下野小山以防备上杉景胜的家康次子结城秀康由下总结城十万石转封至越前北庄（今福井市）六十七万石，家康四子松平忠吉由武藏忍（今行田市）十万石转封至尾张清州五十二万石，井伊直政由上野箕轮十二万石转封至近江佐和山十八万，奥平信昌由上野小幡（今群马县甘乐町）三万石转封至美浓加纳十万石，鸟居忠政（元忠之子）由下总矢作（今香取市）四万石转封至陆奥平（又称磐城平，今磐城市）十万石。

这样一来，此前一直封在关东和东海地区的外样大名分别被转封至西国和东国地区，一门谱代取而代之，被安置在他们转封后空出的地区，特别是连接江户与京都之间的地域，通过一门谱代的受封而稳固了下来。

不能忽视的是，被没收的知行高与给诸大名加增的知行高之间存在一百四十五万之差。这些知行地都变成了德川氏的藏入直辖地。其结果就是，德川氏直辖地的知行高达到近四百万石，幕府的财政基础得到了进一步强化。

2　家康就任将军

将军宣下

一六〇三年（庆长八年）二月十二日，家康正式就任征夷大将军。业已掌控天下的家康，其地位借由将军这一具有传统意义的武家官职实现了权威化。与丰臣氏的关白政权完全不同的政权构想也随之开启。

家康的将军宣下①改变了家康与丰臣秀赖之间的相互关系。关原之战结束之后的第一个正月，秀赖于元旦接受诸大名的新年拜贺，家康则于十五日接受诸大名拜贺。此外，正月二十九日由京都赶到大坂的公家、门迹②众人，也是按照秀赖、家康的顺序行年初贺礼的。一六〇二年，家康在江户度过新年，二月上洛，三月十三日西下大坂向秀赖行新年拜贺之礼。一六〇三年，家康对聚集到伏见准备祝贺新年的诸大名下达了先向秀赖行新年拜贺之礼的命令，于是诸大名彻夜跑到大坂，赶在元旦这天向秀赖行

① 由公卿承天皇旨意所签署的征夷大将军任命书——宣旨通过敕使下赐给就任者本人的过程，即将军任命之意。

② 由出家为僧的皇族亲王等担任的天台等佛教宗派主要寺院的最高职位。

礼，然后等到初二又到家康处行礼。同时，家康本人也在二月八日动身前往大坂向秀赖贺年。由此看来，家康承认秀赖为丰臣政权的继承人，也承认自己臣属于其下。

不过，自从接受将军宣下的一六〇三年二月十二日以后，家康便不再赴秀赖之处行新年礼了，诸大名也不再向秀赖行新年礼而只向家康行拜年礼。由此可见，将军宣下乃家康脱离丰臣政权五大老之一的地位、名副其实地成为武家栋梁这一权力顶点的重要契机。

另外，就在家康接受将军宣下两个月后的四月二十二日，秀赖获任正二位内大臣，此乃武家内部仅次于家康本人的位阶和官职。同年七月，根据已故的秀吉和家康之间的约定，秀忠长女千姬与秀赖结婚，行入舆仪式。此外，一六〇四年八月，恰逢秀吉的七周年忌，家康在丰国神社主导了临时祭，德川与丰臣两家之间关系的裂痕被有意识地弥合。

丰国神社的临时祭

的确，丰国神社的临时祭在一方面表现出了家康对丰臣氏的尊重。但另一方面，此番祭礼所呈现的意义绝非仅此而已。受家康之命，代管丰国神社的梵舜、京都所司代板仓胜重、大坂来的片桐且元准备了这场祭祀。仪式包括二百名神官组成的骑马队列，三十人规模的田乐，上京、下京千名町人参加的舞蹈，由金春、观世、宝生、金刚四座组成的神前能乐。参观祭礼的观众人山人海，包括天皇和公家在内，京城之中气氛沸腾。因德川和丰臣之间的紧张关系而积郁已久的民众得以将压力一口气释放出来。从这种意义上说，这次祭礼犹如一个“气栓”，“放出”了民众的不安和不满情绪。

家康在执行此次祭礼的时候，还细心留意了各种问题。神官所乘之马是向前田利长、伊达政宗、福岛正则、加藤清正等五十五位大名征用的，但是秀赖和诸大名全都没有出现在祭礼现场。这是因为家康禁止诸大名参观祭礼，还是因为诸大名忌惮家康的手段？这一点并不明确。不过无论是哪种情况，都反映出家康对以此次祭礼为契机来强化丰臣氏与诸大名之间关系的警惕。

霸府的建设

一五九〇年（天正十八年），在秀吉征讨小田原北条氏之后转封关东的家康，于同年八月一日进入江户。日后成为江户幕府每年节庆之一的八朔之礼，便是通过将家康的“江户御入城”与古已有之的“凭之节俗”相结合而完成仪礼化的。家康初入江户时的江户城，之前曾是北条氏家臣远山氏之城，外侧并无石垣，仅有长满草的土垒，城郭建筑也粗制滥造，作为领地知行超过二百万石的家康的居城，实在是有些寒酸。

不过，除了在入国之初改造本丸并将平川与本城连通，之后又开凿名为道三堀的运河之外，江户并未进行过真正意义上大规模的建筑工程。到一五九二年（文禄元年），西之丸开建，城郭也开始扩建。在这一时期，日比谷入江的浅海湾被填埋造陆，但这一工程由于秀吉下达了伏见城修筑工事的命令而被迫中断。

将军宣下的一六〇三年（庆长八年），家康着手建设天下之霸府。首先，他命令前田利长、伊达政宗、加藤清正、细川忠兴、浅野幸长等外样大名和结城秀康、松平忠吉、本多忠胜等一门谱代大名等东国西国七十余位大名削平神田山，将土石填埋至丰岛之洲，并在此建设人家和商店密集的街市，即町场。此举是为了随后的江户城大规模扩建工程，后来町屋（商家）被迁移至此。一六〇四年八月，以西国为中心的二十九位大名被命令提供运输江户城工事所需石料的石船。江户城的绳张（规划设计）由藤堂高虎负责，池田辉政、福岛正则、加藤清正、加藤嘉明、黑田长政、细川忠利（忠兴之子）等西国大名被动员起来负责城郭石垣工事。正式的工程从一六〇六年三月一日开始，修建了本丸、二之丸和三之丸，天守阁也于一六〇七年完工。不过江户城并未就此完工，此后经历了一六一一年和一六一二年的西之丸工程，一六二〇年（元和六年）的神田台分割开渠等工程，一六三六年（宽永十三年）至一六三八年的大规模工程后，江户城才最终完成。

秀忠继任将军

一六〇五年（庆长十年）四月，家康将将军之位让与其子秀忠，以此将德川氏的政权世袭昭告天下。一六〇五年二月二十四日，秀忠统率十万（一说十六万）大军从江户出发。由关东和甲信地区以北的诸大名集结而成的秀忠大军被认为是对“赖朝入京之例的效仿”①。

自江户出发第二十七天的三月二十一日，在京中居民的围观中，秀忠进入伏见城。《庆长日件录》作者舟桥秀贤目睹了秀忠大军列队行进的景观并记录道：“今日，右大将殿下（秀忠）驾临伏见，行列装束惊人眼目，前后乘马者三千有余，东国诸大名尽皆相伴也。”

与家康一六〇三年接受将军宣下时相同，四月十六日，秀忠在伏见接受宣下。此事对于原本寄微弱希望于秀赖能继家康之后就任将军的丰臣一方来说，无疑是巨大的打击。家康则如同要“宜将剩勇追穷寇”一般，在五月

---

① 一一九〇年（建久元年）镰仓幕府的开创者源赖朝在平定东北战乱之后上洛，这被认为是其成为实质上的武家领袖，掌握天下权力的标志。

初通过秀吉正妻高台院（北政所）向秀赖传达出希望其能够为祝贺秀忠继任将军而上洛的请求。

秀赖生母淀君十分震怒并拒绝了这一请求，称如果非要上洛的话母子就双双自尽。公家西洞院时庆在其日记中这样记录了当时的情况："闻言大坂之事甚为忧虑，须知其详。"另外，记录当时大小事情的《当代记》中还出现了"（五月）七、八日间，大坂民出，物货运送，人心不定"的记录，大坂城一时骚动不安。不过当月十日，家康第六子松平忠辉作为新将军秀忠的代表前往大坂拜问秀赖，骚动暂时得以平息。这一事件实际上是家康为了摸清丰臣方的动向而做出的一次投石问路之举。

3　庆长十六年的上洛

久违的上洛

家康在关原之战后进入大坂西之丸并在那里居住了半年左右；又于一六〇一年（庆长六年）三月二十三日迁入关原之战中被西军攻陷，后重新修复的伏见城。从此直到一六〇四年闰八月十四日从伏见出发东下江户，并于一六〇七年将居所选定在骏府（今静冈市）为止，即便是就任将军以后，家康多数时间也都是在伏见度过的。之所以不得不远离自己的领国而居住在伏见，是因为家康无法在江户推行“天下之政治”。

一六〇五年四月，家康把将军之位让与秀忠，向天下昭告政权的世袭性质，且号令诸大名建造的江户城石垣工程也在次年完成，因此决定将居城定在骏府。一六〇七年，家康动员西国大名，从畿内、丹波、备中、近江、伊势、美浓等国征发劳力筑城。七月三日，家康进入修建完成的骏府城。总理天下政务的城池，由此从伏见城转移到了骏府城。

家康在一六〇六年之前每年都会上洛，从构建起骏府据点的一六〇七年开始，到为进行大坂冬之阵而于一六一四年上洛为止的这段时间里，虽然偶尔会前往江户，但除了仅有一次的一六一一年三月上洛之外，再没有上洛过。这期间唯一的一次上洛，也就是一六一一年这次，原因是后阳成天皇让位、后水尾天皇即位之事。但家康上洛的目的不仅如此。

三月十七日，统率七八百名骑兵和五万大军的家康来到京都的大门——山科追分，并在西国大名和公家众等人的迎接中抵达洛中，入居二条城。细川忠兴将此事称为“诸国大小名无人缺席纷纷上洛”并通知了自己的家臣。

上洛次日，武家传奏的广桥兼胜和劝修寺光丰受朝廷委托，为祝贺家康上洛而造访二条城。家康一方面告知二人此次上洛是作为将军秀忠的代表，前来交涉天皇即位的诸多事宜，另一方面还提出希望为德川家始祖新田义重赠予镇守府将军的官职以及为家康父亲广忠赠官的请求。家康的请求在当天就得到天皇敕许，新田义重追赠镇守府将军，广忠追赠权大纳言之位。

三月二十七日，后阳成天皇让位于政仁亲王，四月十二日，政仁亲王于紫宸殿即位，是为后水尾天皇。家康以裹头的形式观看了即位大礼。所谓裹头，就是以黑色的薄绢像头巾一样包裹住头部，家康裹头之举是因为此时的他已不再担任朝廷的官职。

在二条城与秀赖的会面

家康上洛的第二个目的是在二条城与秀赖会面。会面选在了后阳成天皇让位、后水尾天皇受禅的次日，即三月二十八日。

三月二十七日，由大坂出发的秀赖留宿于淀，次日在前往鸟羽出迎的家康之子义直、赖宣二人的迎接之下，经竹田街道进入京都。织田有乐（长益）、片桐且元、片桐贞隆（且元之弟）、大野治长等三十人左右陪同秀赖前往。这是秀赖自一五九九年（庆长四年）正月从伏见迁居大坂以来的首次上洛。

来到京都的秀赖在片桐且元的京都宅邸更换为肩衣、褶裙等礼服后，进入家康所在的二条城。秀赖与家康相互行礼，并接受家康的酒食招待，在与已故秀吉的正室高台院会面之后离开二条城。这一过程耗时两个多小时。离开二条城后，秀赖先参观了一六〇九年开始重建的方广寺大佛殿，之后又参拜了丰国神社，并于当天返回了大坂。

对于这次二条城的会见，家康的近臣本多正纯于次日发给酒井忠世等在江户的五名重臣的书信中，留下了“秀赖大人，昨二十八日尊呈御礼于大御所大人”的表述，也就是说此一会见意味着秀赖向家康行臣礼。此外，本次会见还成为诸大名和公家众等人直观家康使秀赖臣服一事的仪式。

《大坂御阵觉书》对这次会见有着如下记述。即家康先向秀赖提出了因久未相见故而务必上洛一见的请求。针对这一请求，大坂方面回复称，既然秀吉死后家康也是西下大坂与秀赖会面，那么如今也烦请家康前来大坂会见。这一传闻不胫而走，京都、大坂由此陷入骚动不安之中，不过秀赖最终在浅野幸长和加藤清正的苦谏之下做出了上洛的决定。《大坂御阵觉书》是后来出现的记录，因此很难确认究竟真相为何。但是，前关白近卫信尹在写给岛津家久（义弘之子）的书信中写到“秀赖公御上洛，下至国民亦怀喜也”。此外《当代记》中也在记录秀赖的上洛和返回大坂一事时提到“大坂之上下万民自不必言，京畿庶民亦深悦此事也”，由此可知家康与秀赖之间的紧张关系消解后民众的喜悦气氛。

大名誓纸

后水尾天皇即位的一六一一年（庆长十六年）的四月十二日，家康把在京诸大名召集至二条城并告之条例三条，令诸大名以之为誓约。这是家康上洛的第三个目的。这一行为大概是对秀吉的模仿吧，秀吉曾在后阳成天皇的聚乐第行幸之际，命令诸大名缔结誓约，宣誓不得违背秀吉之命。

这三条誓约，乃在家康的授命下，由明经博士舟桥秀贤和儒者林罗山起草的。第一条，信奉源赖朝以来代代将军家所定之法度，坚决遵守江户将军秀忠所定诸法度；第二条，各国不可藏匿违背法度或忤逆上意之辈；第三条，各大名家所招纳之武士中如有反逆、杀人者，必究告其罪，各自更不可招纳之。第二条和第三条后来分别为一六一五年颁行的《武家诸法度》的第三条和第四条继承，这一誓约条例成为《武家诸法度》的先驱。

在这一条约后面同时署名宣誓的有细川忠兴、松平忠直（结城秀康之子）、池田辉政、福岛正则、岛津家久、森忠政、前田利常（利长之子）、毛利秀就（辉元之子）、京极高知、京极忠高、池田利隆（辉政之子）、加藤清正、浅野幸长、黑田长政、藤堂高虎、蜂须贺至镇、松平（山内）忠义、田中忠政（吉政之子）、生驹正俊、堀尾忠晴、锅岛胜茂、金森可重等二十二位北国、西国大名。除越前福井的松平忠直以外，全部是国持级别[①]的外样大名。

此时东国大名们被发动起来进行江户城的修筑工事，未在京都。因此次年一六一二年正月五日，上杉景胜、松平忠直、丹羽长重、伊达政宗、立花宗茂、佐竹义宣、蒲生秀行、最上义光、里见忠义、南部利直、津轻信枚十一人也呈上誓纸，此外包括关东和甲信越地方的谱代、外样在内的中小大名五十人也呈上了同样的誓纸。

这些誓纸当中，大坂的丰臣秀赖的名字并未列于其中，虽然由此可以看出其中的不足之处，但基本上全部大名都通过誓纸向德川氏宣誓了效忠。这一誓纸的提交，对于江户幕府来说，是政权确立过程中具有划时代意义的重大事件。

---

① 日本古代律令制度下分日本全国为大小不一的六十六国（地方单位，相当于现在日本的县），近世将领地为一国以上或等同于一国级别的大名称为国持大名。

4　大坂之阵

大坂包围圈的形成

家康开始产生对大坂的丰臣氏进行军事压制的想法，有可能就是在他将居所从伏见迁移到骏府的时候。

在对关原之战进行论功行赏的过程中，产生了众多谱代大名，其领地得到增加。然而在这一阶段，没有一位谱代大名在山城、大和、摄津、河内、和泉所谓畿内五国拥有领地。即便是将范围扩大至畿内五国再加上近江、丹波、播磨，也就是所谓的上方八国，在这一地域内拥有领地的谱代大名也不过近江佐和山十八万石的井伊直政与近江膳所（今大津市）三万石的户田一西二人而已。

这一地域内谱代大名的分布在一六〇六年（庆长十一年）以后出现了变化。同年，原封骏府的内藤信成被转封至近江长滨，这是出于骏府已经被预定为大御所家康的居所而采取的措施。接着是一六〇七年，领甲府二十五万石的家康第九子德川义直转封尾张名古屋四十七万石。同年，远江挂川的松平定胜作为守城的城番，进入家康离去后的伏见城驻扎。

次年一六〇八年，常陆笠间三万石的松平康重转封丹波篠山五万石；随后的一六〇九年，冈部长盛转封至丹波龟山（今龟冈市）三万四千石。另外，虽然不是在上方地区，家康的外孙松平忠明也从三河作手转封到了伊势龟山。

如此一来，一门、谱代的领地分布逐渐形成了对大坂城的包围之势。然而对大坂城的包围圈并不止停留在上述一门和谱代领地分布的层面上。

一六〇一年，幕府发动上方地区的诸大名营造户田一西的居城膳所城，一六〇三年又发动美浓、尾张、飞弹、越前、伊贺、伊势、若侠、三河等地的十五位大名营造井伊氏的居城彦根城。然而这两次筑城工事还并非充分考虑到要构筑大坂包围圈而进行的：膳所城是作为大津城的替代城、彦根城则是作为占据东山道要冲以统摄北国之城而分别建造的。

与之相对的是，一六〇九年，幕府发动丹后、丹波、播磨、美作、备前、备中、纪伊、四国等地的诸大名建造的丹波篠山城，以及发动中国地区以及西国的诸大名建造的丹波龟山城，则是十分明显地作为大坂包围圈的一部分而建造的。另外，扼守东海道要冲的名古屋城也是发动西国、北国诸大名建造的。

像这样借幕府之手发动大名来为某一大名建设居城的事只发生在这一时期。由此可见家康急于完成大坂包围圈的迫切心情。

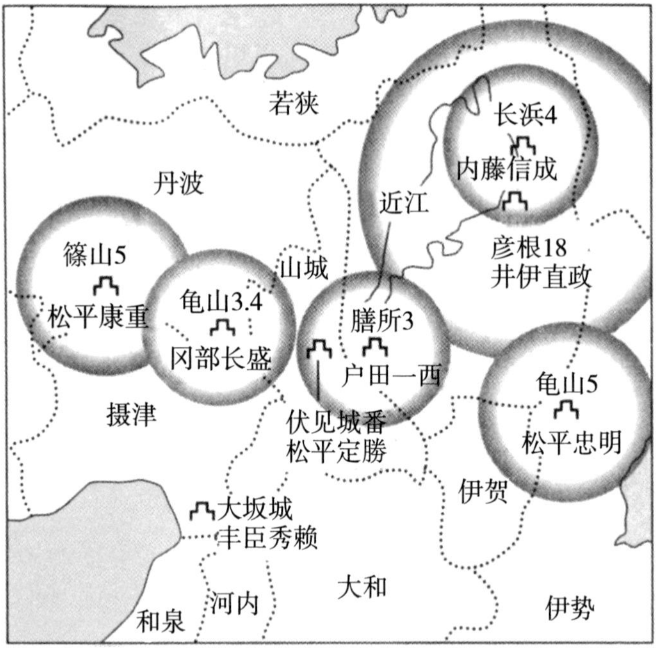

大坂包围圈（数字的单位是万石）

重建方广寺大佛

“此二三年间，诸国伽蓝，仰秀赖公而建立者甚众，彼是于心中立愿者耶”，《当代记》通过上述记录，言明了秀赖大力兴建寺院、修造神社的举动。

秀赖在修建寺社时最倾注精力的，就是方广寺大佛的重建。一五九六年（庆长元年）闰七月十三日，畿内一带发生大地震。受此影响，秀吉于京都东山建造的十六丈高的金色大佛遭受了巨大损伤，甚至无法看出大佛原本的形态。因此，秀吉就把当时甲斐国善光寺的如来像迎请到了地震后幸存的大佛殿中。然而，秀吉病情恶化，有人说这是来自善光寺如来的惩罚，于是如来像又被送回了信浓[①]。秀吉搜集全国六十余州之巨木所建而成的大佛殿再一次失去了它的供奉之主。

秀吉死后第二年的一五九九年，秀赖便着手大佛的重建工程。这一次大佛用青铜铸造。该工程在关原之战后也一直在进行，但就在一六〇二年十二月四日，铸造师的鼓风设备意外引发火灾，致使已完成了一半的大佛连同大佛殿一起全都化为灰烬。

然而，秀赖并没有放弃大佛的重建，在家康的劝诱之下，于一六〇九年再次开始大佛再建。一六一一年大佛殿开始立柱，一六一三年基本完成，次年要进行的落庆供养法会也有条不紊地准备了起来。

工程推进之际，一方面，家康允许从土佐、日向、备中等地征用巨木，西国大名中还有人送来大米以资助工

① 善光寺位于古信浓国（今长野县），是日本知名的佛教圣地之一。善光寺如来像被认为是日本最古老的如来像，在战国后期被武田信玄转移至甲斐国内并几经流转，回到甲斐之后再次被秀吉移至方广寺后，终于回归善光寺。

程；另一方面，秀赖不惜耗费秀吉遗留下来的金银在各地修建寺社。据说大佛的重建中甚至使用了秀吉遗留金块中的千枚分铜金十三块，二千枚分铜金十五块。如果改铸为小判金的话，其金额甚至能够达到四万数千两之多。①

家康之所以积极劝诱秀赖开展以重建大佛为主的寺社修造工程，其实是为了消耗大坂城中秀吉留下的数额庞大的金银，以此蚕食丰臣氏的实力。此外，秀赖之所以会将秀吉留下的金银如流水般地花在寺社修建上，实际上也是为了在当时政治中心的京都保住丰臣氏业已日薄西山的威信，展现丰臣氏仍然是政权继承者而做出的无奈之举。

国家安康、君臣丰乐

为了取得家康对大佛开光供养法会的执行僧侣和执行日期的认可，主持大佛营造工程的片桐且元前往骏府，于一六一四年（庆长十九年）五月三日得到了家康的首肯。此后，身在骏府的家康和且元之间还就供养法会中天台宗僧侣的座次以及开光供养的日期等具体细节进行了协商，最终敲定了八月三日进行大佛开光供养，八月十八日进行

① 分铜是指作为日式天平砝码的金属块，日本中世以后有将金银铸造成分铜形状（近似于蚕茧型）以作为储备财产的习惯，千枚是指重量等同于大判金一千枚重量（约 165 千克）的大金块。小判金是由黄金铸造、延展而成的薄金片的一种，按照形状和重量分为大判和小判，是从中世后期到江户时代日本黄金货币的一种。

佛堂供养的日程安排。

然而，七月末眼看就要开光供养之时，家康却突然宣布“大佛钟铭之中有不吉于关东之语，上栋之日并非吉日”，命令上栋仪式和供养法会延期举行，还要求将钟铭和栋札①的草稿送交至骏府。

这段铭文乃是被称作“洛阳无双之智者”的清韩文英所作，秀赖曾皈投他。铭文为近一千字的长文，其中存在多处问题，但最大的问题是“国家安康”和“君臣丰乐　子孙殷昌”两句。“国家安康”一句以安字将家康从中割裂，“君臣丰乐　子孙殷昌”一句则读作丰臣为君、子孙乐享殷昌，两句都被说成诅咒德川氏之辞。这实在是欲加之罪何患无辞了。

关于八月一日上栋仪式的日期问题，是因为家康听闻身边近臣之一的大工头中井正清说对于自家住宅来说，上栋日选在月初的一日乃是恶日，据说这是大佛殿的栋札上没有写上大工头中井正清的名字而被其嫉恨所致。

且元东下骏府

大佛开光供养仪式中止之事一传到城乡各地，瞬间就

---

① 上栋是指新建建筑在竣工或上梁完成时进行的祭祀仪式，因仪式是在屋顶房梁上进行而得名。栋札则是在上栋仪式时安置在房梁内侧的木铭牌，记录工程相关人员，并带有祈祷和守护意义。

引起了京都和大坂地区的骚动。在这种情况下，且元为解释钟铭和栋札的问题再次东下骏府。在骏府，且元受到了本多正纯和金地院崇传关于钟铭和栋札问题的反复质询，同时还被质问了大坂方面正在召集浪人的问题。但是，且元这次并没能见到家康，并且为了说明情况而在骏府滞留了近一个月的时间。

另一边，在大坂城中，与且元等稳健派相对，还存在对德川氏怀有仇恨之心的大野治长等强硬派。看到且元的解释工作没有进展，治长之母大藏卿局也来到了骏府。

对于大藏卿局一行人，家康展现出与对待且元完全相反的接待方式，显得十分郑重。他亲自接见了大藏卿局等人并给予其厚待。也就是说，家康对稳健派严苛，对强硬派则温和，意在分化瓦解丰臣氏。

进入九月，正纯与崇传在家康的授意下，分别会见且元和大藏卿局，在表示家康、秀忠与秀赖之间毫无疏离之意的同时，希望且元能够提供秀赖一方对德川氏并无疏远之意的明证。当时德川方面并未规定明证的具体内容，而是让且元自行决断。

回到大坂的且元提出了明证的具体方案。根据记录了一六一一年（庆长十六年）到一六一五年间家康活动的《骏府记》来看，这一方案是：秀赖或淀殿中的一位前往江户居住，或者秀赖从大坂城迁出后转封他国。以淀殿为首的强硬派在得到了来自大藏卿局所转达的家康对丰臣氏并无疏远之意的意向后，将这一提案视为且元的背叛，决定在其登城商议之时将其杀害。察觉到这一情况的且元据兵固守在大坂城中的宅邸之内，十月一日离开大坂城，进入摄津茨木城。

冬之阵

十月一日，京都所司代板仓胜重上报谋杀且元计划的书信也被送到了骏府。当天，家康做出了进攻大坂城的决定，向近江、伊势、美浓、尾张、三河、远江的诸将发出了出兵命令，同时也向江户的秀忠传达了这一决定。

家康于十月十一日由骏府出发，二十三日抵达二条城。在这期间，家康向北国、中国、四国地区的诸大名发出了整军出兵的命令。但是，因为担心受过丰臣氏恩赏的大名可能加入大坂阵营，福岛正则、黑田长政、加藤嘉明被留在了江户。

此外，在江户的将军秀忠向东国大名发出了进攻大坂的出兵命令，其本人也于二十三日由江户启程。有过未能及时赶上关原之战这一惨痛经历的秀忠，一边托藤堂高虎向家康进言，请求其务必不要在自己到达之前开始进攻大坂城，另一边则以赶超较自己先行出发的伊达政宗和上杉景胜部队的气势火速行军，十一月十日旋即抵达伏见城。

江户开幕

丰臣一方的战斗准备，早在和骏府进行交涉的八月就已经开始了。关原之战中因站队西军而在战后被剥夺领国土佐的长宗我部盛亲、和父亲一起将秀忠军队牢牢牵制在上田城的真田幸村、武名远播的后藤又兵卫基次等众多浪人纷纷进入大坂城。

进入九月，丰臣氏开始在邻近诸国收购大米，十月二日这一天甚至将福岛正则、黑田长政、加藤忠广（清正之子）等诸大名储存在大坂城下町中的库存米和大坂町人的大米运到了城中。据说这次搬运的大米当中，包括正则的八万石、诸大名的三万石，以及町人的两万石。作为固守城池的粮草，这一数量是足够的。

除了丰臣氏谱代武士之外，还有大量浪人、城下町人、周边百姓进入了大坂城。然而，虽然丰臣一方极尽劝诱，却始终没有任何一位大名响应丰臣氏的号召。可以说，诸大名从内心上早已远离丰臣氏。

十一月十五日，家康从二条城、秀忠从伏见城分别发兵。家康沿奈良方向进军，十七日抵达大坂附近的住吉，秀忠则途经淀城，于平野布阵。在这一时间点上，德川方面的布阵格局是：藤堂高虎、前田利常、松平忠直、井伊直孝（直政之子）、锅岛胜茂、蜂须贺至镇、山内忠义、浅野长晟（幸长之子）等诸军布阵于大坂城南，上杉景胜、佐竹义宣等军坐镇城东，加藤明成（嘉明之子）、池田利隆、池田忠雄（利隆之弟）、森忠政、有马丰氏等军屯兵于北面的天满、中岛一带。此外，在家康、秀忠军抵达之后，伊达政宗进兵八尾，毛利辉元则于十七日进抵兵库。

正式的战斗在十九日拉开帷幕。到十一月快结束的时候，“大坂四方之阵所各处已无缺漏之处”，大坂城包围圈完全形成。不过，作为天下名城的大坂城，也绝不会被轻易攻破。十二月四日，贪功冒进的前田利常、松平忠直、井伊直孝等部队不等家康发令，便开始进攻大坂城外的尖堡“真田丸”，结果遭遇幸村猛烈抵抗，死伤惨重并最终败退。这一战也是丰臣方面在冬之阵中取得的最大战果。

走向讲和

进入十二月以后，事情开始朝着讲和的方向发展。德川方的本多正纯、后藤光次与丰臣方的大野治长、织田有乐（长益）之间展开了媾和谈判。最初的谈判进展缓慢，到十二日这天，还纠缠于“两御所大人（家康、秀忠）皆出马矣，若无卓著之功则难有收兵之据”，也就是如何保全亲自出兵的家康脸面这一问题。到十五日，丰臣一方提出了讲和条件，在同意淀殿作为人质前往江户的同时，以此为交换，以封赏参战浪人为理由给秀赖增加领地。但家康表示，浪人们本就毫无功劳可言，故而直接回绝了这一条件。十七日，武家传奏广桥兼胜与三条西实条二人作为天皇敕使前往茶臼山拜访家康，在劝说家康返回京都的同时，提议在后水尾天皇的调停下进行和谈。家康却称“禁中可免涉此事矣”，直接拒绝了这次调停。

或许是由于十六日德川方针对淀殿居所“千叠敷”的炮击起到了成效，十八日，在京极忠高军营内，丰臣方派出淀殿之妹，即当时身在大坂城中的常高院（忠高之母）为使者，德川方派出家康爱妾阿茶局为使者，二人于次日再次开始媾和谈判。最终双方达成了三个讲和条件：大坂城除本丸之外的二之丸、三之丸城壕全部填埋，织田有乐与大野治长作为人质献出，不对秀赖家臣以及浪人进行惩罚，此后家康、秀忠同秀赖之间互相交换了誓纸。

德川方对二之丸城壕的填埋工作被认为是后来夏之阵爆发的原因之一。正如金地院崇传在日记中所记述的那样：“工事之城壕，乃填二之丸各所而埋之，惟余本丸，此外谨遵大御所大人之上意行之已毕也。”二之丸城壕的填埋工事毫无疑问是讲和条件之一。

大坂城的城壕填埋工作交由被任命为奉行的松平忠明、本多忠政（忠胜之子）、本多康纪主持，在誓纸交换完成后统辖全军即刻开始。工事开始之后，家康便将后续工作交给了秀忠。二十五日，家康高奏凯歌返回二条城，随即向朝廷报告了和议签署的事宜。次年正月三日，家康由京都出发返回骏府。正月十九日，秀忠主持下的城壕填埋工作基本完成，当天，秀忠由冈山（今四条畷市）阵地撤军，进入伏见城。在向朝廷报告了媾和事宜之后，秀忠于二十八日由京都出发返回江户。

夏之阵

对于丰臣方来说，讲和条件是屈辱的，对讲和的不满也在大坂城内的浪人们当中持续发酵。

冬之阵的余烬尚未消散，三月初，丰臣方面便开始整修大坂城墙，重新开掘被填埋的城壕，并将兵粮运往城中，开始招募浪人。针对这种情况，家康通过使者向秀赖传递信息，要求其从“退出大坂城并在大和国或伊势国等地选择领地”和“清退城中浪人”两项中做出选择。而作为丰臣方来说，上述两条都难以接受，主战论在大坂城内呼声渐高。

四月四日，家康以自己的第九子义直大婚为理由，自骏府出发前往名古屋。他还在当天制定了十一条军规，因此这实际上就是一次军事出征。家康在十五日由名古屋出发，到十八日抵达二条城，将军秀忠也于十日从江户出发，在二十日抵达伏见城。此后，德川方再次向秀赖提出或是清退浪人，或是移封至大和郡山的要求。这是来自家康的最后通牒，对于丰臣方则意味着战斗的开始。

家康于五月五日从二条城出发，经河内一线前往大坂。夏之阵从家康出兵的次日正式开始，仅仅进行了两天。但这场战斗中，德川方面共投入了十五万五千人，丰臣方面则是五万五千人，堪称规模浩大。六日的战斗在大坂城东南的道明寺、藤井寺、八尾、若江等地展开，双方都死伤甚多。七日的战斗从上午十点开始，在丰臣方面占据优势的情况下展开。真田幸村一度冲进家康本阵，造成了德川方的巨大混乱，但毕竟双方兵力悬殊，真田最终败给了越前松平忠直的部队。松平忠直的部队虽然在与真田军的战斗中损失巨大，但仍然向北进击，最终攻入城内并占领了本丸。

在六日、七日的战斗中，德川方砍下的丰臣军首级，仅有身份的武将首级就达到一万三千余颗，其中松平忠直部队就砍下了三千七百余颗，加贺前田利常部队砍下三千二百余颗，由此可知两部队的交战之激烈。另外，包括本多忠朝（忠胜之子）等谱代武将在内，德川方也付出了多人伤亡的代价。

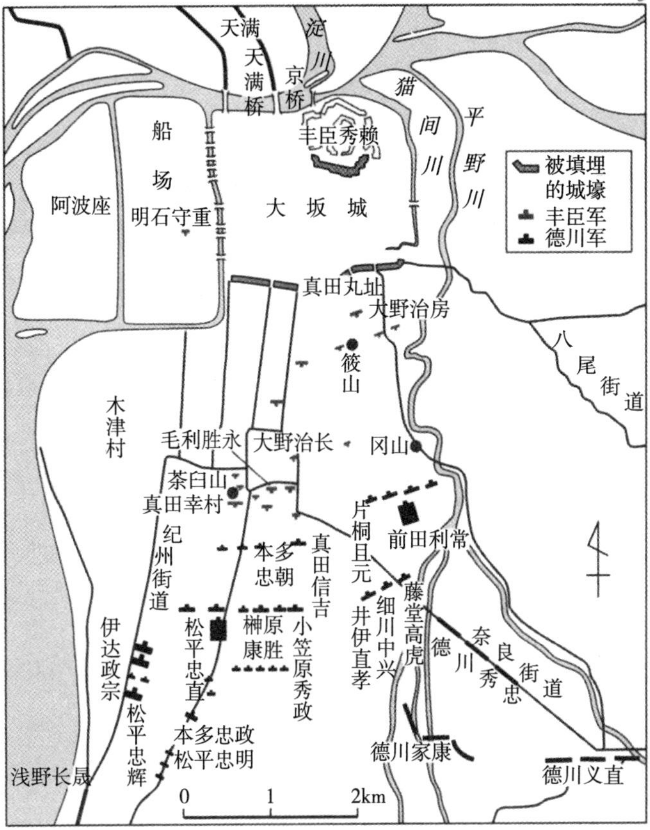

大坂夏之阵的布阵图

丰臣氏灭亡

一六一五年（庆长二十年）五月七日黄昏，秀吉筑起的天下名城大坂城陷入一片火光之中。此时，秀赖夫人同时也是秀忠长女的千姬被送到了家康阵营。虽然民间野史认为千姬逃离大坂城是坂崎直盛努力的结果，但真相大概是大野治长以将千姬送出大坂城为交换条件，请求家康饶恕秀赖母子之性命。

在德川军队攻入城中并火烧城内的时候，秀赖一度进入本丸天守阁，但由于天守阁也被大火波及，秀赖主从最后只得藏身于残存的山里丸唐物仓库之中。

然而他们很快就被德川方发现，八日正午刚过，秀赖在山里丸中自绝，年仅二十三岁。秀赖之母淀殿也于此自刎。

秀赖身后共留下一子一女。八岁的儿子国松从大坂城中逃出隐身于伏见，随后被发现，二十三日于京都六条河原被斩首。女儿则出家为尼，被送入镰仓东庆寺。

第二章　大御所与将军

1　大御所政治

在京的家康

一六〇〇年（庆长五年）九月十五日的关原之战后，家康在当月二十七日进入大坂城西之丸。在那里度过了半年之后，又于次年三月二十三日迁入关原之战中被西军攻破之后重新修筑完毕的伏见城，并一直住在此处直到当年十月十二日。家康在关原之战后一年多的时间里一直留在上方。

一六〇一年十一月五日回到江户的家康，在次年正月十九日又从江户出发，并于二月十四日上洛，进入伏见城。家康这一年也在上方待了接近八个月。之后，他于十月二日回到江户，但十一月二十六日又从江户出发并于十二月二十五日再次抵达伏见城。包括一六〇三年二月十二日的将军宣下在内，这一次他在京的时间长达十一个月。

就任将军之后的家康仍然不断上洛。他虽然于一六〇三年十月十八日离开了京都，但一六〇四年三月到闰八月为止的半年、一六〇五年二月到九月包括秀忠继任将军等在内的七个月以及一六〇六年四月到九月的半年时间里，家康都是在京都和伏见度过的。考虑到往返江户和京都花费的时间，家康从一六〇〇年到一六〇六年的六年里，大半时间都是在京都度过的。究竟是什么原因使家康如此执着于留在上方呢?

原因大概有以下几个。其一是前文已经提到的与大坂丰臣氏之间的紧张关系。其二是与朝廷之间的各种事宜——核心事项就是进行家康和秀忠的将军宣下。其三，有实力的外样大名大多分布在西国，因此不能无视这些大名而推行天下之治。其四，家康的大本营江户城虽然从一六〇三年起就开始加紧建设，但仍未完成。家康被迫长期逗留在京就是上述这些原因交织杂糅的结果。

从伏见到骏府

一六〇五年（庆长十年）四月，家康把将军之位让与秀忠。随着一六〇七年江户城的初步建成，德川氏的天下呈现出安定之势。一六〇六年，家康在往返京都的途中落脚于曾经的居城骏府，并决定在这里建造自己的新居城。

从次年开始，家康发动前田利长、池田辉政、毛利辉元、蜂须贺至镇等北国和西国的大名们进行筑城工事，并要求畿内五国与丹波、备中、近江、伊势、美浓等十国无论是直辖领还是分封领，均以每五百石岁出征发一丁为标准，为筑城工事提供夫役，其中还包括丰臣秀赖的领地以及公家的领地。在如此大规模的发动下，骏府城在同年七月便早早完工，家康则在当月三日入住了这一新筑之城。

就在入城之前，家康还将此前作为执掌天下政治的居所——伏见城中所藏金银、锦缎等财宝一并运到了骏府。《当代记》中记载，一六〇七年三月二十五日有一百五十驮，闰四月二日有一百五十驮，闰四月十九日有八十驮金银被运至骏府，每驮载有黄金六千两。虽然并不清楚这些财产中金货与银货的实际比率，不过《江户幕府》一书的作者辻达也在其书中推算，这次搬运的财产总数很可能达到了七十八万两白银之多。

这时期家康手下的近臣们都将各自在伏见宅邸中的榻榻米和门窗或是拆下变卖或是运往骏府，这一举动甚至遭到了目睹此景的京中少年们的奚落。但如果换一种角度来看，家康近臣的这些举动反倒象征着家康统揽天下政治的场所在这一时期从伏见转移到骏府的改变。

江户与骏府

家康成为将军之时，江户幕府的管理组织中虽然也有年寄、奉行众、代官头等官职，但他们各自掌管的事务并不明确，政治活动实际上是以家康为中心并根据政务的必要性和个人能力，将相应的职责交由不同的家臣承担。

这一时期，门阀谱代出身的大久保忠邻和以出头人[①]身份取信于家康的本多正信（正纯之父）二人被称为年寄，负责向诸大名传递将军旨意等事务，与后来的老中职责相近。出头人凭借主君恩宠，得以在其身边参与政事。青山忠成和内藤清成担任江户的町奉行，二人此前还曾担任关东总奉行。就任京都所司代的板仓胜重也曾是奉行众的一员。此外，还有伊奈忠次、彦坂元正、大久保长安等代官头。

把将军职位让与秀忠的家康不仅向前者让出了江户城，同时也将至此为止以德川谱代家臣和关东地区为主的

① 职务名，指从室町时代至江户时代初期，在主君旁侧参与政务之人。

支配权交到了秀忠手里。

在秀忠时期，大久保忠邻与本多正信继续担任年寄，青山忠成与内藤清成也留任其职，伊奈忠次则作为关东郡代从属于秀忠。随后，酒井忠世、土井利胜、安藤重信、青山成重等人就任年寄或仅次于年寄的年寄并等职务。后来作为勘定头活跃于江户政坛的伊丹康胜、水野忠元、井上正就，以及就任江户町奉行的米津田政、岛田利正等人，都在这一时期被纳入秀忠政权的组织阵容。不过，作为朝廷和西国地区的关键人物，京都所司代板仓胜重仍属于家康手下。

另外，本多正信之子正纯被家康时常留在身边，成为骏府的奉行众首席。大久保长安、成濑正成、安藤直次、村越直吉等人就任骏府奉行，松平正纲则作为勘定头职掌财政大权。此外，如同让骏府奉行众之一的大久保长安管理美浓与大和，让小堀政一（远州守）管理备中，让米津亲胜管理近江那样，家康设置了国奉行，即以一国为单位将直辖领交与奉行管理。

除此之外，金地院崇传、南光坊天海、林罗山等僧侣和学者，日野唯心等公家，后藤光次、茶屋四郎次郎、长谷川藤广、龟屋荣任等兼具代官身份的豪商，以及威廉·亚当斯（William Adams，日本名为三浦按针）、扬·尤斯登等外国人均被家康招致麾下，不仅承担着管理幕府直辖领的工作，还肩负着与大名、朝廷和公家的沟通协调，外交和贸易，以及寺院神社的管理等全国性、对外性的使命。

一分为二的大名军团

家康任大御所时，对诸大名的军事指挥权分为属于大御所家康和将军秀忠的两部分。

这一权力分割的雏形，在秀忠接受将军宣下而上洛之时就已经初步显现。一六〇五年（庆长十年）二月二十四日，秀忠自江户启程上洛，次月二十一日抵达京都。此时秀忠率领的部队由先阵九番、本阵以及后阵七番构成，总数据称在十万人到十六万人之间。

这一时期的上洛仪式规制基本遵照了镰仓幕府初代将军源赖朝的上洛先例。先阵的头一番以谱代家臣上野馆林十万石的榊原康政为首，由其与佐野信吉、仙石秀久、石川康长等人组成。第二番为陆奥仙台六十万石的伊达政宗，第三番为越后春日山（今上越市）三十万石的堀秀治和沟口秀胜，第四番为甲府六万石的平岩亲吉等谱代众五人，第五番为出羽米泽三十万石的上杉景胜，第六番为陆奥会津六十万石的蒲生秀行，第七番为上总大多喜五万石的本多忠朝等谱代众四人，第八番为相模小田原六万五千石的大久保忠邻等谱代众五人，第九番为上野厩桥（今前桥市）三万石的酒井忠世等七人。

先阵之后的秀忠本阵有六百挺铁炮、三百张弓和二百支枪。其军事力量的核心部分是大番众，他们都是在关东或甲斐、信浓等地拥有领地的德川旗本武士。

本阵之后还有后阵七番。第一番为上野高崎五万石的酒井家次等谱代四人，第二番为家康六子信浓川中岛十二万石的松平忠辉，第三番为常陆土浦四万石的松平信吉等谱代四人，第四番为出羽山形五十七万石的最上义光，第五番为出羽秋田二十万石的佐竹义宣，第六番为陆奥盛冈十万石的南部利直，第七番为陆奥磐城平十万石的谱代大名鸟居忠政。

从领地上来看，上述这些跟随秀忠大军的大名们主要为领地分布于关东、甲斐、信浓地方的德川一门和谱代大名，以及陆奥、出羽、越后地方领有封地的外样大名两类，而包括东海地区在内的西国大名，无论是外样还是谱代都没有出现。

家康对西国大名的军事指挥权，可以从一六一一年后阳成天皇让位之时的上洛过程中得到确认。这次陪伴家康上洛的人员当中，除了以尾张名古屋六十二万石的德川义直和越前福井六十七万石的松平忠直为首的东海、北国的一门、谱代大名外，还有西国的外样大名，以及加贺金泽一百一十九万石的前田利常、萨摩鹿儿岛六十万石的岛津家久、播磨姬路五十二万石的池田辉政、肥后熊本五十二万石的加藤清正、筑前福冈五十二万石的黑田长政、安艺广岛四十九万石的福岛正则、丰前小仓三十九万石的细川忠兴、纪伊和歌山三十七万石的浅野幸长、长门萩三十六万石的毛利秀就、肥前佐贺三十六万石的锅岛胜茂、筑后柳川三十二万石的田中忠政、出云松江二十四万石的堀尾忠晴、伊势津二十二万石的藤堂高虎、土佐高知二十万石的山内忠义、美作津山十八万石的森忠政、阿波德岛十七万石的蜂须贺至镇、赞岐高松十七万石的生驹正俊、丹后宫津十二万石的京极高知、若狭小滨九万石的京极忠高等人，几乎全部是西国的外样大名。

大坂冬之阵的出兵命令

家康和秀忠分别掌握着对西国大名和东国大名的军事指挥权，这种状态在一六一四年（庆长十九年）大坂冬之阵中以更为明显的形式展现了出来。当年十月一日，家康向近江、伊势、美浓、尾张、三河、远江地方诸将下达出兵命令，要求伊势桑名城主本多忠政与同国的龟山城主松平忠明于次日整军出动，家康本人也于十月二日以伊势津城城主藤堂高虎为先锋，自骏府出军。

在此期间，因江户城的修筑工事而留在江户的西国大名们也曾前往骏府拜望家康，家康却命令他们返回各自领地以等待出兵命令。在行军途中的十月十九日，家康终于向西国大名发出了出兵大坂的命令。

另一方面，秀忠在十月四日便向东国大名下达了出兵命令。在江户整装待发的秀忠大军于十月二十三日由江户启程，其军队构成与一六〇五年接受将军宣下时的上洛大军基本一致。

如上所述，秀忠就任将军并不意味着掌握了对所有大名的军事指挥权，实际上这一权力分散在家康和秀忠二人手中。其背后的现实原因是，将军一职乃朝廷官职，仅凭就任将军并不能真正号令诸大名。不仅如此，秀忠对东国诸大名的军事指挥权也并非因为秀忠本身的实力，而是取决于“天下人”家康的实力。也就是说，对于家康而言，这一权力分属实际上是为了维系德川政权和强化将军秀忠的权力，用以树立秀忠威信的一项策略。

2　领知宛行[①]的方法

没有发出的朱印状

一六〇〇年（庆长五年）的关原之战后，家康通过

① 指对大名、公家或寺社等所有的领地进行领有权确认、保证、领地再分配、新领交付或增减等行为，一般伴随相关证明书——领知朱印状或判物、领知目录的发行。

没收或削减从属于西军的诸大名领地并给加入东军的诸大名增加领地，在事实上掌握了向大名分配领地的权力。但家康在这一时期并没有发出此前丰臣秀吉在领知分配和加封时发给诸大名的领知朱印状。

另外，丰后竹田六万六千石大名中川秀成以及数名中小大名的领地明细——领知目录则由彦坂元政、大久保长安、加藤正次等家康手下的奉行和秀赖的老臣片桐且元共四人——有些情况下是五人——共同签名发出。这些领知目录中都明确写有“再请御朱印状，应进呈此目录也”一句，表明还会重新发放领地朱印状（宛行状）。但是实际上，这一朱印状直到最后也没有发放。

此后，分配一万石以下的小型领地时，由家康发出的领知宛行状还时常可见，但面向大名发放的宛行状中仅有转封秋田的佐竹义宣一例而已。

为什么在这一时期会出现这种家康没有发放，更确切地说是无法发放领知朱印状的情况呢？第一个理由是，如前所述，关原之战在形式上并非德川氏与丰臣氏之间的战争，因此家康不能通过这一战来否定丰臣政权，家康本人也就不能摆脱丰臣政权大老这一身份地位。第二个理由是，虽然家康无疑是关原之战中东军的总大将，但如若没有加入东军的诸大名的力量，关原之战便没有取得胜利的可能性，因此这些在丰臣政权内部都相当于家康同僚的诸大名对于家康的臣属关系尚未牢固。

既然如此，等到一六〇三年家康成为征夷大将军之后是否就可以向诸大名发放领知朱印状了呢？答案依然是否定的。就现有资料来看，家康担任将军的两年间内所发放的领知宛行状，对象均是一万石以下的谱代家臣，完全没有发现发给外样大名的例证。也就是说，这一时期就任将军这一行为，并不具备后世那样同时获得对大名发放领知分封权力的政治意义。那么难道家康并未真正掌握大名领地的控制权么？其实并非如此。一六〇四年到一六〇六年，家康要求诸大名进呈各自领地的地方记录——乡账，以及分国地图——国绘图，从这一命令上看，家康的支配权可见一斑。

庆长十年的乡账和国绘图

一六〇四年（庆长九年）秋，幕府命令诸大名将各自领地的既有领知石高以及年贡——“物成高”登记造册为乡账，并命令其制作领地地图。对于这次登记制图的目的，幕府给诸大名做出的说明是，对大名赋课的军役——“江户御公役”的基准要根据这一调查由领知高转变为物成高。而从目前为止的各种研究成果来看，幕府这一举措乃是试图通过命令大名进呈乡账和国绘图来掌握大名领知。

发出这一命令的人毫无疑问是一六〇四年的时任将军

家康。但是从进呈时间来看，除了肥前平户的松浦镇信于一六〇四年十二月提交之外，其他诸大名都是在一六〇五年秋天以后陆续提交的。一六〇五年四月，家康把将军之位让给了秀忠，也就是说到这一年秋天，担任将军的人已经是秀忠了。但乡账进呈的对象并非将军秀忠，而是大御所家康。

领有周防和长门两国的毛利辉元于一六〇五年八月二十日将写有领知高和物成高的乡账送至当时身在伏见的家康家臣福原广俊，后者则于九月十六日将乡账提交给了西尾吉次。

接收大名进呈的西尾吉次与同样负责这一事项的津田秀政一样，都在家康身边担任奏者一职，皆非秀忠家臣。另外，辉元在进呈乡账时，指示家臣福原广俊要听从大御所家康的近臣本多正纯的指示。因此乡账无疑是进呈给大御所家康的。换言之，在这一阶段职掌大名领知管理权限的人并非将军秀忠，而是大御所家康。

一六一三年，幕府再次命令诸大名进呈领知高记录。本次下令的目的在于调查大名的领知高并以此为基准向诸大名发放领知朱印状——“御朱印改”。正如进呈的领知高记录是由家康近臣本多正纯和安藤直次接收的那样，意图颁布并实施“御朱印改”的也并非将军秀忠而是家康。不过，这一时期幕府依然没有向大名颁发领知朱印状，这一课题直到一六一七年（元和三年）秀忠施行朱印改时才得以解决。

综上所述，虽然未能发放领知朱印状，但毋庸置疑的是在家康担任大御所期间，实际掌握大名领知管理权的并非将军秀忠，而是大御所家康。

继任判物

如上所述，家康担任大御所期间，掌握着事关大名领知的管辖权。不过，一六〇八年（庆长十三年）三月七日，将军秀忠向堀忠俊发出了下面这封承认保全其领地的继任判物。忠俊本人于一六〇六年父亲堀秀治去世后继承家主之位，领有越后一国。

越后国之事，一如从前所令不可违之。此外诸事，皆凭任亡父左卫门督（堀秀治）所施之旨为之也。

庆长十三

三月七日

松平越后守（堀忠俊）殿下亲启

（秀忠花押）

就在秀忠这份判物发出八天之后，当月十五日大御所家康也发出了一份判物。

越后国之事，如将军（德川秀忠）此前所表之旨意，可令汝满足者也。须不避辛劳克勤奉公于将军也。

三月十五日

（家康花押）

松平越后守（堀忠俊）殿下亲启

单就这两份判物来看，将军秀忠的判物为主，家康的判物则为其提供了保障。由此观之，在这一阶段，为大名继承权提供保障的权限似乎是握在将军秀忠手中的。

不过，这两份继任判物发出的过程却并非如此简单。一六〇八年二月二日，堀忠俊手下重臣越后三条城主堀直政强忍着病痛，委托家康近臣本多正纯向家康提出了三条请求。其一，希望得到发给堀忠俊的“越后一国次目（继任）之御黑印”；其二，实施领地内的检地[①]和知行地的分割更换；其三，领地内重臣们持有的三万八千石领知原本属于幕府赋课劳役基准的免除范围，这一免除制度虽然被废止，但请求由大御所家康亲自发出“墨印”命令书以明确这一事宜。这些请求实际上是这一时期的大名希望以幕府为后盾，进一步强化与内部家臣之间不稳定关系的一种表现形式，堀忠俊也正是因为谋求加强领内管理才

① 近世幕藩领主以征收年贡和统治农民为目的进行的土地测量。

提出了上述请求。

大名们的企图暂且不表，就实际操作来看，这次请求先是由本多正纯报告给了家康，之后家康又向秀忠下达了处理指示。其结果就是秀忠首先发出了判物，然后在同一天，秀忠老臣本多正信和大久保忠邻二人下发了一份奉书，其内容是：公布秀忠发出的继任判物，在与其他老臣们商议之后实施领内检地，在幕府修造工程中按照惯例免除三万八千石的赋课份额等。在此基础上，再由家康发出前文所说的判物。

也就是说，虽然在形式上堀忠俊的领地得到了将军秀忠的保障，但这一保障实际上是通过重臣堀直政求助于家康近臣本多正纯而实现的。由此可见，大名们普遍认为，能够真正掌握和保障自身领地的其实是大御所家康。

宛行状的背景

上述事例还可以从同年伊势田丸（今三重县玉城町）城主稻叶道通的继任者纪通获得领地所有权的过程中得到确认。先是二月二十五日秀忠发出黑印状，之后次月十九日家康又发出了写有“稻叶藏人（道通）后任之事，如前所令之旨意，须不避辛劳克勤奉公于将军也”等内容的朱印状。

此外，一六一〇年（庆长十五年），美浓黑野（今岐阜市）四万石城主加藤贞泰加增转封至伯耆米子六万石之时，宣告这一命令的是将军秀忠的年寄众本多正信、大久保忠邻和酒井忠世。虽然当时并未发出领知状，不过也明确告知称“御朱印之事，可有再为发放之旨也”。

除此之外，一六一五年夏天的大坂之战后，为表彰井伊直孝与藤堂高虎的战功，同年五月二人各自获得五万石的领地增封，当时二人的加增宛行状是由大御所家康发出的。同年六月，大坂十万石的领地被以家康的名义封赏给了松平忠明。在此之上，井伊直孝和藤堂高虎分别于同年十一月和十二月从将军秀忠那里领到了增封领地的领知宛行状，而这一宛行状包括了此前的所有领地。

从上述对大名发放领知宛行状的情况来看，其权限的归属似乎还存在疑问。但包括改易在内的大名领地的管理权限实质上掌握在了大御所家康手中，家康单独行使这一权力的例子也并不少见。将军秀忠发放继任判物等行为也不过是家康为了在各种情况下为秀忠树立威信而采取的对策罢了。

3　《武家诸法度》

城郭修建热潮

虽说关原之战业已结束，但和平稳定的时代并未立刻到来。在这之后直到大坂之阵结束为止，不单单是幕府，就连诸大名也持续着修建城郭的热潮。现存的绝大多数城郭都兴建于这一时期或是在这一时期改造完成。

一六〇四年（庆长九年），领地变为长门和周防的毛利氏在城郭选址问题上的遭遇，向来被视作幕府干涉大名领内城郭建设的首要例证。但这其实是由毛利氏在关原之战中的败者身份决定的，不能代表一般情况。

记录这一时期社会政治各方面事件的《当代记》作者在一六〇七年八月的条目中，留下了“此二三年中，九州、中国、四国众人，皆专于营造城郭，莫非心忖乱世之未远耶”的记录。另外，在一六〇九年关于肥前国佐贺城天守阁完工的记录中，作者也指出“今年日本国中所立天守之数二十五矣”。从这些记录中我们能够看出，这一时期诸大名掀起了城郭建设的高潮。然而，其中却看不到幕府的介入或管制。

家康对诸大名热心营造城郭表现出不快是在一六〇九年的正月。通过《庆长见闻录案纸》的记载可知，一六〇九年一月二十日，在前往尾张清州途中，家康在冈崎接到“中国西国之大名众，于各处兴建城郭及坚固工事”的报告后，表露出了“岂可如此”的态度。至于这一态度具体是针对哪位大名的，该记载中并未言明，不过其中至少包括一人，那就是广岛的福岛正则。

福岛正则其实是对毛利辉元占据广岛以来的一两座旧城进行了修复和改造，可传到家康耳中却成了他准备营造新城。结果一六〇九年正月之后，正则与家康之间的关系开始变糟，正则也开始对幕府有所忌惮。然而，就在获悉正则打算放弃改造工事这一消息的时候，家康命令正则按照此前计划完成施工。至此，这一事件告一段落。也就是说，家康意在单独向正则传达自己的不快，以此牵制大名福岛氏的居城兴建工事。

一国一城令

大坂之阵刚结束不久的一六一五年（庆长二十年）闰六月一国一城令颁布后，上述幕府和大名之间围绕城郭问题的关系才出现了巨大变化。此一国一城令作为命令诸大名拆除居城之外城郭的法令而广为人知。不过，该法令针对的只是西国大名而并非全体大名，而且也不是通过制定明确的成文法公布，而是以老中奉书的方式分别传达给各个大名的。下面就以发给萨摩岛津氏的这份命令为例加以说明：

以上

急言勿怪。盖阁下所领之御分国中，居城可留，此外诸城须悉数破却之，此乃上意也。如右所述，以至达于诸国，须心得其意也，惶恐谨言。

壬六月十三日　　安藤对马守　　重信（花押）

土井大炊助　　利胜（花押）

酒井雅乐头　　忠世（花押）

岛津陆奥守（家久）殿

这份一国一城令的文书中值得注意的一点是，这份法令是由秀忠手下的老中发出的，而非家康。如前所述，这一时期家康掌握着对西国大名的军事指挥权。可在处理拆除城郭这种与军事相关的问题时，却是按照将军秀忠的意志向西国大名发出法令。可以说，这是秀忠在军事层面上权力得到扩张的代表性事件。

另一方面，虽然一城一国令的目的在于削弱诸大名的军事力量，但就其结果而言同时产生了另外一种效果。那就是大名手下实力派家臣的城郭被迫上交，大名家臣被排除在可持有城郭的阶层之外，也就是说，此后只有大名才能拥有城郭。

武家诸法度

虽然在一六一一年（庆长十六年）、一六一二年两年间签署的誓纸中，诸大名与家康、秀忠之间的关系及誓纸内容是由家康本人决定的，但这是以诸大名提交誓纸为前提的。不要说秀忠，就算是家康恐怕也尚未在诸大名面前确立起绝对意义上的优势地位。以大坂之阵中对诸大名的军事动员及其后的胜利为基础，家康开始谋求确立并巩固这种绝对优势，其方法就是借此机会颁布了《武家诸法度》。

该法规由十三条组成，第一条最为人所熟知。

一、文武弓马之道，专可相嗜事。

该条规定身为武士就应勤勉于文武弓马之道。一直以来，这一条都被解读为意在强调文与武具有同样的重要性。当然，从“文”在法规中的出现来讲，这一点的确应该予以重视。不过，在该条之后还有如下的说明文字：“左文右武，古之法也，不可不兼备矣。弓马是武家之要枢也，号兵为凶器，不得已而用之，始不忘乱，何不励修炼事。”《日本的近世》第一卷《世界史中的日本近世》的作者朝尾直弘指出，这段话源于《神皇正统记》中“世乱之时武右而文左，国治之时文右而武左”一句，并主张这段话说明“武”之于“文”的优势地位正是该条法规的前提。也就是说，家康本着“治不忘乱”的思想，认为即便现状已“治”，却仍应以“武”先于“文”的“世乱之时”来加以看待，因此明确地展现出重视“武”

的姿态。

法规第二条禁止群饮佚游，第三条禁止在领内隐匿违背法规之人，第四条命令从领内驱逐反叛或杀人之人，第五条禁止接收自他国投奔之人。其中第三条和第四条源自一六一一年大名誓约的第二条和第三条。第六条禁止未提出申请就擅自修补城郭，这也是继此前一国一城令之后对诸大名城郭建设的进一步规制，后文将提及的福岛正则改易事件就是因为触犯了这条法规。

第七条命令通报邻国结党谋乱之人，第八条禁止私婚，第九条规定参觐定例，第十条定服制，第十一条定乘舆之制，第十二条命诸国诸武士恪守勤俭，最后一条则是“国主可撰政务之器用事”。这最后一条虽然是对《建武式目》[1] 条目的直接引用，却为日后幕府对大名进行改易或插手大名领内支配提供了有效的法律基础。

该法规乃是有着“黑衣宰相”之称的金地院崇传在大御所家康的命令下和《禁中并公家诸法度》一并制定完成，并以将军秀忠的名义公布的。一六一五年七月七日，崇传在伏见城中向登城前来观赏能剧的诸大名宣读了

① 室町幕府初代将军足利尊氏于建武三年（一三三六）颁行的施政方针及武家法度。

上述法度并进行了交付。而当时家康并不在伏见城，而是在京都市内的二条城。

这样一来，家康虽身为法度实质上的制定者，却隐身于诸大名之前，并以将军秀忠的名义公布了这一法规。这一举措大概与之前的各种情况相同，目的都是树立秀忠的权威。

家康之死

《武家诸法度》制定且《禁中并公家诸法度》亦通告给公家之后，家康于一六一五年（元和元年）八月四日由二条城启程，二十三日抵达骏府。在骏府度过一个多月之后，家康于九月二十九日自骏府出发，沿骏河、伊豆、相模一路猎鹰为乐，十月十日抵达江户；此后又前往武藏和上总等地猎鹰，之后才再次返回江户；十二月四日又从江户出发，十二月十六日返回骏府。在归程途中，家康在伊豆三岛的泉之头停留，并决定将此地作为自已的隐居之地。或许家康是真正决定要彻底引退了吧。不过，泉殿的隐居之地原本计划在次年正月十九日开始奠基，却以新的工程会给相关人员带来诸多问题为由被突然中止了。

在骏府度过一六一六年新年的家康在正月七日从骏府出发前去猎鹰，二十一日在骏河的田中尽享猎鹰之趣。可是就在当天夜里，家康突然因瘀痰而卧床不起。据说家康发病是由于食用了油炸鲷鱼天妇罗，但真相是否如此不得而知。这道天妇罗其实是陪伴此次猎鹰之行的富商茶屋四郎次郎推荐给家康的，乃是用葡萄牙传来的沉香木油炸制而成。

家康一度有所恢复并返回骏府，但此后病情持续反复。将军秀忠先是派遣安藤重信和土井利胜前往探望家康病情，到二月二日更是亲自赶到骏府，一直到家康去世都没有离开。

家康患病的消息一传开，朝廷、公家、寺社、诸大名等各方面的探望便纷至沓来。在这种情况下，三月二十一日，朝廷任命家康为太政大臣并将这一消息带到了骏府。

在三月临近结束的时候，家康给很多大名分发了带有纪念意义的物品，这大概是由于他察觉到自己死期将近。四月二日，家康将本多正纯、南光坊天海、金地院崇传召至枕边，下达了自己死后遗体葬于骏河久能山、葬礼在江户增上寺举行、牌位放置在三河国大树寺的命令；最后，家康还下达指示称，要在周年祭之后于下野国日光建造一座小堂并将法体以佛教劝请仪式迁于彼处，以为“关八州之镇守”。十五天后的四月十七日巳时（上午十时），家康七十五年波澜壮阔的人生在骏府城本丸落下了帷幕。

4　秀忠自立

秀忠的课题

距离家康去世又过了一段时间，一六二〇年（元和六年），秀忠在家康死后第一次发动大名进行了一项建设工程——大坂城普请。在当时，这一工程被称作“御代交替之御普请”。也正如这一称呼所言明的那样，德川氏政权的代际更替并不是通过秀忠袭任将军而完成的，而是一直等到了家康去世。

一方面，家康之死使将军秀忠得到了全面的自由。一直以来，秀忠虽然拥有所谓将军的地位，但在大多数情况下都必须依照大御所家康的意志行事，几乎没有展现独自判断的机会。可是另一方面，家康曾经行使的那些权力就真的在他死后全部移交至秀忠手里了吗？真实情况并非如此简单。

秀忠于一六〇五年（庆长十年）从家康手里接过将军职位后，开始以武家第一人的身份展开各种活动，例如在德川氏本城的江户城本丸中接受以新年拜贺为首的诸大名的各种拜贺礼仪，获得了支配东国大名的军事指挥权，以及向代际更替之后的大名发出继承人证明判物等。但是，上述大多数活动均具有表面性和形式性，其本质其实是家康为谋求德川政权的长久稳定而替秀忠树立权威形象的手段而已，拥有绝对实力的天下人家康使这些成为可能。

家康之死对于秀忠来说意味着他丧失了坚强的后盾。此前秀忠虽然在形式上维持着自己的地位，而这也是家康移交政权的一个成果，但从这时开始，秀忠就必须在此基础上利用各种机会夯实自己天下人的身份，以此得到众人的认可。

元和三年的上洛

家康去世一年之后，东照社在日光建成，并在家康忌日的四月十七日举行了正迁宫仪式，秀忠也为了参加次日的祭祀仪式而亲赴日光。此事告一段落的两个月之后，一六一七年（元和三年）六月十二日，秀忠在数万大军的陪同下上洛。根据《伊达鉴》的记载，上洛军由一番伊达政宗、二番上杉景胜、三番佐竹义宣、四番户田康长、五番峰须贺至镇、六番本多正纯、七番土井利胜、八番酒井忠世、九番将军秀忠、十番安藤重信、十一番鸟居忠政、十二番蒲生秀行构成。虽说这一构成以东国大名和老臣为中心，但其中也包括西国大名峰须贺至镇。另外，虽然没有被列入上洛大军，但是岛津家久、福岛正则、细川忠兴等西国实力派大名们也在秀忠出发前后由江户启程前往京都。其他身在各自领地的大名们更是几乎全都配合秀忠的行程而悉数上洛。

这一次诸大名跟随秀忠上洛或各自上洛的行为，实际上是诸大名服从秀忠军事指挥权的具体表现，秀忠上洛的目的之一也正在于此。

上洛目的之二，是进行大名转封。其中的核心问题，则是播磨姬路四十二万石城主池田氏转封因幡鸟取三十二万石一事。

这一时期池田氏的家主，是在前一年父亲利隆亡故之后刚刚继任家主之位的年仅九岁的池田光政。对于此时的池田氏来说，领有姬路的负担实在过重，故而秀忠令其转封鸟取。出于上述原因，时任鸟取六万石的领主池田长幸加增五千石并转封备中松山（今高梁市），因幡若樱三万石领主山崎家治转封备中成羽，因幡鹿野四万三千石领主亀井政矩转封石见津和野，伯耆米子六万石领主加藤贞泰转封伊予大洲，伊予大洲五万三千五百石领主胁坂安元转封信浓饭田五万五千石。

谱代家臣、原伊势桑名城主本多忠政领十五万石并取代池田氏入主姬路，播磨明石则由原信浓松本八万石城主小笠原忠真以加增两万石的方式获得，播磨龙野五万石交给了来自上总大多喜的领主本多政朝（忠胜之孙）。另外，一直担任伏见城代的松平定胜加增六万石拜领桑名十一万石，伏见则由摄津高槻四万石城主内藤信正以五万石接管。此外还有近江膳所三万石城主户田氏铁（一西之子）转封摄津尼崎五万石。上述转封大名全都是谱代大名。除了一六一六年石川忠总独自一人被分配到九州的丰后日田六万石以外，一直以来从未超过丹波国界线的德川氏势力通过上述一系列的转封，在确保领地有效连接的同时，向西国方面迈出了很大一步。

为实现这样大规模的西国转封，秀忠不得不亲自前往京都，并以上洛为名义将全国大名召集于此，而这也是因为此时的秀忠希望能在诸大名面前确立优势地位。

领知朱印状

上洛目的之三，是向诸大名以及公家、门迹、诸寺社等下发领知朱印状。值得注意的是，秀忠在这一年中发出的领知朱印状只有即将上洛之前的五月二十六日和上洛期间的九月前后两种日期。

前者的下发对象除了很少一部分外样大名之外，主要包括若干谱代大名和旗本等。而与之相对，后者的下发对象则是大名、公家、寺社等。其中发给公家和寺社的这部分实际上都是得到家康承认或直接由家康赏赐的领地，但是除了其中很少一部分之外，家康都没有下发过领知朱印状。因此，此次由秀忠颁发的领知朱印状便成了从将军这里得到的最初的领地确保证明，也是此后将军换代之时重新颁发领知朱印状的起点。

第三代将军家光在位时期只面向五万石以上的武士发放领知朱印状，第四代将军家纲以后则扩大为只面向一万石以上者，但是在秀忠时期，一万石以下的旗本也都成了领知朱印状的下发对象。这是几个时期的不同之处，而此处想讨论的是发放给大名的领知朱印状。

现在可以确认的是，共有二十三位外样大名和九位谱代大名收到过领知朱印状，人数仅有三十二人。其中所见大名包括岛津家久、黑田长政、福岛正则、浅野长晟、毛利秀就、细川忠兴、山内忠义等西国外样大名，以及美浓、三河、尾张、丹波、摄津等地领有采邑的谱代大名。也可以说，此次领知朱印状的下发对象主要是以西国大名，也就是家康在大御所时代所保有的军事指挥权治下地域中的诸大名为主。这一点是当年领知朱印状颁行的首要特征。

第二点特征，是曾于一六一四年（庆长十九年）得到过秀忠颁发的继承确认证明——继目判物——的加贺前田氏和一六一五年（元和元年）得到过确认加增的领知判物的藤堂氏以及井伊氏都没有成为此次领知朱印状的下发对象。这就说明，此次领知朱印状的发行对象是那些尚未与将军秀忠确认过领地问题的大名们。

虽然不免有些推测成分，但秀忠通过发行领知朱印状这一行为，将家康大御所时代未能握在手中的绝大多数——尽管并非全部——外样大名的领知宛行权成功地握在了自己手里。但不能忽视的是，此番领知朱印状的下发必须依靠上洛才得以最终实现，这一点也说明西国大名依然对秀忠施加着潜在压力。

福岛正则的改易

一六一九年（元和五年）五月八日，秀忠自江户出发上洛，同月二十七日抵达伏见城，九月十八日启程返回江户，其间在京都度过了大约四个月的时间。秀忠在上洛之后最先着手的事情，是对领有安艺、备后两国的广岛城主福岛正则进行改易。

就在秀忠上洛之前的四月二十一日，福岛正则在未获得许可的情况下擅自进行广岛城的修筑工事，因此他将会受到幕府惩戒的传闻便随之传开。此前不久，此事已传入秀忠耳中。三天之后，正则前来谢罪，秀忠下令拆毁除居城广岛城本丸之外的其他所有城郭建筑，正则也接受了这一命令，事件至此暂时告一段落。不过，秀忠同时命令姬路城主本多忠政派人赴广岛监督并汇报对方拆除城郭的情况。另一方面，正则在秀忠上洛期间被迫留在了江户。

江户开幕

在抵达伏见之后的第五天，也就是六月二日，秀忠命令老中向身在江户的正则下达奉书。该奉书内容是：斥责正则仅拆除了城郭的部分上砌石块，根本没有按照命令拆除二之丸、三之丸；作为惩罚，决定没收正则安艺、备后两国领地，转封至津轻。此时，距离事情暂时告一段落才过去了一个多月的时间。如果考虑到当时从江户到广岛路程往来时间的话，恐怕之前的赦免只是做做样子，是为了观察其他大名的动向而拖延时间的策略，秀忠其实在江户就已经坚定了最终要以改易的方式处理正则的决心。这样说来，正则的改易应该也是秀忠上洛的目的之一了。

当时正则身在江户，其子忠胜则随同秀忠上洛，再加上领国中的家臣，福岛氏军团实际上被分割成了三部分。六月二日由伏见出发前往江户的上使在九日这天向正则传达了上述命令。正则服从了该命令，于同月十四日指示其子忠胜，让他命令留守领国的家臣和平交接城郭。

就在上使向正则传达改易命令的九日当天，幕府也在伏见向诸大名传达了正则改易的命令，随后向加藤嘉明、森忠政、本多忠政、峰须贺至镇、池田忠雄、生驹正俊、山内忠义、堀尾忠晴、毛利秀就等中国、四国方面几乎全部大名发出了为接收广岛城而出兵的命令。虽然具体数字并不明确，但有说法是接到出兵命令的军队多达十万之众。与正则四十九万石的领知额相比，被发动大名的领知额达到了约二百万石之多，从这点来看，所动员军队的规模之大也就显而易见了。

留守领国的福岛氏家臣一开始决定在广岛城和三原城据城固守，一度回绝了上使安藤重信与永井直胜提出的和平交出城郭的要求。不过，等到从福岛忠胜那里收到正则要求和平上交城郭的指示后，家臣们也就开城并将其交予了上使。

此次正则改易事件一方面是秀忠在军事上向诸大名展示其“武威”的行为；另一方面，以接收广岛城为目的而对大名进行的动员也将西国大名——尽管未包括九州大名——整编到秀忠的军事指挥权之下，这一点也在具体情况下得到了体现。

德川氏的大坂城

就在为接收广岛城而被发动起来的诸大名准备踏上归途之时，京都又公布了大规模的大名转封消息。

秀忠将大坂之阵后领有大坂的松平忠明转封至大和郡山十二万石，大坂变为幕府直辖领，由原伏见城代内藤信政出任大坂城代。随后和歌山三十七万石领主浅野长晟转封安艺广岛四十二万石，家康十子、骏府五十万石领主德川赖宣以五十五万石继其后入领和歌山。接下来，丰臣时代以来长期领有和泉岸和田的小出氏转封但马出石，传闻是家康庶子且受到准家门待遇的松平康重继其后入封，摄津高槻则由松平家信继领。

上述转封形成了以下军事布局：大坂城以南为和歌山的德川氏和岸和田的松平氏，东北为高槻的松平氏，以西为一六一七年（元和三年）入主尼崎的户田氏。也就是说，由亲藩、一门、谱代构成的以大坂城为中心的军事格局形成。这里成为不仅是畿内而且是整个西国地区最大的幕府军事根据地。将大坂直辖化不仅仅出于军事目的，幕府的目标是亲自掌握大坂拥有的经济力量，并以此为前提将西国大名置于自身统辖之下。

此次大名转封中另一个不能忽视的内容，就是原领大和郡山六万石的谱代大名水野胜成转封至福岛氏旧领中的一部分——备后福山十万石这件事。水野转封福山，是继一六一七年本多忠政转封播磨姬路之后德川氏再一次深入西国的尝试，此事作为幕府支配西国政策的延伸策略之一而受到关注。

秀忠在将大坂城纳入直辖领之后，于一六一九年九月来到大坂，之后便以大规模改造大坂城为由向西国大名发出了建设城郭石垣的动员令。秀忠还向当时最有名的建城高手藤堂高虎发出命令，要求新建之城的壕沟深度与城垣高度都要达到旧城的两倍以上。

关于新大坂城的规模，当时英国驻日本平户的商馆馆长理查德·考克斯在其发回本国的书信中提道："过去太阁大人所建设、大御所大人所毁弃的旧城，到如今竟重建得比从前规模的三倍还大。"此外，根据考古发掘调查的结果可以发现，德川氏大坂城的修筑仿佛是要将丰臣氏大坂城覆盖并隐没一样，堆砌了大量的土方和石垣。

德川氏大坂城的修筑从一六二〇年到一六二九年（宽永六年）为止一共历经三期工程，耗费了十年的岁月才最终完成。修筑如此巨大城郭的意图或者说意义在于，用更加雄伟的城郭抹杀象征着曾统一并君临天下的丰臣秀吉之威严光辉的"丰臣氏大坂城"，此举不仅向大坂，更是向西国所有人炫耀了德川氏力量之强大并由此稳固了德川政权。

5　秀忠与家光

将军宣下的前夜

一六二三年（元和九年）七月，秀忠把将军一职让与了家光。九个月前，老中本多正纯遭到改易，四个月前一门中最大的大名松平忠直被流放至丰后。忠直的流放暂且留待后述。

本多正纯受家康重用并凭借此恩宠一度保持着极大的

权力。家康死后，正纯成为江户政权下年寄老臣的一员，就在家康刚刚去世不久的五月便获得二万七千石的加增，领有五万七千石的封地，更在一六一九年加增至下野宇都宫十五万石。

然而一六二二年十月，当正纯在最上氏改易之际，为接收城郭而前往山形的时候，就在当地接到了上交宇都宫城的命令。幕府还派遣年寄酒井忠世和土井利胜分别向黑田长政、加藤嘉明、森忠政、池田忠雄、细川忠利等国持大名级别的大大名们说明了正纯改易的理由。

在福岛正则改易期间，正纯曾经进言说，如果要改易正则，就会有足足十个大名站在正则一方。而在正则已遭改易之后，当秀忠询问正纯所述这一情况的事实依据时，却发现他没有任何证据支持。像这样用毫无事实依据的言辞来威胁秀忠的行为实在难以被原谅。这是正纯改易的第一个理由。

秀忠之所以还是原谅了正纯如此过分的行为，既是因为正纯本人长期服侍在家康身边，也是因为其父正信一直都勤恳奉公直至去世。秀忠认为，如果真心实意地任用正纯，他应该能够回心转意，故而给正纯增加了领地并赠予其宇都宫城，当时正纯本人也接受了赏赐。可即便如此，到当年八月十六日的时候，正纯居然更加过分地直接向秀忠提出宇都宫城不适合自己的意见。这是正纯改易的第二个理由。

对于秀忠来说，无论正纯曾如何服侍于家康左右、其父如何努力奉公，他都已经对正纯忍无可忍了。而选择在这个时机将正纯改易，大概是想在家光袭职将军之前就把正纯排除在幕阁之外吧。

松平忠直的流放

领有越前福井六十七万石的松平忠直在德川氏一门中拥有最大规模的领地，而对于将军秀忠来说，忠直不仅是其兄长秀康之子，也就是他的侄子，同时还是他的女婿。忠直在一六一五年（庆长二十年）的大坂夏之阵时，在全军之中拔得头筹——第一个攻入大坂城且战功显赫。但对于忠直的这些功劳，家康不过是把一件历经足利义政、织田信长、丰臣秀吉以及家康本人之手的著名茶器——“初花肩冲”送给他作为奖励而已。或许是出于对此事的不满，忠直从一六一八年（元和四年）以后便经常称病不去江户参勤，而这种超出常规的行为也越来越明显。

若是普通大名，不去江户参勤会被立即视为谋反，也就意味着改易。然而或许是由于其一门的身份，幕府只是一再敦促忠直参勤，而一直没有进行特别的处分。然而到了一六二二年，传闻忠直“发狂”，入冬之后秀忠终于做出了出兵越前的决定。

次年二月，秀忠将忠直母亲清凉院送至福井，又以承认其子光长的继承权为前提劝说忠直隐居。忠直接受了这一规劝并隐居，三月动身前往流放地丰后。实际上这是一次改易惩罚。

对于秀忠来说，无论如何都必须对忠直进行处分。如果将这一问题留给新任将军家光，就会给其带来沉重负担。或许与本多正纯一事相同，秀忠决定要在家光袭职将军以前亲自动手处理。

另外，幕府还为流放到丰后的忠直安排了目付①。这一目付表面上是监视忠直，实际上也是幕府探查九州大名动向的“雷达”，成为其支配九州的据点。

家光袭任将军

秀忠于一六二三年（元和九年）五月十二日由江户出发，六月八日上洛、进入二条城；因病而推迟出发的家光也在六月二十六日由江户启程，七月十三日上洛、进入伏见城。同月二十七日，家光在伏见城接受将军宣下仪式，江户幕府第三代将军由此诞生。

家光成为将军，是否意味着政治上的所有权力都从秀忠那里让渡过来了呢？以下事件正好能一窥究竟。就在上

① 意为以目付之，即进行监督、监视工作之人。

洛期间的一六二三年闰八月一日，秀忠在二条城接见了来自暹罗（今泰国）的使节。该使节带来了由暹罗国王发给日本国王秀忠的国书。国书内容包括其邻国柬埔寨新王与其反目，而当地一直有日本人在帮助对方，因此希望秀忠能够阻止上述行为，以及希望得到良马的请求。对此，秀忠以写有“日本国　源秀忠　回章”及约定处罚进行不法行为的日本人内容的书简回复暹罗国王。可是，新将军家光也于当月三日在伏见城接见了暹罗使节，却并没有送出书简。换言之，虽然家光已经成为将军，但秀忠依然是对外关系中的“日本国王”。

回到江户后，秀忠依然住在江户城本丸，家光住在西之丸。不过，当年十月，秀忠只给自己留下七十万石领地，而将五十万枚黄金、五畿内的全部领地和关东地区的二百万石领地、所有金银矿山以及一部分大番众①都让渡给了家光。这是继将军之位的让与之后，表明政权从秀忠移让给家光的关键事件。

一六二四年正月二日，诸大名前往西之丸向将军家光行新年贺礼，三日前往本丸向秀忠行贺礼，这在形式上与家康大御所时代一样，彰显出成为将军的家光具有更重要

① 幕府将军直辖军事力量的主要部分，日常负责江户城中治安维护等。除大番众之外，与之相类似的还有书院番众、小姓番众等。

的地位。

正月二十五日，家光手下的年寄酒井忠世通知身在江户的出羽秋田领主佐竹义宣，要求其前往江户城西之丸。收到消息的义宣与其他大名一起前往西之丸之后被告知，就在两天前的二十三日，家光从大御所秀忠手里接过了“御马标”，“天下御处置”的权限已被委任于家光。通过移交象征着军事指挥权的“御马标”得到了处理天下之权的委任后，家光就从秀忠手中获得了所有权力。与大御所家康不同，作为大御所的秀忠真正成为隐居之人。之后，当年九月二十二日，秀忠由本丸迁至西之丸，十一月三日家光入主本丸，这也是政权的移交在形式上彻底完成的标志性事件。然而，事情并非如此简单。

手握实权的秀忠

一八三八年（天保九年），在酒井氏为藩主的若狭小滨藩，人们对一六二五年（宽永二年）十二月十一日下发给酒井忠利（忠世叔父）的领知朱印状和同年十月二十三日下发给酒井忠胜（忠利之子）的领知朱印状进行了仔细调查。藩内一直流传着上述朱印状是从第三代将军家光手中拜领的说法，但细看朱印状上的朱印发现这并非家光的朱印。询问同族的酒井雅乐头、阿部伊势守、稻叶丹后守等人后得到的答复是，一六二五年的朱印状其实是第二代将军秀忠发行的。为了进一步确认此事，藩内人员又私下询问了幕府官员，他们回复称，这毫无疑问就是秀忠的朱印，但并不清楚秀忠为何在引退之后仍然发行了这些朱印状。

一六二五年七月到十二月间发给谱代大名和旗本的领知朱印状中有不少被保存到了现在，尽管很多都只是写本。相传其中绝大多数都由家光发出，但留有原本的朱印状几乎都是秀忠发出的。恐怕那些传说是家光发出的领知朱印状，也不过因为是在家光担任将军之后发出的朱印状，而想当然地被判断为来自家光罢了。

家光家臣之一的年寄酒井忠胜从秀忠处获得领知朱印状一事，从后来形成的常识来判断，是令人无法理解的，但现实就是如此。即便让出将军一职并退居大御所，秀忠依然掌握着领知宛行权。

一六二六年，后水尾天皇行幸二条城，秀忠和家光父子一同上洛。当时，秀忠大军的先头部队有伊达政宗、佐竹义宣、上杉定胜（景胜之子）、南部利直等东国大大名及以下二十一人，同时主力部队也有外样大名加入。秀忠座驾周围则由谱代大名和旗本部队拱卫，其后便是堀直寄（直政之子）、沟口宣胜（秀胜之子）所在的大部队。与之相比，将军家光的军队则是由蒲生忠乡（秀行之子）等极少数外样大名以及一门、谱代大名构成，尽管中军也由旗本部队拱卫，但人数少了很多，总数还不到秀忠军的三分之一。上洛一事具体体现了对大名的军事指挥权，由此可见，将军家光的权力受到了极大限制，秀忠则依然掌握着对大名的直接指挥权。

其实在支配朝廷和进行外交等方面上，秀忠仍掌握着幕府实权。对此，本书将在稍后进行阐述。

本丸与西之丸

在把将军一职让给家光之前，秀忠手下有酒井忠世、本多正纯、土井利胜三位年寄以辅佐幕府政治的运营。同时，在即将就任下一代将军的家光身边，则有酒井忠利和青山忠骏（忠成之子）两位年寄跟随。这一年寄重臣的构成在家光成为将军之前发生了重大变化。

首先是前文已经提到的，一六二二年（元和八年）十月本多正纯改易；接下来的次年春天，秀忠手下首席年寄酒井忠世成为家光年寄，秀忠身边近臣井上正就和永井尚政成为秀忠手下年寄；另外，酒井忠世担任家光年寄之后，酒井忠胜又成为家光手下新任年寄。这样一来家光身边就有了四位年寄，重臣构成得到进一步强化。这是为了满足因将军交接和完成将军宣下而上洛的需要。

家光继任将军之后，其手下的年寄当中，酒井忠利和青山忠俊二人相继离开年寄之位，取而代之的是俸禄只有四千七百石的内藤忠重（清成之弟）和五千石的稻叶正胜二人。此后，一六二八年（宽永五年）八月，秀忠年寄井上正就在殿中[①]遇刺，取而代之的是领知高一万六千石的青山幸成（忠俊之弟）与一万石的森川重俊二人。

如上所述，幕府内同时存在大御所秀忠的年寄与将军家光的年寄。那么在这种情况下，幕府的决议又是怎样做出的呢？

最初，大多数决议都是由秀忠方面做出的，尽管业已成为家光年寄的酒井忠世也参与了决策过程。后来，忠世作为家光手下的首席年寄便与秀忠手下的首席年寄土井利胜共同商议，在此基础上奏请将军和大御所商议结果，得到确认之后落实为幕府的决议，并由家光年寄酒井忠世、酒井忠胜和秀忠年寄土井利胜、永井尚政联合署名，形成年寄连署奉书并将其传达给大名们。在此仅举一例作为说明。

一六三〇年，阿波的峰须贺氏计划将位于淡路由良的卫戍番城改筑至洲本，他首先分别向酒井忠世、土井利胜、酒井忠胜三人递交了内容相同的申请书。对于峰须贺氏的这一请求，幕府内部首先由酒井忠世和土井利胜进行商谈并将商谈结果分别向家光和秀忠报告，得到二人承认后由酒井忠世、土井利胜、酒井忠胜、永井尚政四人联合

① 指御殿内部，或是将军及大名的居所。

签署一份年寄连署奉书，以此将幕府的许可传达给峰须贺氏。

如此一来，本丸的将军与西之丸的大御所之间因二元式政治模式而产生的双头权力之间的矛盾被消除了。而且这种体制设计也使得政权能够在秀忠死后相对容易地过渡到家光手中。

秀忠临终前的年寄众构成

	年寄名	年龄	领知高	城地	官位
本丸年寄	酒井忠世	61岁	122500石	上野厩桥	从四位下侍从
	酒井忠胜	46岁	80000石	武藏川越	从五位下诸大夫
	内藤忠重	47岁	20000石	—	从五位下诸大夫
	稻叶正胜	36岁	40000石	—	从五位下诸大夫
西之丸年寄	土井利胜	60岁	142000石	下总佐仓	从四位下侍从
	永井尚政	46岁	89100石	下总古河	从五位下诸大夫
	青山幸成	47岁	16000石	—	从五位下诸大夫
	森川重俊	49岁	10000石	—	从五位下诸大夫

特辑：出头人大久保长安

因德川家康的信赖和提拔，大久保长安成为骏府奉行众之一，同时担任着幕府直辖领代官头、监督幕领周边国家的国奉行、负责道路建设和管理的道中奉行和城郭建设奉行等职务，八面玲珑地活跃在各种幕府事务之中，直到一六一三年（庆长十八年）四月二十五日以六十九岁高龄辞世。然而长安死后，他生前曾隐匿金银、谋划推翻幕府等事败露，他的七个孩子因此被处以死刑，与其关系密切的大名或旗本也遭到连带处罚。为德川家康夺取天下立下这般功劳的长安在其死后却不被认可，甚至遭到抛弃。那么，长安究竟是一个怎样的人物呢？

长安于一五四五年（天文十四年）生于甲斐武田氏属下的猿乐艺者之家，是大藏大夫的次子，生来即效命于武田一族。后来被武田氏家老土屋直村看中，获得“土屋”之姓和武士身份。此后，长安成为负责地方管理的藏前众的一员，并在任上充分发挥了自己的才能。

一五八二年（天正十年）武田氏灭亡，长安一度成为浪人，后来在德川氏年寄大久保忠邻的举荐下出仕家康，并作为家康经营甲斐国的代官之一发挥了重要作用。此时，长安得到忠邻的允许开始使用“大久保”之姓，称大久保十兵卫。

家康转封并入国关东之后，长安于八王子设立官衙——阵屋，并指挥众多代官开始检地，在领国经营方面做出了重要贡献。关原之战时，长安作为运送物资的小荷驮奉行，在占领木曾谷的作战中充分施展了自身的卓越才华，便愈加受到了家康的信任。

关原之战结束后，长安与伊奈忠次一起，在家康的授意下参与了战后领地的划分工作。此后，长安作为银山奉行前往刚刚成为幕府领地的石见，指挥开采银山并向家康提供了数量空前的白银。就在家康就任将军的一六〇三年（庆长八年），也许是因为开采石见银山之功，长安被授予从五位下石见守的官位。之后的长安又因身兼佐渡、伊豆等地金山、银山的奉行之职而大放光彩。此外，他还管理着出产木材的木曾地区，深入参与了江户城和骏府城的修筑和建设。

不仅是上述矿业、林业的相关工作，长安仍然负责着幕领的管理工作。长安组织了大量代官众，据说在他的指挥之下负责管理着将近一百二十万石的幕领。此外，出于对特定地域不分幕领和私领进行整体管理的需要，幕府会在当地设国奉行一名，而大和与美浓的国奉行就是由长安来担任的。另外，长安还作为骏府奉行众的一员参与政治活动，比如冈本大八事件的审理就是在长安宅邸进行的。

长安得以参与多方面活动的基础，既有他本人的卓越能力，也有家康对长安的无比宠信。然而如果没有长安，他为管理幕领而设计的体制就无法发挥效应，这就使得这种体制在其死后会以某种形式瓦解。虽然本多正信、正纯父子与大久保忠邻、长安之间的对抗关系乃是长安死后遭到惩处的不可忽视的背景，但家康与作为出头人的长安之间关系的变化恐怕才是更为根本的原因。

第三章　将军与天皇

1　《禁中并公家诸法度》

宫女私通事件

一六〇九年（庆长十四年）六月中旬，宫女和年轻公家众私通的事件闹得满城风雨。进入七月，以武家传奏劝修寺光丰为中心，公卿们开始传唤宫女以查明真相。七月四日，典侍广桥氏、权典侍中院氏、掌侍水无濑氏和唐桥氏、命妇赞岐这五位宫女被送回各自本家，与此事相关的公家众，包括乌丸光广、大炊御门赖国、花山院忠长、飞鸟井雅贤、难波宗胜、德大寺实久、中御门宗信等人也都被暂停公职，等待最终发落。

数日后，传奏劝修寺光丰拜访京都所司代板仓胜重，拜托其将后阳成天皇的圣意转告给大御所家康并征询家康的意见。家康对此回复道，此番之事致使龙颜不悦实属不该，如何处罚可依圣意裁决为宜。得到家康上述回复之后，天皇打算做出严厉惩罚以儆效尤。

此种情况下，所司代板仓胜重亲自询问了涉事的公家众，还分别和传奏劝修寺光丰、天皇御弟智仁亲王以及摄家众进行了商谈，然后将上述结果告知来到京都的家康使者板仓重昌。

等到八月四日，家康方面传来意见，尽管忤逆天皇旨意实属不该，可出于惩前毖后之目的就应该完全查明事实真相再做决断。接到家康这一意见的后阳成天皇将摄家众全都召至清凉殿，言明此事实在忍无可忍，必须将诸犯施以死刑，并询问摄家众是何意见。摄家众纷纷回应说，尽管对天皇的愤怒感同身受，但此时确应仔细调查事实。对此，天皇反复以“（与朕）同心否”之问逼迫摄家众，在此逼迫下，摄家众只好回答“敬如圣意”，同意了天皇的决定。家康使者大泽基宿被召至当场，上述决定则作为“敕决”传达给了大泽。

虽然“敕决”已经下达，但板仓胜重还是在八月六日挨个审问了涉事公家众并于八日在劝修寺光丰宅邸审问了那五位宫女，还于二十日亲自前往骏府报告了相关结果。不仅如此，女院所属女官帅局和女御所属女官右卫门督二人①也在家康的命令下前往骏府。

九月二十三日，板仓胜重上洛并通过传奏劝修寺光丰向天皇报告了家康的意见，此时天皇也表示此事无论如何要交由家康处理，交出了亲自进行处罚决定的权力。事实上，天皇是被家康逼到了不得不交出处罚权的状况。

进入十月，五名宫女前往骏府，十一日抵达骏河。次日，流放决定下达，五人被流放至伊豆新岛。十一月一日，板仓胜重向涉事公家众下达了流放地指示，他们被流放至虾夷、隐岐、对马、伊豆等地。

正如公家之一的壬生孝亮在其日记中写下“出自将军之旨意”那样，此番对公家的处分是出于家康而不是后阳成天皇之手，家康也正是通过这一事件的处理让武家成功深入朝廷内部。

后阳成天皇禅位

一六〇九年（庆长十四年）末，后阳成天皇向大御所家康传达了让位的想法，或许是因为他对宫女和公家处分的过程和结果抱有不满。对此家康回复称，希望天皇暂

---

① 女院即三后（太皇太后、皇太后、皇后）所得之称号，此处指后阳成天皇之母、皇太后新上东门院劝修寺晴子。女御为仅次于皇后和中宫的天皇后宫身份，由于江户时代天皇罕有立后，女御即相当于天皇正室，此处指后阳成天皇正室近卫前子。

且不要让位。后阳成天皇接到这一回复之后，再次表达了希望家康能够给予“驰走”（帮忙），不使让位延期。这次，家康对来年二月的让位以及政仁亲王的元服仪式表示了认可。让位仪式最终定于三月二十日前后举行，相关准备也随之开始。

然而，家康五女市姬于闰二月十二日去世，家康以此为由提出希望让位仪式延期的请求，预定的让位日期只好被迫顺延。对于家康的这一无理要求，天皇如触“逆鳞”般震怒，却也只得服从。家康的这种托词，也会让人想起日后他在方广寺钟铭事件中的做法。

三月十一日，武家传奏为了传达天皇让位的意向前往骏府，并于四月二十八日带着家康提出的七条要求回到京都。其中第一条内容是，让位之事必须要家康或秀忠上洛来帮助操持，但假如天皇打算即使没有幕府的援助也一定要在今年内完成让位的话那也请随意。这就好像是在说，“如果做得成的话就做做看”一样。第二条内容则是，同意亲王的元服仪式在年内进行。

到第二条为止还是与让位有关的内容，可第三条开始却涉及女院、摄家、公家等各个方面。第三条提出，希望当时隐居于长谷的天皇母亲——女院能够返回御所并成为天皇的监护人。第四条要求是摄家众如有意见应在互相商议之后上告天皇。第五条命令公家众励学各自之道，正行仪，遵法度。第六条则建议公家接任官位应本着勉励奉公的原则进行。第七条则请求，任用在宫女事件中遭到流放的花山院忠长的弟弟与松木宗信的兄长。同时，家康还通过口信方式表示，希望在宫女事件中免于获罪但受到天子亲口谴责的乌丸光广与德大寺实久也能被起用。

“只能以泪洗面”

此后围绕这七个条件，天皇与家康之间的交涉又持续了很长时间。不过，只有传奏参与了相关讨论，摄家众则完全没有牵涉其中。

十月，家康向摄家众发出书信，其中不仅言明天皇同意了家康提出的七条建议，同时也要求摄家众向天皇表明自身意见，此外更是威胁称如若不配合这一行为，今后就不再协助摄家众。家康的目标其实是进一步干涉朝廷的政策决议。

在给摄家众发出书信的同时，家康还向天皇提出了三条意见，即同意提前举行亲王的元服仪式，建议亲王学习处理政务，最后则是再次要求摄家呈报具体意见。

天皇在御览这三条意见之后大为不满。次日，天皇表达了自己的三个想法，即按照延喜朝先例将元服与让位仪式在同日举行、政务由关白计划操持、恢复乌丸与德大寺二人的政务要等到结改[1]之时。对此摄家众上奏道，虽然确也认同在同日举行让位与元服仪式，但此时还是要听从家康之意，尽快在年内先行完成元服仪式为好。

此后，摄家众和传奏还集体前往女院御所，再次询问天皇的意见。可是这一次天皇所传达的意见与之前并无二致，仍旧要求按照延喜之例同日举行元服和让位仪式、在结改之际恢复乌丸与德大寺二人的政务、在其他事务完成之后再考虑征召花山院与松木二人的兄弟之事。摄家众商议之后提出了协调之策，即拜托智仁亲王等天皇手足说服天皇，同时也在与板仓胜重反复商谈之后达成共识，暂且优先推进元服仪式。此后，智仁亲王、兴意法亲王、良恕法亲王前往说服天皇，天皇却说“虽历何难亦不畏”，表明自己绝不改变原有意见。

惊讶于此的亲王和摄家们上表天皇称，若此处毫无转圜，将会极大地影响与家康之间的关系。对此，天皇回复曰：“唯有以泪洗面，无能为也矣。”竭尽全力抵抗家康要求的天皇心中那条紧绷的弦在这一瞬间断掉。继宫女私通事件之后，天皇不得不再次屈从于家康的意见。十二月二十三日，政仁亲王行元服大礼；次年三月二十七日，禅位之礼也借家康上洛之机得以举行。

---

① 即改变结番之意。结番是指按照一定顺序交替任职的制度。

《公家众法度》

家康在一六〇九年（庆长十四年）的宫女私通事件中亲自主导了处理过程，将控制之手伸向了朝廷深处。随后，在一六一一年后阳成天皇的让位事件中，家康也多次干涉并按照自己的想法掌控了局面，将对朝廷来说最为重要的让位、即位仪式全都纳入自己的掌控之下。

此后，家康对朝廷的掌控开始面向公家众。家康在交涉禅让一事而提出的七条要求中，便向后阳成天皇提出了命令公家众励学各自之道，正行仪，遵法度的要求。不过在这一时期，对公家颁行法规的主体，至少还是天皇。

然而次年的一六一二年六月，“各家学问行仪之事，应嗜学之不可怠也”和公家不应行鹰猎之事两条，作为家康的意思通过传奏下达给了公家众。对此，公家众纷纷向传奏提出保证书并在结尾处提到已经向所司代板仓胜重起誓。通过该法度的公布和随后公家众提出的保证书，家康得以不通过天皇而向公家众下达自己的命令，由此可见家康对公家众的支配又得到了加强。

到了一六一三年六月，家康向前来骏府的传奏广桥兼胜传达了紫衣法度和包括五条内容在内的《公家众法度》。广桥兼胜将该法度带回并与摄家众商谈之后，于七月十二日将公家众召集至宫中，公开传达了家康制定的上述法度。

其中第一条内容是公家众应勤于学问毫不懈怠，第二条是应慎于行仪，第三条是须勤于宫中公务不得懈怠，第四条是不得无故闲游于市井之中，第五条是禁止赌博和招募无赖之下役。文末以“上述各条所裁决，依五摄家及传奏，如有上述之故，须交由武家处分”为结语。这一句也正式宣布了摄家与传奏管理公家，以及最终由武家来对公家进行处罚的原则。

这次，公家众纷纷提交保证书。相较于受命之人以同意或承诺为前提而提交保证书，这种单方面颁行法规的方式，又向前迈进了一步，同时也确立了下达命令之人的压倒性优势地位。

《禁中并公家诸法度》

一六一四年（庆长十九年）四月五日，家康命令金地院崇传和林罗山负责从古代经典当中摘录相关内容，作为制定公家、武家法度的资料，同时也明确表示要在当年秋天上洛之时，制定面向摄家、公家、门迹、寺社的万代法度。然而，大坂冬之阵的爆发令法度的颁布被迫延期。但为制定法度而进行的资料收集工作始终在有条不紊地推进着。

等到大坂夏之阵结束，继《武家诸法度》之后，家康于七月颁布了由崇传起草的《禁中并公家诸法度》十七条。虽然这一法度通常被称为《禁中并公家诸法度》，但法度本身其实并无名称，因此也被称为《公家法度》《禁中方御条目》《禁中并公家法度》等。另外，其针对的对象不仅包括天皇和公家，也包括亲王与门迹。

以“天子诸艺能之事，第一御学问也”为始的法度，作为历史上首次对天皇行为做出规制的条文而广受关注。这一条中的大部分内容，都引用自十三世纪初顺德天皇为其皇子所作的讲述日常行为法规与教养方法的《禁秘抄》一书。其中要求“有职”要精于学问并学习作为“我国之习俗”的和歌，同时还间接否定了天皇插手政治的行为。

第二条与第三条规定了这一时期频频发生争议的大臣与亲王之间的座次问题，第四条与第五条规定了大臣与摄政、关白的授官与辞任问题，第六条则规定养子须从同姓者中选出，不承认女方亲族的家主继承权。

第七条规定，武家官职与公家官职一分为二，即便武家与公家同时就任同一官职，比如二人同时成为左大臣也并无不可。以此为基础，武家官位便从公家官位体系中分离出来，从中我们能够看到，幕府的意图是要切断朝廷与除德川氏之外其他武家之间的联系。

第八条关于改元，第九条关于天皇、仙洞（上皇）、亲王、公家的服装规定，第十条规定了各家的晋升问题。第十一条规定如违背关白、传奏的命令则处以流放之刑，明确将关白和传奏放到了管理公家、门迹的中心位置。第十二条以《养老律》中的一部分《名例律》为基准规定了罪行轻重的区分，第十三条规定了亲王门迹与摄家门迹之间的座次，第十四条和第十五条规定了门迹和院家授官之事，第十六条是关于紫衣寺院的住持任职问题，第十七条是关于上人称号的规定。

这一法度由大御所家康和将军秀忠，以及当月底刚刚重新就任关白的二条昭实联名颁行。与《武家诸法度》相同，这部法规实质上是由大御所家康一手制定的。但与《武家诸法度》不同的是：这一法规并非由大御所家康单独具名颁行；此外，此法规也并未像《武家诸法度》那样是以将军秀忠之名颁行的；还有在其颁布之前，最初并未计划让秀忠署名。通过颁布规制天皇行为等的这一法规可以看到家康绞尽脑汁试图谋求统治正当性的深刻用意。

此后，《禁中并公家诸法度》成为幕府管理朝廷最重要的法律依据直至幕末。

2　江户幕府的朝廷机构

掌控武家官位

一六〇六年（庆长十一年）四月二十八日，家康进宫向后阳成天皇行岁首贺礼。在仪式之前抵达的家康首先受到了随同进宫的广桥兼胜等公家众的迎接并前往传奏劝修寺光丰宅邸。在此处，家康向传奏提出，希望天皇禁止一切不经家康本人推举而授予武家官位的行为。家康通过这一举措垄断了武家官位的上奏权，限制了朝廷任命武家官位的自由，也试图排除天皇与武家之间的直接联系。

然而，虽然家康在一六〇六年向朝廷提出了垄断武家官位任命上奏权的要求，但大坂的丰臣秀赖此后也依旧保持着对大坂家臣们官位任命的执奏权。一六一四年方广寺大佛开光供养法会之前，秀赖就向传奏广桥兼胜提出了十五名大坂家臣的官位任命要求，其中十四人随后被任命为诸大夫。

以此观之，直到庆长末年为止，幕府都未能实现对武家官位执奏权的垄断。天皇和朝廷出于谋求相对提高自身权威这一目的，认可秀赖的执奏权以便挑起德川与丰臣之间的对抗关系。因此对幕府来说，否定秀赖所持有的执奏权是迫在眉睫的课题，而这一课题也随着大坂之阵得到了最终解决。

大坂夏之阵后，为了进一步切断天皇与一般武家之间的联系，家康分离了朝廷内的官职与武家所就任的官职，也就是将武家官职从朝廷官职体系的定员构成中分离了出来。对此做出规定的便是一六一五年《禁中并公家诸法度》

的第七条，即“武家之官位者，可为公家当官之外事”。

通过上述行为，幕府进一步强化了任命武家官位的权力，而天皇和朝廷则只剩下认可幕府决定并将其权威化的功能而已。

武家官位〔截止到一六一四年（庆长十六年）正月〕

位阶	官职	人名
从一位	右大臣	德川家康
正二位 正二位	右大臣 内大臣	丰臣秀赖 德川秀忠
从三位 从三位	中纳言 参议	前田利长　上杉景胜 细川忠兴　丹羽长重　毛利秀元　德川义直 德川赖宣
正四位下 从四位上 从四位下 从四位下	少将 少将 少将 侍从	岛津家久　大泽基宿 最上义光　松平忠直 德川赖房　伊达政宗　福岛正则　松平忠辉(流放) 前田利常　森忠政　佐竹义宣　吉良义弥 毛利秀就　京极忠高　立花宗茂　宗义智 京极高知　池田利隆　最上家亲　池田忠继 山内忠义　堀尾忠晴　筒井定次(流放)

摄家的设立

江户时代，能够接受天皇敕问并列于评议之席的，只有摄家和稍晚于传奏设立的议奏而已，除摄家之外的公家众中即便官居大臣仍然会被排除在此之外。这里的摄家和传奏究竟是江户时代前就存在的，还是在江户时代才新设的呢？

一六〇九年（庆长十四年）的宫女私通事件中，朝廷在向家康征询处理意见时，其决定也是以天皇加传奏的方式做出的，摄家众并未参与其中。直到天皇在与家康谈判时因无法贯彻自己的意志而开始探索解决方法时，摄家众才参与了进来。天皇将摄家众召至清凉殿，告知其自身的意向并强行迫使摄家众同意，以此巩固朝廷意志，并通过这一方式试图迫使家康让步。在这样一种朝廷决议形成的过程中，摄家众不过发挥着非常消极的作用而已。

和宫女私通事件之时一样，一六一〇年的禅位一事最初在向家康表达意见的时候并没有摄家众的参与。然而到了四月，家康向后阳成天皇提出七条意见，其中就包括请求天皇命令摄家众向天皇提出具体意见这一点。等到十月，家康再次就这一点向天皇提出了请求，同时直接告知摄家众，要求其向天皇提出具体意见，如若不从则此后再不回应任何交涉，逼迫摄家众做出实际行动。

对于摄家众来说，上述行为意味着他们获得了一直以来都未曾拥有的参与朝廷决议的正当性，然而更重要的是，保障这一正当性的并非天皇，而是家康。至少在这一点上，家康在天皇之上。

此后，家康在各方面都对摄家加以重视，不断强化他们的权力。一六一一年，在听闻公家众的官位晋升久拖不决后，家康下达命令，要求摄家要在商议之后处理公家之事。另外，通过前文提到的一六一三年《公家众法度》中“依五摄家及传奏，如有上述之故，须交由武家处分”这一内容，摄家与传奏共同被放在了支配公家的中心地位。一六一四年，家康在向天皇奏请关于评议亲王座席和官位晋升事项的时候，更是指示天皇“可御相谈于摄家众也”。

随后，家康又通过“关白、传奏并奉行职事等通告之事，堂上（公家的家格）地下之辈[①]相违者，可为流罪”这一《禁中并公家诸法度》的明文规定，确定了江户时代摄家的地位。

如此一来，家康创设了江户时代作为朝廷内统辖天皇意志的幕府机构中枢——摄家。一八六七年（庆应三年）“摄关”与幕府一道在王政复古的大号令下被废除，其历史背景就在于此。

从朝廷传奏到幕府传奏

江户时代的武家传奏是将武家的奏请传达给朝廷的要职。一六〇三年（庆长八年）二月十二日，随着德川家

① 家格身份上，能够晋升五位以上官职的公家被允许进入内里清凉殿的升殿，由此被称作堂上公家或殿上人，无此资格的公家则被称作地下或地下官人。

康就任征夷大将军，广桥兼胜和劝修寺光丰二人也同时被任命为传奏。但实际上，此事的成立过程和具体情况要比上面的叙述复杂得多。

丰臣秀吉于一五九八年去世之时，担任武家传奏的是劝修寺晴丰、中山亲纲和久我敦通三人。不过就在当年十一月，中山亲纲去世，接着次年八月，久我敦通因与天皇后宫长桥局私通一事败露而出逃，因此传奏只剩下劝修寺晴丰一人。此后一段时间，宫中和公家的日记中依旧称劝修寺晴丰为传奏。但是从一五九九年末到一六〇三年初的这段时间中，传奏这一称呼不再见于各种记载之中。曾经由三位传奏所承担的大部分工作都转而由广桥兼胜和晴丰之子劝修寺光丰负责，但这一时期两人都没有被称为传奏。

传奏这一称谓，是在家康为感谢将军宣下而进宫的前一天，即一六〇三年三月二十四日被重新使用的。在记录宫中大事小情的《御汤殿上日记》当天的记录中，就有“广桥大纳言，依旨任传奏”一句。广桥兼胜在家康进宫之前成为传奏，等到次日家康进宫之时就成为家康向导。此后广桥兼胜和劝修寺光丰更是作为使者，向家康进献物品给予回礼等，二人作为传奏的身影在此后频繁出现。如此观之，恢复传奏一事与家康就任将军之间有着深刻的联系。

然而，从一六〇三年四月二十二日广桥兼胜和劝修寺光丰二人向大坂的丰臣秀赖传达其就任内大臣的口谕开始直到大坂之阵结束，每年的年初和岁暮，二人都会作为使者前往大坂秀赖处行拜贺礼。由此观之，传奏并非幕府专有。对于幕府来说，垄断传奏就成为其管理朝廷的课题之一。

另外，这一时期传奏的职责也并不只是与武家进行交涉而已。一六〇三年八月，广桥、劝修寺二人作为传奏，与一条内基共同商讨了山伏大行院袈裟的管理办法。九月二日，三人还面向内外颁行了“从宫中有旨”的布告，并向公家众征收了保证书。

传奏这一地位开始发生变化是在一六〇五年前后。当年六月，所司代板仓胜重就京中频频发生的谋财杀人事件向广桥和劝修寺两传奏提出了严格管理朝廷和公家众内部人员的要求。这是幕府管理体系第一次触及公家社会。而虽然说不上明确，但传奏在这一事件中不是作为天皇的传奏，而是作为幕府的传奏履行相应职能的。

这种作为幕府传奏的职能，在公家众出席一六〇五年五月秀忠举行的能乐演出，以及次年五月在伏见城向家康行拜贺礼这两件事中可以看出，因为这两件事都是由传奏向公家众转达的。此外，在上文提及的宫女私通事件和让位事件中，二人在履行作为天皇传奏的职责的同时，也按照所司代的要求参与了审问宫女并与摄家一起做出了支持家康的行为，这更加凸显了其作为幕府传奏的身份。于是，传奏也与摄家一同，在一六一三年的《公家众法度》以及一六一五年的《禁中并公家诸法度》中，成为幕府管理公家的核心。

一六一九年（元和五年）九月十八日，在将军秀忠的命令下，万里小路充房等六人因行为不轨而遭到处罚。当时身为公家的土御门泰重直斥传奏广桥兼胜为“三百年以来未有之奸佞残贼臣”并在日记中写道：“此番大树（德川秀忠）无道之事，可知广桥曲意逢迎，亦知圣意盛怒、逆鳞难复也。”由此可见，这是一次传奏站在武家立场行事而使天皇大发雷霆的标志性事件。

此后，每当新一任传奏就任之时，都要向老中和所司代递交起誓书。这无疑最具象征意义地昭示了传奏对幕府的从属关系。

宫中财产的管理

关原之战后，家康要求公家和门迹上交各自采邑，并在次年一六〇一年（庆长六年）将朝廷与公家的采邑由他国替换至山城国内，并予以加增。

朝廷的领地在这一时期变为山城国中的爱宕、纪伊、宇治、相乐四郡，合计一万零十五石。顺带一提的是，朝廷的总采邑——禁里御料在此后于一六二三年（元和九年）增加了秀忠进献的一万石和一七〇五年（宝永二年）纲吉进献的一万石，合计达到了三万石。

虽然对近世初期禁里御料的管理问题还有很多值得研究之处，但很清楚的一点是，庆长年间公家变身为代官，而朝廷则掌握着其管理权。到了元和年间，尽管出现了京都所司代介入朝廷财政支出的事例，但采邑的管理权仍在朝廷一方。

然而最晚到一六三四年（宽永十一年），对禁里御料的支配权就开始被幕府所掌握了。将军家光于当年上洛，其间命令被称作京都代官的五味丰直对禁里御料的年贡收支和宫中的财政支出进行监督。另外，一六四三年幕府还规定，宫中诸般花销都要凭借宫中武士高木守久和天野长信二人的手形①从五味处领取，还要每年在所司代板仓重宗（胜重之子）的监督下进行审计。可见，幕府不仅管理着禁里御料，还掌控着包括支出在内的整个朝廷财政。

由此，幕府通过插手禁里御料支配和财政收支建立起了从财政层面监视朝廷的组织体系。

公家采邑与奉公

一六〇一年（庆长六年），在划定禁里御料的同时，绝大多数公家和门迹的采邑也被迁到了山城国中。此时，宫家与公家的领地合计二万九千九百八十石，门迹的领地

① 江户时代的证明书形式。

为一万六千六百七十九石，尼门迹的领地为二千六百五十三石，地下官人的领地为二千零九十九石，总计五万一千四百一十二石[①]。此后虽有若干增减，但公家的家领和门迹领地的总数基本保持着上述状态，一直持续到幕末。

公家诸家的家格（极官是指一家之中的最高官位）

家格	公家名	极官
摄家(5)	近卫、九条、二条、一条、鹰司	摄政、关白
清华(9)	三条(转法轮)、菊亭(今出川)、大炊御门、花山院、德大寺、西园寺、醍醐、久我、广幡(醍醐、广幡乃江户时代以来新创)	太政大臣
大臣家(3)	三条西、中院、正亲町三条(嵯峨)	大臣
羽林家(57)	四辻、薮、松木、中山、正亲町、庭田、姊小路、今城、园、东园、油小路、鹫尾、清水谷、滋野井、桥本、阿野、飞鸟井、难波、野宫、冷泉、藤谷、六条、岩仓、持明院、武者小路、大宫、园池、四条、山科、西大路、水无濑、七条、下冷泉、中园、梅溪、栉笥、千种、里辻、樋口、堀川、绫小路、山本、河鳍、梅园、花园、久世、东久世、爱宕、植松、风早、押小路、町尻、叶川、石山、高野、石野、六角	大纳言(武官)
名家(25)	日野、乌丸、柳原、广桥、日野西、里松、勘解由小路、竹屋、三室户、外山、丰冈、北小路、劝修寺、甘露寺、叶室、万里小路、清闲寺、小川坊城、中御门、芝山、梅小路、池尻、堤、穗波、冈崎	大纳言(文官)

① 此处应为四舍五入后的约数。

从各自的领地来看，八条宫（智仁亲王）所持有的三千石为最多。公家中最多的是身为摄家首席的近卫家所持有的一千七百九十五石，但这甚至不及幕府内上级旗本的领知额。不过，值得注意的一点是公家采邑的多少并不对应公家社会中的家格序列。

江户时代公家的家格，依次分为摄家、清华家、大臣家、羽林家、名家、半家和新家等层级。其中，名家日野家的采邑为一千一百七十四石，乌丸为一千零四石，广桥为六百五十石，劝修寺为一千二百零八石；而与之相比，清华家的花山院为三百五十六石，西园寺为三百七十五石，德大寺为三百一十石，家格等级和所领额之间呈现出完全相反的趋势。相较于自身较低家格水平而拥有较多采邑的公家大多是所谓的武家昵近众等人。他们与德川氏之间关系深厚，在将军拜谒天皇时会随同进宫，还会在上洛期间时常前往伏见城或二条城向将军和大御所行礼。如同对待大名一样，家康在一六〇一年时也并未向公家和门迹颁发领知宛行状，直到一六一七年秀忠才同时向大名和公家、门迹、寺社一齐颁布了领知宛行状。自此以后，每逢将军更替之时，公家和门迹也会收到更新的领知宛行状。也就是说，通过颁发领知宛行状，公家及门迹与大名及寺社一起，被整编到了作为天下人的将军的统治之下，单从这一方面来讲，公家其实并非天皇的家臣，而是将军的家臣；一六一三年《公家众法度》中规定的诸公家须刻勉于“各家之学问”这一点，也是对将军的奉公。

3　和子入宫

“御寮四夫人”

将军秀忠第五女和子，于一六二〇年（元和六年）六月十八日成为后水尾天皇之妃并入居御所。当时，和子十四岁，后水尾天皇二十五岁。

和子入宫一事自其刚出生的一六〇七年（庆长十二年）起，就已经风传于公家之间。等到一六一二年，大御所家康与将军秀忠正式向朝廷申请将和子嫁入后宫，同时开始商议其出嫁时所着衣装和乘具等具体问题。到了一六一四年，和子入宫一事正式敲定。当年三月，广桥兼胜与三条西实条作为敕使东下骏府向家康传达了朝廷的许可敕令。

然而，受这一年冬天大坂冬之阵爆发，再加上次年的夏之阵，以及一六一六年家康本人谢世和一六一七年后阳成上皇谢世等影响，这件事被迫一拖再拖。

进入一六一八年，所司代板仓胜重和传奏广桥兼胜终于开始了筹备工作。九月，和子居住的御殿开始动工营造，他们甚至计划让和子在来年秀忠上洛期间入宫。

就在这期间，发生了一件大事。后水尾天皇有一位十分宠爱的女性，她本是公家四辻公远的女儿，被称作“御寮四夫人”。她与天皇之间诞下皇子的消息在此期间传到了德川氏耳中。对于谋求天皇家外戚地位的德川氏来说，这是绝对无法容忍的事情。于是，秀忠指派藤堂高虎——曾受家康委托负责和子入宫的相关事务——前往京都交涉上述问题。这位被称为贺茂宫的皇子从未被记录到皇室家谱当中。他还于一六二二年早逝，年仅五岁。

一六一九年五月二十七日秀忠上洛后，首先就决定让和子延期入宫。就在这个关键时刻，御寮四夫人再次产下天皇骨肉。虽然这次产下的是皇女，但正巧赶上了秀忠上洛，因此直接导致幕府与朝廷之间的关系骤然紧张。

后水尾天皇在听闻和子入宫延期之后，暗示要打出自己作为天皇的最后一张底牌——让位。天皇向右大臣近卫信寻表达了自己的想法：和子入宫之所以被延期，一定是因为自己的行为举止没有符合秀忠公的心意，入宫延期使得公武两方都颜面扫地，那么不如在自己众弟中选出一位即位，自己则落发隐遁，此事便可得善了。此外，天皇还希望近卫信寻告诉藤堂高虎，如果和子年内不能入宫，就要按前述方针行事，以逼迫幕府重新考虑是否延期。

对此，秀忠通过将矛头转向天皇身边近臣的方式对天皇施加了压力。秀忠表示，近年来宫中频招游女和歌舞艺人白拍子日夜笙歌，此等行为严重违反《公家众法度》，实属不当。因此他上奏天皇，要求处分近十名公家。其中，虽然有数人通过认错逃过了处分，但天皇近臣万里小路充房被发配到了丹波篠山，四辻季继和薮嗣良二人被流放到了丰后，数名公家遭到停职处分。紧接着，秀忠下令让板仓胜重嫡子重宗取代其父成为所司代，这也是为了能够让幕府的意志在京都得到全面贯彻。

天皇的抵抗

对公家的处分让后水尾天皇龙颜大怒，他向近卫信寻下达了以下饱含讥讽之意的指示："今番公家之处分实所应当，然则此般祸起悉因寡人无甚器量，将军亦已见之，可谓大耻。因之而禁里废弛，于武家亦非良事，故应申于板仓胜重及藤堂高虎以寡人退位，并择兄弟中一人即为之愿，转告于将军。"

为了打消天皇三番五次的禅位念头，藤堂高虎再次被派往京都。但是天皇坚持要在和子入宫之前召回被处分的公家，难以被轻易说服。于是，高虎和所司代板仓重宗想出一计，在关白九条忠荣之处召集公家，明确做出指示不得轻怠将军旨意。对此天皇也最终让步，做出了"此后皆决于公方殿下之意”的回复。

最终，和子入宫的时间定在了六月，引起天皇不满的公家处分问题也有了结果，即被处分的公家将会在入宫仪式结束后被悉数召回。此事发生在一六二〇年（元和六年）二月二十八日。

和子于五月八日从江户城出发，同月二十八日抵达京都二条城，随行者包括幕府老臣酒井忠世和土井利胜。原定的入宫日期是六月八日，但是因和子身体不适而推迟到了十八日。当天，数量惊人的长柜和各种器具被运往京都，侍女们的轿子也接二连三。杂色[1]先导开路，乐人、骑马的公家、所司代板仓重宗、武家的随身差役、北面武士等紧跟其后，成为女御的和子则乘牛车前行。牛车之后是大泽基宿、井伊直孝、酒井忠世等上层武家，随后是乘坐长柄轿的关白、左大臣、右大臣、大纳言、中纳言、参议等公卿众人。

和子入宫之际，幕府还以护卫女御为目的安排了贴身武士——弓气多昌吉。武家直接进入宫中乃史无例之事。此后不久，天野长信和大桥亲胜代替弓气多进入宫中，还配备了十骑与力和三十名同心[2]。这些武士之后

① 下级差役。

② 与力与同心均为町奉行属下维持江户司法、警备等治安活动的下级武士。

又成为上皇居所仙洞和宫中的附属武士，承担着监视朝廷的职责。

皇长女的诞生

就在和子入宫日程敲定后不久，二月三十日，皇宫与二条城之间的新町发生火灾并向东北方向扩散开来。火势一直蔓延到御所附近的御所八幡，共有四十七条街道、两千八百余间房屋被烧毁。此后放火之事频繁发生，恐惧于此的朝廷开始商议改元并向幕府传达了这一想法。虽然改元并未得到执行，但这些放火事件实际上是以和子入宫为契机的反抗德川氏的行为。不仅如此，公家中还有一些人叫嚣称和子入宫时幕府向天皇进献的物品太少。由此可见，和子入宫未必受到了京都民众和公家们的欢迎。不过凭借天皇生母中和门院的同情体贴，在这种情况下入宫的和子与天皇之间的关系进展顺利。一六二三年（元和九年）十一月，和子产下了皇长女兴子内亲王，也就是之后的明正天皇。第二年，和子便成为天皇的正室——中宫。

大坂之阵以后，朝廷与幕府在仪式礼节方面的交涉依然不顺畅。一方面，家康和秀忠每逢年初都会派出使者向天皇行岁首之贺。可是另一方面，朝廷虽然在过去都会派敕使前往大坂答谢丰臣秀赖的岁首贺礼，但这种行为从未出现在与幕府的交流中。大坂之阵后从未向幕府派出过新年敕使的朝廷却在和子入宫后的一六二一年派出敕使前往江户，此后也从未中断，除非有特殊情况。这大概也是和子入宫带来的成果。

在皇长女兴子内亲王出生当年的夏天，秀忠为了把将军之位让与家光而上洛，并在将军宣下之后向朝廷献上了一万石的采邑。或许这不仅是因为家光的将军宣下，还包含着祝贺天皇后代、自身孙辈出生的第二层含义。

上述这种幕府与朝廷之间相互融合的趋势，在一六二六年（宽永三年）后水尾天皇行幸二条城时，达到了顶峰。

二条城行幸

一六二六年（宽永三年）五月二十八日，大御所秀忠在诸大名的陪同下由江户启程，六月二十日抵达二条城。将军家光则于七月十二日从江户出发，八月二日在前往二条城拜谒过秀忠之后入住刚刚落成的淀城。

迎接后水尾天皇圣驾的二条城，是从一六二四年开始动员诸大名施工兴建的。这次大规模改造工程包括废弃伏见城并将相关建筑迁移至二条城等内容，工程直到秀忠上洛之后依然在进行。另外，以所司代板仓重宗和金地院崇传为中心的有关行幸的准备工作也在有条不紊地进行着。

朝廷于八月十八日向入宫的家光颁授从一位右大臣、向秀忠颁授太政大臣之官位，但秀忠坚定拒绝，最终被授予左大臣一职。

行幸之日九月六日终于到来。首先是中宫、中和门院、皇长女三人的队伍相继进入二条城。接下来，将军家光由二条城出发前往宫中迎接后水尾天皇。家光仿效了后阳成天皇行幸聚乐第时秀吉的做法，但策划本次行幸的秀忠是在二条城迎接了天皇。

家光迎接天皇的队伍以所司代板仓重宗为先导，之后是骑马的从五位下诸大夫武家，他们率领着长刀持、乌帽子着、马添、白丁（穿白色狩衣）、伞持等下级差役共二百六十二人，接下来是老臣土井利胜和酒井忠世，之后就是由番头和旗本守卫的家光所乘坐的牛车。牛车后跟着德川义直、德川赖宣、德川忠长、德川赖房，四人后面则是伊达政宗以下、四品（从四位下）以上以领国大名为中心的四十九位大名。除留在江户执行警备任务的人之外，几乎全部武家大名都加入了这一欢迎队伍。

后水尾天皇在家光的迎接和先导之下，乘坐凤辇，以乐人为头阵，在公卿的陪同下进入了二条城，并在随后的五天里一直待在二条城直至十日。六日举行了祝贺宴会，七日行舞乐，八日为和歌、管弦之乐，九日举办了能乐演出，每天都有酒宴。

另外，将军家光和大御所秀忠分别在七日和八日向上到天皇到下至公家的朝廷公家们进献或赏赐了数量惊人的礼物。天皇从家光处得到三万两白银、二百领御服、一根沉木、一百卷绸缎、二百斤红丝、三十枚玳瑁、五斤麝香，从秀忠处得到的贡品也基本相同。公家和门迹众获得的进献物同样丰富，其中仅白银一项就达到了十一万六千两之多。不仅如此，行幸中宴会所用餐具全部由金银制作而成，由此可知这次行幸所耗费用之巨。

行幸结束后，后水尾天皇于十二日重新任命秀忠为太政大臣，任命家光为左大臣，而这一次秀忠没有拒绝。

在后水尾天皇行幸二条城的过程中，幕府通过将所有大名聚至京中并编入迎接队伍的方式，进一步明确了他们对德川氏的臣属关系，同时也向反感德川氏的公家和各方势力展示了德川氏的实力。与此同时，在和子入宫、皇长女诞生等公武融合的趋势下，本次天皇行幸还是一场试图结束幕府与朝廷之间长期不和关系的大型政治秀。

4　后水尾天皇的让位

紫衣事件

二条城行幸似乎让幕府与朝廷之间的关系进入了蜜月

期。一六二六年（宽永三年）十月，后水尾天皇授予金地院崇传“圆照本光国师”称号，作为朝廷对其在二条城行幸中所做贡献的褒奖。

可是就在第二年七月，由于向禅僧授予紫衣的敕准和向净土宗寺院授予上人称号这两种行为违背了家康制定的相关法令，因此大御所秀忠宣布，一六一五年（元和元年）之后的紫衣与上人称号敕准全部无效。授予紫衣与上人称号本来是天皇拥有的权力，但一六一五年颁布的《禁中并公家诸法度》以及《诸宗寺院法度》规定，应慎重敕准紫衣和上人称号的授予，而所谓违反的法令指的就是这一条。由此可以发现，幕府法度再次超越了敕许和天皇意志。

对于幕府的这一决定，大多数寺院都被迫服从了，最受影响的大德寺和妙心寺却极力反对。一六二八年春，大德寺中的强硬派——泽庵宗彭、玉室宗珀、江月宗玩三人向所司代板仓重宗呈交了联名抗议书。抗议书中详细列举了一六一五年发给大德寺的各条法令，以此控诉上述处分的不当。

抗议书立刻被送到了江户，崇传在三月十日被召至江户城西之丸并阅读了其中内容。在当天的日记中，崇传认为此举“有违上（秀忠）意”。不过对于抗议，幕府还是试图寻求妥协方案并于同月十三日向妙心寺——而非大德寺——宣布，同意恢复寺中正式担任过住持职务和五十岁以后担任住持的僧侣所获得的敕准的效力。这一妥协方案名义上的理由，是适逢家康十三周年忌的祭祀仪式。同时，幕府还要求妙心寺承认此前的出家行为混乱，并要求其提交承诺今后将严格遵守法令内容的保证书。

当年年中，妙心寺各处陆续提交了保证书，除少数僧侣外此事基本告一段落。大德寺的行动也基本与之相同，可是泽庵等人却在一六二九年闰二月东下江户，继续向幕府抗议。对此，幕府内部出现了崇传所主张的严罚和天海所主张的宽刑两种意见。当年七月，最终结果是大德寺的泽庵被流放出羽上山，玉室被流放陆奥棚仓，妙心寺的东源慧等被流放陆奥津轻，单传士印被流放出羽由利。江月宗玩虽在抗议书中署名，却因罪轻而逃过了惩罚。

针对幕府如此压迫朝权的行为，后水尾天皇采取了让位的方式来进行抗议。其实对天皇来说，除此之外，他也没有其他抵抗幕府的方式了。

“忽而让位”

一六二九年（宽永六年）十一月八日清晨，公家众人一大早接到了来自宫中要求入宫的命令，于是匆忙穿着正式服装——束带——赶往宫里，随后被告知了后水尾天皇让位的消息。

天皇其实在僧侣们的敕许被宣告无效之后，就即刻表明了让位的态度。由于中宫和子已经诞下皇长子高仁亲王，所以幕府虽然也试图暂缓后水尾天皇的让位，但同时也于一六二八年三月着手营建禅位后上皇居住的院御所。

但随着当年六月高仁亲王年仅三岁就早夭，情况发生了重大变化。天皇希望当年七月让位于皇长女并让后者于十月即位，这一意向被传达给了幕府。八月，秀忠称“此等大事不可草草”，便做出了应推迟让位的决定并将其告知了朝廷。另外，将军家光也回复应该听从秀忠的决定。此时正值中宫和子即将临盆之际，幕府方面其实是在等待皇子的诞生。九月二十七日，正如幕府期待的那样，和子产下皇子。可是仅仅八天之后，新生皇子又不幸夭折，幕府的期待也就此落空。

一六二九年五月，天皇以需要治疗痔疮这一旧病为由第三次明确提出禅位意愿。这是因为治疗痔疮需要进行针灸，但当时，天皇在位时龙体不允许受到损伤，而针灸则是会留下疤痕的治疗方式。天皇找到摄家众相商，摄家众也无奈表示了同意，于是朝廷便将这一态度告知了幕府。幕府方面仍然反对让皇长女即位，因此迟迟没有做出回复。就在事态僵持之际，发生了将军家光乳母阿福拜谒天皇的事件。

江户开幕

因为家光疱疹痊愈，阿福为向神明还愿而前往伊势和山城的爱宕神社参拜，并希望能够择机拜谒天皇。最终，阿福以原传奏三条西实条之妹的身份于当年十月十日入宫后，向天皇行了拜谒礼并同时得到了春日局的称号。作为家光的乳母，阿福虽然在幕府内部拥有很大权势，但对于天皇来说，她不过是一个无位无官之人，强行拜谒实为无法容忍的行为。

此事发生后不久，天皇秘密决定封皇长女兴子为内亲王并在十一月八日断然进行“忽而让位”。除极少数人之外，突然获悉让位之事的公家们都大惊失色。比公家更为震惊的则是所司代板仓重宗。重宗的愤怒之情溢于言表，说出了“忽而之御让位”“实荒谬之极”等话，但也已经无可奈何。当天，中宫身边的武士天野长信便启程前往江户。

幕府的反应

在静观朝廷动向一段时间之后，幕府让天野长信再度上洛。一六二九年（宽永六年）十二月二十七日，天野带来了幕府的回复，同意天皇让位于皇长女。朝廷本以为会一波三折，此事却草草收场。

但事情当然不会就此结束。次年七月，秀忠向来到江户的板仓重宗下达了十五条指令。第一条到第三条是关于即位一事，规定即位之日应在当年九月之内。对于上皇

（院），秀忠表示“依后阳成院旧例”领知三千石，并且规定在上皇处供职的公家人数也应与后阳成院时相同。幕府以此先发制人，防止了院政的开始。

秀忠指示摄家众要守护幼帝，还督促公家众要勤勉于学问，同时要求他们向幕府报告无规无矩之人。这实际上是对一六一三年（庆长十八年）《公家众法度》中摄家众职责的再次强调。另外，秀忠还要求朝廷不得在没有幕府推举的情况下私自授予武家官位，同时指示当年“御政”的预算为一万石。

九月十二日，年仅七岁的皇长女兴子内亲王即位，是为明正天皇。自奈良时代的称德天皇以后，日本时隔八百五十九年再次出现女帝。幕府派出老中酒井忠世和土井利胜二人为上使上洛，与后水尾天皇即位时家康亲自上洛相比，这次的应对相当轻率。虽说这或许是因为幕府与朝廷的上下关系在这一时期变得明确，但另一个原因是，作为外戚的德川氏希望能够避免别人批判明正天皇的即位是德川一族强行推动的结果。

即位典礼后的第三天，酒井、土井、板仓与崇传在施药院会面，他们请来武家传奏三条西实条和就任院执权的中御门宣衡，传达了秀忠的旨意，即向后水尾上皇请示有关罢免武家传奏中院通村和由武家昵近众之一的日野资胜补任传奏的意见。

当天，后水尾上皇做出回复称“全凭武家处置”，罢免中院并由日野资胜就任传奏一事就此决定。

当月十六日，酒井、土井、板仓、崇传四人跟随传奏三条西实条和日野资胜一同前往摄政一条兼遐邸，崇传向聚集于此的摄家众口头传达了秀忠与家光的如下旨意。

> 自平安城始，女帝之立以今次为初，后水尾天皇亦在壮年，实应再有太子以为即位也。然去冬忽而让位，惊诧异常。但思天皇睿虑，故遵其旨以行即位之仪。吾等居于远国，禁中之事断无所知，故诸摄家众应慎相谈之并呈意于天皇，此前所任诸般“御政事”不可退转，此外可敬告诸公家，各家之学问亦应谨遵权现大人（德川家康）所定之法度而不可废绝。倘有违之事发，则实属摄家之过也。

后水尾天皇的突然让位的确是对幕府的猛烈一击，也着实造成了幕府的荒乱。但幕府反而抓住这次机会，加大了对朝廷“政事”和上皇行动的限制力度，还介入了对传奏的任免，进一步确立了幕府对武家官位的垄断。此外，幕府还让摄家一如既往地深入天皇和朝廷的决策层面，使其管理公家，同时言明摄家若不履约则为“过失”，以此成功将摄家纳入了幕府对朝廷的支配体系。

第四章　走向锁国

1　善邻友好的外交

关原之战前夜的外交

秀吉死后不久，家康于一五九八年（庆长三年）十二月在伏见城接见了方济各会传教士赫罗尼莫·德·赫苏斯（Jerónimo de Jesús）。赫苏斯以菲律宾政厅使节的身份来到日本，在秀吉宣布基督教禁教之后依然留在日本进行布教活动，但很快就遭到逮捕并被带到了伏见城接受召见。

家康并没有严厉惩罚赫苏斯，反而向其提出，希望通过他向菲律宾总督交涉诸如让从菲律宾到墨西哥的西班牙航船中途停靠相模浦贺港以及派遣矿山技师和航海士等事宜。同时，家康还允许他在江户居住和传教。由此可见，幕府成立之初，家康重视对外贸易，允许基督教传教。

家康的目光也开始看向北方。一五九九年十二月，家康在大坂城接见虾夷地区领主松前庆广并和后者谈起了“北高丽之局势”。“北高丽之局势”，指的是活跃于从西伯利亚的沿海州岛到中国东北部的女真族的动向，女真族当时被日本人称作鞑靼。这一动向的最终结果是中国由汉民族建立的明朝转为女真族开创的清朝。

一六〇〇年一月，家康以个人身份托付岛津义弘等大名向明朝派遣使节，寻求与明朝恢复邦交的可能性。这批使节向明朝传递了家康的意见，即通过朝鲜送还出兵朝鲜时捕获的俘虏，以及在与朝鲜之间实现和平后恢复两国邦交的希望。对此，明朝方面同意每年向萨摩派出两艘中国船，在第二年此事得以实现，由此可见两国之间的邦交恢复工作进展顺利。但是，上述航船在前往萨摩途中，却遭到了日本海盗的袭击并被烧毁遗弃，没能抵达萨摩，双方的船只派遣自此也就销声匿迹了。

“立弗德号”① 漂流来日

就在关原之战爆发前的一六〇〇年（庆长五年）三月，荷兰航船“立弗德号”漂流至丰后国臼杵的海岸。“立弗德

① De Liefde，荷兰语“爱”或“慈悲”之义，本书音译为“立弗德号”。

号”是由荷兰鹿特丹公司为经营东洋贸易而派出的五艘船中的一艘。船队于一五九八年由鹿特丹港出发，横穿大西洋并经由麦哲伦海峡进入太平洋。不过后来船队遭遇暴风雨袭击后彼此失散，最终只剩下了“立弗德号”一艘而已，船员也从最开始的一百一十人下降到了漂抵日本时的区区二十四人。

听闻漂流船一事的家康将船上的船长——英国人威廉·亚当斯召至大坂城，详细询问了其航行目的和路上见闻等。当时，亚当斯向家康提出了荷兰和英国希望与日本开展贸易的请求。对亚当斯此言表现出极大兴趣的家康将“立弗德号”召至堺市，之后更是让其绕行至自己领国内的浦贺港。亚当斯随后成为家康的外交顾问，大力推进英国与日本之间的贸易，其本人也积极活跃于朱印船贸易当中。

十六世纪，世界的海洋基本上由伊比利亚半岛上的天主教国家葡萄牙和西班牙两国控制，但在一五八八年，西班牙无敌舰队被英国击溃，两国渐渐失去霸权地位，同时新教国家英国和荷兰则开始进入东洋贸易领域。“立弗德号”漂流，便是这段历史进程的标志之一。

即便如此，在当时的欧洲诸势力当中，葡萄牙人占据着中国的澳门，西班牙人则以菲律宾的马尼拉为据点，两国依然在东亚贸易当中占据着重要地位。另外，荷兰和英国在东亚尚未取得据点，仍然属于后来者。可是，荷兰商船的到来的确对葡萄牙人产生了巨大威胁。于是，葡萄牙人便向长崎奉行告发，声称荷兰人是海盗并要求对其进行惩处，家康却并未施加任何惩罚。对于家康来说，荷兰和英国与墨西哥一样，都拥有成为新的贸易对象国的吸引力，因此他并不打算切断与它们之间的联系。

善邻外交与朱印船

一六〇一年（庆长六年）十月，家康向安南国（今越南）统兵元帅瑞国公阮潢回信，在要求其保证来航船只安全的同时，也希望其只和持有朱印状的日本商船进行交易，禁止与其他商船的交易活动。以此为标志，朱印船贸易开始了。

此后，家康先后与暹罗（今泰国）、柬埔寨、太泥（今泰国南部）等东南亚诸国之间开展国书往来，以此确立起了亲善友好的外交关系。

一五九八年开始的经由传教士赫苏斯展开的对菲律宾政厅的交涉，在最初阶段进展缓慢。不过，就在向安南国阮潢回信的那个十月，家康也告知菲律宾总督，此前其曾要求的惩处马尼拉近海明朝和日本海盗一事已得到执行，而且此前的战乱（关原之战）已经平定，同时表达了希望其明确禁止未持有朱印状的商船在马尼拉进行交易以及与墨西哥开展友好交往的请求。此后，家康还在一六〇二年的八月和十月，两次向菲律宾总督提出了与墨西哥开展交往并在关东地区设置停泊港的议案。当时，墨西哥尚属西班牙殖民地。

一六〇一年到一六〇二年，家康的关注点集中在通过朱印状来控制日本的贸易商人，以及通过在关东地区设置据点来与新的贸易伙伴国通商。

在上述交涉过程中，菲律宾总督向家康提出保护传教士的要求。家康对此并未直接回复，而是在这一时期颁行的出海朱印状中划掉了最后一条即禁止基督教的内容，在同时发出的国书中也不再涉及，此后的出海朱印状中也不再写入相关用语，相当于不再针对基督教表达明确的官方态度。

一六〇〇年，教皇克雷芒八世同意，将此前仅限于耶稣会的日本传教权同等授予其他宗派。身处马尼拉的圣方济各会、多明我会、奥斯定会的传教士们在得知这一决定后，立刻搭乘往来于马尼拉和日本之间的船只前往日本。圣方济各会不仅在江户建立教堂，还在浅草建起治疗麻风病的医院。京都、大坂、骏府等地也相继出现了教堂和医院。对传教士们的上述活动，家康虽然并未积极支持，却也对这些传教活动表示了认可。

朱印船贸易

朱印船贸易的开始，其实是日本以国家性保障为基础参与东亚贸易活动的宣言。这对于葡萄牙和西班牙来说则意味着新竞争对手的出现。实际上，菲律宾总督就曾多次向家康提出要求，希望减少朱印船前往马尼拉的次数。

葡萄牙商船和后来西班牙商船、荷兰商船的贸易一般是和朱印船贸易分开讨论的。可是，从向日本输送生丝、丝绸以及香木，由日本向外运输银、铜等货物这一点来看，朱印船与葡萄牙船、西班牙船以及十七世纪二十年代中叶以后的荷兰船之间，其实没有太大的差别。其中的问题其实在于，东亚的中转贸易，特别是日本贸易由谁来控制。

从一六〇四年（庆长九年）到一六三五年（宽永十二年）这三十一年间，参与朱印船贸易的人有一百零五名，相应船只有三百五十六艘。派遣朱印船的，不仅有京都的茶屋、角仓，大坂的末吉，长崎的末次等六十五名商人，还有岛津忠恒、松浦镇信、有马晴信、锅岛胜茂、龟井兹矩、加藤清正、松仓重政、细川忠兴等十位大名和四位武士，以及在平户设有据点的李旦等十一名中国人、威廉·亚当斯、扬·约斯滕（Jan Joosten，日本名为耶杨子）等居住在日本的十二名欧洲人和一名琉球人，甚至还包括家康的妾室阿夏等两位女性。

朱印船的大小包括排水量从一百吨到六七百吨的很多种，一般来说大多在二百吨到三百吨。一六〇四年加藤清正制造的朱印船，长二十间（约三十六米），宽五间（约十米），预计吨位在六百五十吨。从派遣船中包括欧洲人和中国人这点可以推测，部分朱印船采取了欧洲式的黑船样式或中国式的戎克船样式，不过更多的造型大概是以往的日本船结合黑船和戎克船的优点所制造出的折中样式。

庆长年间，朱印船活跃于暹罗、吕宋（今菲律宾）、交趾（今越南中部）、柬埔寨、西洋、安南、东京（今越南北部）等十九个地方。但是，到了元和、宽永年间，朱印船的航行目标就主要集中于交趾、高砂（今中国台湾）、东京、暹罗、吕宋、柬埔寨等七个便于展开贸易活动的地方了。

在朱印船往来众多的地域，出现了发达的日本人社区——日本町，其中交趾的会安、暹罗的阿育陀耶以及吕宋的马尼拉等地的日本町最具代表性。元和年间，马尼拉有大约三百名日本人，阿育陀耶有大约一千五六百名日本人。

长崎奉行的变更与丝割符

一六〇三年（庆长八年）二月刚刚就任征夷大将军的家康在三月便任命小笠原一庵为长崎奉行，以取代之前的寺泽广高，不过这次变更并非单纯的人事任命。寺泽广高是肥前唐津十二万石城主，一五九二年（文禄元年）奉秀吉之命担任长崎奉行。关原之战后，长崎变为寺泽氏代管之地，家康很难插手管辖。而小笠原一庵自三河时代以来就与家康关系密切，此时将他派到长崎，足以说明家康在谋求对长崎的直接管辖。换言之，此次长崎奉行的变更，实为家康夺取长崎贸易权的第一步。

家康夺取长崎贸易权的第二步，是引入丝割符制度。当时能够向长崎稳定并大量供应中国生丝的，只有在澳门设有据点的葡萄牙人。而丝割符，就是将葡萄牙人所提供的生丝以统一定价全部包买的制度。

这种丝割符制度其实并非日本所独有。当时葡萄牙商人在中国市场购买生丝时，也会采取一种进行议价之后全部包买的称为“拍板”的交易体系，这种体系本质上与丝割符是相同的。

以统一公定价格进行交易虽然保证了交易的稳定，却也会引发卖方由于定价过低而不满的情况。其实在引入这种制度的时候，正值葡萄牙商人遭遇舶来生丝卖不掉的尴尬局面，丝割符制度也正是为了应对这一情况而采取的交易办法，因此至少当时的葡萄牙商人是没有任何不满的。

最初的丝割符制度，由被任命为丝割符年寄的堺、京都、长崎三地的实力派町人（市民）与葡萄牙商人议定价格之后将进口生丝全部包买，然后将所购生丝按二十、一百、一百的比例分配给堺、京都、长崎三个都市并通过三地最终分卖给全国各地的商人。虽说生丝之外的商品并不是统一包买的对象，但在生丝的统一公定价格没有议定之前，来长崎的外国商人是被禁止入港的。

琉球、虾夷、朝鲜

一六〇三年（庆长八年）到一六〇五年之间，家康关注的对外关系不只局限在长崎。一六〇二年冬，有琉球船只漂流到了陆奥仙台的伊达家领内。次年，家康命令岛津氏将这些漂流至此的琉球人送回本国。岛津氏在奉命将漂流民送回琉球的同时，也要求琉球国王尚宁向家康派出感谢使节。

可以说，家康试图以这次送还琉球漂流民为契机，通过介入琉球事务来寻求与明朝恢复邦交的途径。然而，国王尚宁对此全无回应，以至于事件转变为外交问题，最终导致一六〇九年的出兵琉球。

一六〇四年正月，家康向前来江户参勤的松前庆广下发了承认其对虾夷地区拥有支配权的三条定书。这份权力授予状的内容基本上沿袭了一五九三年（文禄二年）秀吉授予松前氏的《国政之朱印》中的内容，实际上等同于向大名颁发的领知朱印状。

其中第一条规定，诸国进入松前地区与阿依努人进行交易时必须得到松前氏的许可；第二条规定，如若有人违反上述规定，松前氏应向幕府提出诉讼，同时阿依努人的行动自由不受限制；第三条则严格禁止松前氏向阿依努人提出非分（违背道理）的要求。

朝鲜方面也有了新的动态。在对马岛的宗氏几次三番提出希望归还俘虏的请求之后，一六〇四年，朝鲜方面终于向对马派出使节，并允许对马岛民前往釜山进行交易。同年十二月，朝鲜使节在宗氏的陪同下前往京都。次年三月，因秀忠将军宣下而上洛的家康在伏见城接见了朝鲜使节并指派本多正信和西笑承兑（临济宗僧人）与朝鲜商议讲和问题，此后相关谈判则全权委托给了宗氏。

给菲律宾总督的回信

一六〇五年（庆长十年），家康给菲律宾总督送去了回信。在信中，家康首先同意将前往马尼拉的朱印船数量由六艘减少到四艘，然后对基督教传教问题做出了如下表态：

> 阁下以及他人，屡屡以日本诸宗派之事陈述以予，并多有恳望，然予实不可允也。所由者，盖本邦世称神国，自祖先以来代代为吾辈之偶像，至今仍大为尊之敬之，则予一人断不可违此祖制、坏此传习也。故彼地之教说，断不应弘布于日本也。

家康在一六〇二年的出航朱印状中虽然也提出了禁止基督教传教的条目，但并没有对菲律宾总督的布教请求做出明确回答。但此次回信则采取了与秀吉的《伴天连追放令[①]》基本相同的逻辑，正式表明不认可基督教在日本传教。虽然江户开始驱逐圣方济各会的传教士，但基督教传教禁令仍然只局限于地方，还没有在全国通行。因此这一时期之后，京都、长崎等地的传教活动依然十分频繁，他们的布教活动也得到了默许。

向菲律宾总督发出这封包含禁止基督教传教内容的回信，是德川政权在对方几次三番谋求传教许可的情况下，明确表明自身原则性立场的重要事件。不过，驱逐深入参与国内交易的传教士极有可能招致贸易活动本身的中断，因此家康在保证贸易必要性的前提下，不得不对国内的传教行为采取默许态度。

这封回信中还提到了家康的另一项要求，那就是禁止常年寓居马尼拉的日本人回国。关于这项要求的理由，家康只说是不希望“变得邪恶的日本人”时不时返回本国而已，并没有直接涉及其与基督教之间的关系。但是，禁止寓居马尼拉的日本人回国，实际上与之后一六三五年（宽永十二年）的锁国令之间存在关联性，这一点也得到了学者们的重视。

① 伴天连是葡萄牙语“padre”的日语音译转写汉字，指传教士或神父。

摇摆不定的基督教政策

在这前后，日本国内各地都出现了禁教的举动。一六〇二年（庆长七年），在平户上岸的奥斯定会传教士托关系找到加藤清正，请求其允许他们在肥后传教，但遭到了清正的拒绝。这些奥斯定会传教士在遭到拒绝后前往丰后传教，之后又将势力范围扩展到日向并在延冈建立了教堂。

一六〇五年，一度持有长崎外町（近郊）土地的大村喜前由于土地置换等问题宣布放弃基督教信仰，驱逐耶稣会传教士，并开始迫害领内基督教徒。在家康执政时期，这种驱逐传教士和迫害教徒的行为大概只有大村氏单独采取过。

在耶稣会离开后，多明我会传教士趁机进入大村领并扩展了教团自身的势力。多明我会此前虽然在一六〇二年航行至萨摩，但没有得到自由传教的允许，只得暂时滞留在甑岛上。直到一六〇六年，他们才终于获许在川内川入海口处的京泊建立天主堂，开始在萨摩境内传教。

一六〇五年七月，毛利辉元将信仰基督教的老臣熊谷元直及其一族全部处死。针对此次处决，毛利氏列举出了诸如诽谤主公、不服从主家命令等数条理由，其中一条就是毛利曾多次私下劝说其放弃基督教信仰，而熊谷不仅置若罔闻，甚至还将其一族亲戚全都发展成了信徒。通过这一事件可以看出，日本虽未全面禁教，但已经有了禁教的趋势。

如前所述，虽然幕府方面于一六〇五年秋天驱逐了圣方济各会在江户的日本人传教士，但就在第二年，身为日本基督教领袖人物的塞凯拉（Cerqueira）主教就在伏见城拜见了家康。一六〇七年，耶稣会的日本副管区长官巴范济（Francesco Pasio）被允许前往骏府拜谒家康，并随后于江户拜谒秀忠。基督教界将这一获得许可拜谒家康和秀忠的行为理解成德川政权决定废除秀吉颁布的《伴天连追放令》之举。

在贸易利益的影响下，对于基督教传教行为究竟是默许还是禁止，包括幕府在内的武家领主们以及地方上的各种势力表现出了各种各样的姿态。

2　外交之年——庆长十四年

岛津氏出兵琉球

一六〇九年（庆长十四年）三月，岛津氏的军队由萨摩国山川港出发，向大岛、德之岛、冲绳岛进发并于四月一日攻陷首里城。

这次被称作“进入琉球”的岛津氏侵略琉球事件的直接原因，是一六〇三年送还琉球漂流民之后，岛津氏迟迟得不到希望琉球国派遣聘礼使节问题的回应。一六〇六年三月，岛津忠恒就出兵琉球一事召集重臣进行商议，并于同年六月上洛之时在伏见城得到了家康对出兵琉球的许可。同时，忠恒获得家康名讳中的“家”字，改名为家久。

一六〇九年，岛津氏出兵琉球。占领那霸之后，岛津军为了促使宫古和八重山诸岛归顺自己，于五月带着作为俘虏的国王尚宁返回了鹿儿岛。

岛津氏平定琉球的战报立刻被送到了家康手里，接到战报的家康则写信给家久，将琉球作为对其战功的奖励赏赐给了家久，江户时代琉球的地位也由此确定。一六一〇年，岛津家久陪同琉球国王尚宁前往幕府拜谒家康，然后前往江户拜谒秀忠。外交方面一个长期悬而未决的问题由此得到了解决。

但是，侵略琉球的目的并不仅仅是将其变为岛津氏的属国。家康的目标其实是想通过获得明朝册封的琉球恢复与明朝的邦交。一六一〇年，琉球向明朝派出使节，转达了家康希望恢复勘合贸易的请求。但是，明朝的回信中只提到要求日本将琉球国王尚宁送回琉球，对于家康所希望的恢复勘合贸易一事只字未提。不仅如此，明朝还下令将琉球向明朝进贡的频次由一六一二年以前的两年一贡改为十年一贡，进一步限制了贸易规模。家康通过琉球恢复日明国交的尝试陷入了僵局。

与朝鲜恢复邦交

一六〇六年（庆长十一年）七月，朝鲜根据前一年在伏见城的谈判内容，向对马宗氏提出了恢复邦交的两个前提。其一，首先要由家康向朝鲜国王递交国书；其二，引渡秀吉侵略朝鲜时，在战争中捣毁朝鲜先王墓地的罪犯。

在当时的外交惯例中，首先提出国书的行为意味着向对方国家俯首称臣，这对家康来说是无论如何也无法接受的条件。一直期盼与朝鲜重开贸易的宗氏在艰难的思想斗争之后，一方面向家康隐瞒了这一交涉条件，另一方面则伪造了以家康名义写成的国书，并把对马岛中的罪犯伪装成捣毁墓地的罪犯送去了朝鲜。

朝鲜方面其实知道所谓的家康国书实属伪造，但受制于秀吉侵略朝鲜之后暴露出的国内诸多症结，以及要应对来自北方少数民族的威胁，因此决定首先静观日本的动向，同时要求日本方面交还朝鲜战俘。等到一六〇七年正月，朝鲜以回应家康国书为名派出使节。日本方面认为这些使节是通信使，而朝鲜方面则主张这是为了回应国书并要求送还俘虏而派出的回答兼刷还使，并非通信使。在目的认识方面，两者之间是存在差别的。

总数为五百零四人的使节团队在闰四月抵达江户并面

见将军秀忠，然后在归途中于骏府面见家康。在这一过程中，宗氏又反过来伪造了朝鲜国王的国书。这是因为朝鲜国王的国书内容是对家康国书内容的回答，如果就样提交给家康，那宗氏之前伪造家康国书的事情就会暴露。使节回国后在朝鲜国内引发了问题，起因是秀忠的国书中没有提及国王且对朝鲜发出了无礼言辞。但这次使节的派遣总算让日本和朝鲜恢复了邦交。

此后，对马宗氏与朝鲜反复进行了重启贸易的交涉，终于在一六〇九年六月签署了《己酉条约》。该条约包括十二条，其中的主要内容是：第一，前往朝鲜的日本人只能是国王（将军）的使节、对马岛主的特送使或是受到朝鲜特聘官职的受职人；第二，对马岛主每年只能向朝鲜派遣二十艘船；第三，日朝之间的交易港口仅限于釜山浦，且交易要在设在该地的倭馆内进行；第四，禁止日本人前往汉城（今首尔）。

该条约虽然设置了诸多限制，但同时也确立了整个江户时代朝日、朝鲜与对马之间外交和贸易关系的基本结构。由对马出发的第一艘岁遣船在该条约签订两年之后的一六一一年驶入了釜山浦。

与荷兰通商

就在岛津军凯旋鹿儿岛、宗氏与朝鲜签署《己酉条约》的一六〇九年（庆长十四年）五月，两艘荷兰航船驶入了肥前平户港。该荷兰船其实是以抢夺从澳门出发前往日本的葡萄牙船只为第一目的，从马来半岛的北大年港出发的。船队也接到指示称，如果抢夺失败，就前往日本商议通商问题。

这一时期的荷兰于一六〇二年成立东印度公司，开始关注东洋贸易，其势力范围从马来半岛扩展到了爪哇岛。随后，荷兰还开始进入葡萄牙支配的东亚海域，抢夺葡萄牙船只并劫掠其运输的商品，不断蚕食葡萄牙在东洋的力量。

此次，荷兰航船在抢夺从澳门出港的葡萄牙船只失败之后，将航海目的转为第二项也就是与日本通商，因此入港平户并开始通商交涉。荷兰与日本虽然在“立弗德号”漂流事件时就开始进行交流了，但一直没有建立起正式关系。而正式确立两国关系的契机，则是自漂流到丰后以来一直被软禁在日本的“立弗德号”船长雅各布·盖尔纳克（Jacob Quaeckernack）在一六〇五年获准离开日本时，家康委托其向荷兰国王递交书信。

盖尔纳克乘坐由松浦镇信所准备的朱印船抵达马来半岛的北大年港后，转达了家康想要进行通商的希望。荷兰方面虽然也表明了同样的希望，但通商未能立即实现。不过，荷兰方面的意愿还是通过任职于家康手下的“立弗德号”商务员桑德沃特（Santvoort）报告给了家康。一六〇六年，家康通过桑德沃特向盖尔纳克以及北大年港的荷兰商馆馆长费迪南德·米希尔斯（Ferdinando Michielsz）交付了前往日本的朱印状通航许可。

对于与荷兰通商抱有极大期待的家康来说，朱印状交付三年之后的这次荷兰船只入港自然是受到欢迎的。在平户上岸的荷兰人前往骏府，献上荷兰国王的书信和馈赠物品并请求与日本开始通商。对于荷兰人的这一行为，比他们更早抵达长崎并来到骏府的葡萄牙人则控诉荷兰人是海盗，要求家康将他们批捕入狱。

不知是否因为听取了威廉·亚当斯的意见，家康于七月二十五日给荷兰国王写下回信，同时将回信和通航朱印状交给了四位荷兰人。通过这一朱印状，荷兰获得了可以在日本各地港口登陆的许可。

得到家康如此厚待之后，荷兰人立即决定在平户开设商馆，雅克·斯派克斯（Jacques Specx）就任初代商馆长，由此日本与荷兰开始通商。不过需要注意的是，日荷之间的贸易规模并没有因为商馆的设立而扩大。荷兰的平户商馆，其实主要承担着在东亚海域打击葡萄牙、西班牙势力的军事据点职能。

比荷兰晚一步来到日本的英国，在一六一三年派出使节约翰·萨里斯（John Saris）拜见家康并呈上国王书信，还得到了与荷兰相同的通航朱印状，也在平户开设了商馆。

葡萄牙船的爆炸与沉没

一六〇九年（庆长十四年）十二月九日，来自澳门的葡萄牙船“格拉萨夫人号”（Nossa Senhora da Graça）在长崎港外遭到了肥前日野江（今长崎县南岛原市）城主有马晴信部队的攻击。在以往的史料和研究中，该船的名字一度被认为是“上帝之母”（Madre de Deus）。这一事件的起因，其实是前一年发生在澳门的另一事件。

一六〇八年，有马晴信受家康之命向占城（今越南南部）派出朱印船，该船所携带的资金中还包括家康为购买香木伽罗的六十贯白银。受季风影响，该船中途停靠在了澳门，但在停靠期间，日本船员发生骚乱并遭到澳门商船总司令（Capitão-mór）安德烈·佩索阿（Andre Pessoa）的镇压。很多日本人在此次事件中死亡，船上物资也被收缴。劫后余生的其他船员则在签署了承认自身过错的誓约书之后于一六〇九年回国，他们回国所搭乘的很可能就是葡萄牙船“格拉萨夫人号”。

一六〇九年五月末，“格拉萨夫人号”遭到来自平户港的荷兰船只追击而被迫入港长崎。澳门商船总司令安德烈·佩索阿也搭乘了该船。佩索阿原本打算向家康说明在澳门发生的事情，但遭到了长崎奉行长谷川藤广的阻止，只好改派使节前往骏府拜见家康。就在荷兰人从家康手中得到通航朱印状的七月二十五日当天，佩索阿的使节也从家康手中得到了禁止日本人中途停靠澳门的朱印状。

然而，就在使节出发前往骏府之后，就家康针对葡萄牙船只的货物行使先买权一事，长谷川藤广和佩索阿之间发生了激烈对立，佩索阿则打算将此事向家康提出申诉。长谷川害怕私下商定先买权一事暴露，遂将澳门人杀害日本人一事添油加醋地告诉了有马晴信，并鼓动后者向家康提出申诉。家康听完有马晴信的申诉之后，虽然担心贸易因此断绝，但最终还是命令有马晴信动手惩处佩索阿。

晴信首先要求葡方引渡佩索阿，但并未得到葡方回应。于是从十二月九日开始，晴信派出了一千二百人的部队向“格拉萨夫人号”发起攻击，这一攻击行为前后持续四天。实在无法抵挡攻击的佩索阿于十二日夜点燃“格拉萨夫人号”使其爆炸沉没，同时也以此结束了自己的生命。

家康做出如此强硬举动的背景是日荷贸易的开通，再加上就在该事件发生之前不久，家康与漂流到上总海岸的前菲律宾临时总督之间进行了良好的沟通，因此对开通与西班牙之间的贸易关系保持着极高的期待。

日葡贸易经此事件一度中断，不过一六一一年果阿（印度）副王的使节来到日本，提出恢复贸易、对“格拉萨夫人号”做出赔偿、惩处长谷川藤广的要求。不希望贸易中断的家康同意了恢复日葡贸易的请求，但拒绝了除此之外的其他要求。

墨西哥与菲律宾

一六〇九年（庆长十四年）九月，由菲律宾马尼拉前往墨西哥阿卡普尔科港的西班牙船“圣弗朗西斯号”在上总国岩和田（今千叶县御宿町）附近海域失事。前菲律宾临时总督比韦罗－贝拉斯科（Vivero y Velasco）也在该船之上。

就在前一年，比韦罗还将在马尼拉发动暴乱的日本人赶出国外并向家康递交了书信，要求其将每年前往马尼拉的朱印船数量限制在四艘，因此二人之间是有过交流的。

比韦罗等人在船只失事后，一度生活在大多喜城主本多忠朝的监视之下。随后，威廉·亚当斯作为家康的使节前来探访，他们也于十月二日在骏府拜见了家康。会见期间，家康表示比韦罗可以直抒己见，比韦罗则提出了保护传教士及其传教自由、驱逐海盗荷兰人、厚待来自马尼拉的船只三条请求。对此家康与其约定，将会保护前往墨西哥却中途失事的航船并写下朱印状为证。但是，对比韦罗的其他要求，家康都没有给出明确的回答。

此后，家康与比韦罗之间的交涉继续进行。家康希望能够开通与墨西哥之间的贸易并引进银矿开采技术。对此，比韦罗以圣方济各会教士索特罗（Sotelo）为谈判代表，进一步细化了之前提出的诸多要求。而虽然接下来家康的回答也和之前一样，没有十分明确的内容，但到了一六一〇年六月，家康将威廉·亚当斯建造的黑船送给比韦罗，将其送往墨西哥。同船的成员还包括京都商人田中胜介等二十余人。

通过这一系列举动，家康倾注了极大热情和期望的日墨贸易和浦贺的贸易港口化也由此得以实现。

一六一一年四月，为答谢帮助了遇难的比韦罗一行人，墨西哥总督派遣使节塞巴斯蒂安·比斯凯诺（Sebastián Vizcaíno）来航浦贺。比斯凯诺在骏府向家康完成答谢之礼后，提出了为方便西班牙船只进港而进行海岸线测量、为进行测量而建造船只以及自由贩卖同船运来的罗纱等请求，家康同意了这些请求。

当年九月，比斯凯诺在仙台伊达领地内测量海岸期间遭遇大海啸，船只沉没，测量活动也不得不中止。好不容易回到浦贺之后，比斯凯诺又耗时三周寻找传说中的金银岛并以失败告终，结果暴风雨又导致其船体破损。

顺便一提，比斯凯诺来日的目的，其实是寻找当时流传于欧洲的、传说中漂浮于太平洋的金银岛。这件事在比斯凯诺返回江户期间，经由威廉·亚当斯和荷兰商馆传到了家康的耳朵里。对比斯凯诺的行为本来就抱有怀疑态度的家康于是不再许可比斯诺的拜见请求，同时也不让其轻易回国。结果，比斯凯诺只好作为伊达政宗派往罗马教廷的使节支仓常长的船客，才最终于一六一三年返回墨西哥。

3　禁教与贸易

禁教的开始

在家康重视贸易的政策之下，基督教的传教得到默许，教徒的人数也一直上升。反映这种趋势的事件，是最初被置于印度管区——总部设在果阿——之下的耶稣会日本教区于一五八二年（天正十年）升格为准管区，并于一六〇九年（庆长十四年）成为独立管区，同时将中国教区置于自己的管辖之下。

家康虽早在一六〇五年就在写给吕宋总督的书信中宣称认可基督教在日本的传教活动，但还是于一六一二年三月在国内颁布了禁止基督教这一政策。导致这次禁教的直接原因，是发生在基督徒大名有马晴信与家康近臣本多正纯家臣冈本大八之间的行贿受贿事件。

冈本大八向有马晴信提出，作为击沉葡萄牙船“格拉萨夫人号”战功的奖赏，自己可以向幕府斡旋以使其重新获得肥前三郡的旧领，并欲从晴信那里收取大量贿赂。然而，此后晴信却没有得到半点领地的加增，惊讶于此的他向正纯询问，贿赂之事因此败露。两人在骏府对峙，负责主审的大久保长安判决罪在大八。可是，大八在狱中告发晴信一度密谋暗杀长崎奉行长谷川藤广，于是二人再次公开对峙。晴信当场理屈词穷，随后被流放甲斐，不久后自杀身亡。

由于这一事件的当事双方都是基督徒，在大八被处以火刑的三月二十一日，幕府颁布了在骏府、江户、京都、长崎等直辖城市取缔基督教并捣毁教堂的命令。不过，这一时期的禁教政策存在明显的地域差异，也并没有被彻底执行。

虽然除幕府直辖城市之外，有马氏领内也出现了镇压基督徒的情况，但此时的禁令并没有涉及全部大名领地，家康至多只是向诸大名下达命令，要求他们拘捕被幕府改易的基督徒武士而已。

在当年六月写给墨西哥国王的回信当中，家康宣告了日本禁止基督教传教和只允许贸易往来的决定，表明了幕府的禁教姿态。此后不久，在关东地区颁布禁烟令的同时，基督教禁令也在八月颁行，其实施范围也随着时间的推移而逐步扩大。

《伴天连追放之文》

一六一三年（庆长十八年）十二月，身在江户的家康首先任命板仓重昌为伴天连追放总奉行，之后又改任为将军秀忠手下重臣大久保忠邻，将其派往京都。在忠邻行将出发之时，家康委托金地院崇传起草了《伴天连追放之文》，并以将军秀忠的名义昭告天下。

这一追放文首先讲述了日本乃神国、佛国之事，之后说到“吉利支丹（基督）之徒党”不仅行贸易之事，更广推邪法并以此颠覆日本之政体，若不即刻禁止则“后世必为国家之患”，因此宣布驱逐传教士。

由金地院崇传撰写并记载了这篇追放文的《异国日记》还特别记录称，家康要求日本国中所有人都要了解认可这一追放之事。不过，这篇追放文并未作为法令发放给诸大名，在形式上也只是作为京都周边地区驱逐外国传教士的一个法理基础。

次年正月十七日，大久保忠邻抵达京都并立即开始破坏教堂，将传教士驱赶到长崎。不仅如此，规训教徒的行动同时开始，即所谓“倒”，也就是强迫其弃教，若其不遵从命令就会被送往陆奥津轻。除京都之外，驱逐传教士并规训教徒的行动也开始在丰臣氏大本营的大坂和堺市等地开展，大量传教士被送往长崎。此外，细川氏和大村氏等西国大名领地内也开始规训信徒并驱逐传教士。

受此影响，从京都周边和西国各地聚集到长崎的传教士和信徒们于九月二十四日被迫登上停靠在长崎港内的三艘葡萄牙船，然后被驱逐出了日本。这三艘葡萄牙船中，有两艘带着耶稣会的传教士和信徒们前往澳门，剩下的一艘则带着耶稣会、圣方济各会、多明我会、奥斯定会的传教士及其信徒们向马尼拉进发。就在这艘前往马尼拉的船中，还搭乘了作为基督徒大名而在信徒中也拥有极大影响力的高山右近及其家族。这一事件被后世称作“大追放”。

这次“大追放”一方面昭示了幕府进一步强化禁止和镇压基督教的态度，另一方面也是为了防止大坂之阵前基督教势力为丰臣一方助力。

与明朝之间的最后交涉

虽然经由朝鲜和琉球的多次对明交涉都以失败告终，但家康依然期盼着重开日明贸易。于是，家康再次命令岛津氏通过琉球与明朝交涉恢复邦交之事。接到命令的岛津氏于一六一三年（庆长十八年）春，写好一封以琉球国王尚宁名义发给“大明福建军门”的书信草稿，并要求尚宁将其送交至明朝。

这封书信中提到了“日本大将军”（实际上是指家康）对于开启日明贸易的三种提案：其一，日本商船前往“大明边地”，这其实等同于恢复过去的“勘合贸易”；其二，明朝商船前往琉球与日本商船进行交易，即集会贸易；其三，将当前十年一贡的琉球进贡贸易改为每年一贡。信中还指出，大明方面无论接受上述哪种提案，都能够使日明两国人民共同富裕，明朝也再不用防范倭寇的侵扰。同时，信中还威胁到，如果大明方面不接受任何一种提案，那么日本西海道九国就会发兵数万侵略明朝。

然而，琉球国王尚宁以当时正值进贡贸易刚刚被削减为十年一贡为理由，拒绝将家康这一态度强硬的书信送往明朝。

次年秋天，琉球向明朝派出进贡使节。虽然无法得知该使节携带了怎样内容的琉球国王书信，不过即便不考虑书信内容，他肩负着商谈日明讲和这一使命却是明确无疑的。一六一五年六月，使节带着明朝的答复回到琉球，结果是明朝全盘拒绝了日本方面的要求——“一切请求不允”。该回答由琉球报告给岛津氏，又被岛津氏报告给了家康。这也是日本方面关于对明讲和、重启贸易交涉的最后尝试。

然而，虽然日明两国没有正式建交，但前往日本的中国船只在十七世纪头十年数量激增，一六一四年仅来航长崎的中国船只就达到六十艘之多。增加后的中国船的数量虽然没有凌驾于带来大量中国生丝的葡萄牙船之上，但还是对重启对明贸易失败的日本在贸易以及制定基督教相关政策上产生了重要影响。

另外，这一时期也是中国由明朝向清朝过渡，王朝更迭迹象开始明确显现的时期。成功统一女真族各部的努尔哈赤在一六一六年建立后金政权并开始向南扩张势力。

元和二年之秋

家康死后，幕府的外交和贸易政策以及对基督教的态度都在开始掌握实权的秀忠治下出现了变化。

一六一六年（元和二年）八月八日，秀忠向萨摩藩主岛津家久发出一封老中奉书。所谓老中奉书，就是幕府重臣（老中）受将军之命所写成的文书，虽然也具有同意大名修筑城郭的许可证明或单纯的感谢状和邀请函等功能，但更多情况下是向大名传达幕府政策的法令。当日发出的奉书，就具有这种法令功能。

该奉书的命令主要包括下述内容：首先，进一步强化取缔领内基督教；其次，告诫在领内靠岸的葡萄牙、英国商船前往长崎和平户，严禁其在领内进行交易；再次，允许在领内靠岸的中国船只根据船主本人的意愿进行交易。

与此同时，英国商馆长理查·考克斯（Richard Cocks）正为了更新来航朱印状，在江户与幕府重臣进行着艰难的交涉。而就在交涉过程中，幕府重臣们反复质问考克斯“英国人是否和耶稣会传教士一样是基督徒”。考克斯则表示英国人虽然也是基督徒，却不受罗马教皇支配，并与西班牙有敌对关系，同时希望得到新的来航朱印状。

幕府将来航朱印状发给考克斯是在当月下旬的二十三日。在这份来航朱印状中，英国船只被禁止在除平户之外的其他地区进行贸易活动。一六一三年的来航朱印状中，英国原本被许可在日本国内任何场所进行交易，但这项特权在元和二年的朱印状中遭到了否定。

可是考克斯对此一无所知，自以为得到的是与之前相同的来航朱印状。就在这时，身处京都的商馆员发来急报，说京都、大坂、堺都开始禁止日本人与外国人进行商业买卖。考克斯大惊失色之余才重新确认来航朱印状的内容，然后再次向幕府重臣陈情，要求撤回上述决定。然而，考克斯的努力最终未能成功。

通过上述两件事，我们可以将幕府和秀忠的态度归纳为以下三点：第一，幕府命令岛津氏在领内取缔基督教；第二，幕府要求欧洲航船前往长崎和平户的理由是他们属于“同一宗门”——基督徒的身份；第三，幕府在江户对考克斯进行质问的核心在于要弄清“英国人是不是基督徒”这一点。从上述内容中不难发现，幕府和秀忠所表现出的对外态度是相比贸易更重视禁教。而家康所坚持的即便践行禁教令却依旧不放弃贸易的重商政策也因此发生了巨大转变。

英荷联合防御舰队

荷兰虽然在一六〇九年（庆长十四年）在平户开设了商馆，但短期内来到平户的荷兰船只还是很少的。直到大坂夏之阵发生的一六一五年（元和元年）之后，来航的船只数量才开始增长，所携带的货物规模也逐年递增。然而，这些货物中的大多数是荷兰船只通过抢夺葡萄牙或中国船只劫掠而来的，而且其中大部分都不在日本销售，而是直接运往荷兰在东南亚地区的贸易据点——马鲁古群岛、安汶岛、巴达维亚岛等地。也就是说，这一时期荷兰所关注的重点并不是日本，而是能够保证香料供给的东南亚诸岛。虽然如此，日荷之间也并非完全没有贸易往来，荷兰还是通过在平户的交易，从日本获取白银以及铁、火枪、刀剑等军需物资，然后运往上述地区。

西班牙与荷兰在东亚海域的斗争也在这一时期逐步升级。一六一七年，荷兰通过其舰队展开了对马尼拉的封锁行动。一六一九年，为驱逐西班牙势力，荷兰与英国之间签订共同防御协定，创设两国联合防御舰队，并将母港设在了平户。

随着防御舰队的创设，荷英两国的劫掠行为更加猖狂，而这招致了葡萄牙人、西班牙人甚至是中国人的巨大不满，他们极其强烈地向幕府请求将荷兰人和英国人驱逐出日本。

另外，从平户出港的荷兰和英国船只中，不仅包括被买为奴隶的男男女女，还有很多被雇为水手和佣兵的日本人。在东南亚地区为对抗西葡势力而进行的战争中，他们甚至成为不可或缺的力量。此外，这些船只中还储备了大量的刀剑、火枪、火药等军需物资。

事态的发展很快逼迫幕府不得不做出决断。一六二一年七月二十八日，平户领主松浦隆信在幕府的命令下，找来英国和荷兰商馆馆长传达了幕府的三条命令。第一条，禁止两国船只雇佣或购买任何日本人佣兵、侍从或奴隶以带出国外；第二条，禁止出口甲胄、刀剑、枪、火枪、火药等军需品；第三条，禁止劫掠日本近海的日本、中国、葡萄牙船只。另外，幕府还以老中奉书的形式向九州地区的诸大名传达了上述命令。

幕府的这一命令实际上剥夺了这一时期荷兰和英国在平户所维持的军事功能，也就是逼迫两国改变与日本的贸易形态。一六二三年英国从平户的撤离，就可以视作对这一状况的应对。

从传教士到民众

一六一六年（元和二年）八月，幕府向岛津家久下达命令，要求他清除领内基督徒直至“百姓以下”，这就在事实上向民众下达了禁教令。不过，幕府在此后也并未对一般民众的信仰进行直接打压，禁教的着眼点还是集中在对传教士的告发上。

一六一七年，幕府督促肥前大名大村氏搜捕传教士，其结果是当年四月就有四名传教士被逮捕并遭到处刑。另外，在长崎也有两人因为向传教士提供住所而被处刑。不仅如此，在长谷川藤广之后继任长崎奉行的长谷川权六开始严格执行取缔基督教的政策。受此影响，一六一八年就任长崎代官的末次平藏脱离基督教。同年十月，长崎奉行开始实施根据告发信息搜查民居宅院以搜捕传教士的政策，十一月开始向举报传教士的告密者赏赐白银三十枚，即首次施行举报奖励制度。如上所述，这一时期长崎的基督教禁令主要还是以传教士为对象。

幕府的基督教禁令从一六一九年八月开始波及一般民众。有五十二名基督徒在京都被施以火刑，这场处刑就发生在秀忠上洛期间。这一事件不仅对京都民众，同时也对跟随秀忠上洛的诸大名表明了幕府断然否定基督教的态度，具有极强的警示意义。次年八月二十四日，就在支仓常长即将回国的两天前，伊达领地内颁布了基督教禁令。这恐怕就是上述事件所产生的影响之一。

元和大殉教

一六二〇年（元和六年）七月发生的一件事进一步加快了镇压基督教的速度。当月四日，英荷联合防御舰队在台湾近海拦截下了自马尼拉起航且载有两名传教士的平山常陈的朱印船。该船虽然持有来航朱印状，但船上两名外国人被怀疑可能是传教士，于是船只被拖至平户，交给了当地领主松浦隆信。分属奥斯定会和多明我会的两位传教士虽然相继遭到了松浦隆信和长崎奉行长谷川权六的拷问，却并未轻易招供。然而，在英荷方面提供的证据、弃教者提供的证言和无法用语言来形容的残酷拷问之下，二人最终还是在被逮捕的两年后被迫招供。

一六二二年七月，幕府将这两位传教士和船长平山常陈处以火刑，将同行的十二位商人和水手全部斩首。八月，在长崎西坂，幕府将此前抓获的二十一名传教士以及为他们提供住所的主人及其家人三十四人，合计五十五人全部处刑，这件事一般被后世称作“元和大殉教”。次年十月，江户也处决了包括耶稣会传教士和家康家臣原主水在内的五十人。

为防范传教士潜入日本，从一六二二年末到次年春，幕府强化了对入港长崎的外国船只的监视。至于这一手段的效果如何，从一六二三年到一六二八年（宽永五年）之间没有任何一位传教士成功秘密入境这一点上就可见一斑。

随后，幕府在一六二三年禁止葡萄牙人居住在日本或担任日本船只的航海士，同时也禁止日本人前往菲律宾并禁止日本基督徒出国。次年，幕府禁止西班牙船只来航日本，要求来航的葡萄牙船只提供全部乘客名单。

幕府通过上述手段减少了日本人和欧洲人接触的机会，同时也逐步增加了对日本人出航海外的限制。一六二四年以后，幕府发给日本船只出航朱印状数量的不断减少就反映了这种加强限制的趋势。

此后，打压基督教徒的政策日益强化。一六二六年，新任长崎奉行水野守信在向长崎居民发出弃教命令的同时，通过在云仙地狱①进行拷问的方式开始镇压基督教徒。三年后，竹中重义继任长崎奉行，进一步强化镇压政策，大量基督教徒被迫弃教。

日本与荷葡断交

一六二一年（元和七年）幕府颁布三项命令，逼迫

① 云仙为长崎附近知名的温泉地，因温泉及硫黄等物质喷发剧烈，常年烟雾缭绕，故被称作地狱。

荷兰改变此前在日本的贸易模式。此举产生的一个影响就是一六二二年荷兰舰队对葡萄牙在中国的贸易据点澳门的攻击，而这大概是出于其谋求确保中国生丝贸易量的目的。可是，这次攻击最终以失败告终。

进攻澳门失败后不久，荷兰舰队就在中国本土与台湾之间的澎湖列岛上建立了要塞，这也是为了确保与中国之间进行中转贸易而设立的据点。但是，荷兰于一六二四年（宽永元年）在中国方面的强硬要求下被迫放弃该要塞，改为在台湾南部的安平建设要塞（热兰遮），并将其当作与中国进行中转贸易的据点。

作为这一中转贸易中介的，是当初在平户设立过据点的中国人李旦。但由于他欠债不偿和不履行契约等行为，其贸易活动并未像荷兰人预想的那样顺利。不过，一六二四年以后，平户荷兰商馆的主要贸易内容还是从军需品转变成了生丝。

一六二五年李旦去世，相关事务由其手下的许心素继承。通过许心素所进行的与中国本土之间的中介贸易，台湾的荷兰人终于得到了大量中国生丝。然而就在这一时期，海盗郑芝龙在中国崭露头角，于一六二八年攻击了许心素在厦门的大本营并将其杀害。结果，台湾与中国本土之间的交易只能被迫中断。

向台湾发展的荷兰人因向入港安平的朱印船征收进出

口关税而与此前一直在台湾与中国大陆船只进行中转贸易的朱印船之间产生了冲突。一六二七年，荷兰驻台湾总督彼得·奴易兹（Pieter Nuyts）为说明台湾现状并谋求暂停朱印船来航台湾而来到日本。可是，在身兼长崎代官和朱印船贸易家身份的末次平藏的阻挠下，奴易兹在长崎的交涉工作变得极为困难。在江户的交涉也没能按照预想得那样有所进展，他呈交的书信还因缺乏相应的外交礼节而遭到幕府非难。奴易兹没能获得拜见将军的许可，只好被迫返航。他与幕府之间的交涉以完全失败而告终。

一六二八年，奴易兹为报前一年的一箭之仇，试图扣留前来台湾的末次平藏的船只。平藏船的船长滨田弥兵卫虎口脱险，回到日本后将此事上诉给幕府。幕府于是将当年秋天入港平户的荷兰船只全部扣留，并命令荷兰关闭商馆。此后的五年间日荷贸易一度中断，直到一六三二年重新恢复。

同样是在一六二八年，朱印船在暹罗阿育陀耶港外遭西班牙舰队劫掠，所持有的朱印状被抢走。权威遭到挑战的幕府以扣留前来长崎的葡萄牙船只作为报复。之所以扣留葡萄牙船只，是因为当时葡萄牙正处于西班牙国王的支配之下。这导致日葡贸易也一直中断，直到一六三〇年才恢复。

这一事件也对朱印船制度造成了影响。将军颁发的朱印状遭到抢夺乃是对将军权威的损害，因此有必要采取措施防止这类行为的再次发生。其结果就是，制度更改为幕府在发行朱印状的同时向长崎奉行发出老中奉书，长崎奉行则根据奉书指示发行航行许可状。改良后的这一制度也被称作奉书船制度。

幕府改为采取上述强硬姿态的背景，其实是因为来航日本的中国船只数量大增。这些中国船只在一六三〇年给日本带来了三十万斤生丝，又在一六三三年带来了二十五万斤生丝。这一数量远远超过了葡萄牙船只一年运到长崎的生丝数量。

朝鲜局势

一六一九年，后金军在辽东的萨尔浒一战中击溃明军，于一六二一年迁都辽阳，一六二五年迁都沈阳，将山海关以北的广大土地都纳入了自己的版图。这样一来，朝鲜北部与后金直接接壤了。

一六二三年朝鲜仁祖即位，继续执行一直以来的“反金亲明”政策。一六二七年，后金入侵朝鲜，仁祖对其宣战。得知后金入侵朝鲜的幕府，于一六二八年十一月命令宗氏向朝鲜派出使节，在要求宗氏掌握具体形势的同时，也命令其向朝鲜表示，幕府可以根据情况需要向朝鲜派遣援军。次年，宗氏向朝鲜派出使节，转达了幕府愿意与朝鲜协力抵抗后金、确保朝贡贸易畅通的意向。但是仁祖拒绝了幕府的这一提议。

朝鲜与后金之间的战争在此后持续数年。一六三六年，后金改国号为清，朝鲜则于次年向清称臣，放弃了与明朝之间的宗属关系，成为清的宗属国。清朝降伏朝鲜之后，命令朝鲜以中间人的身份联络日本以使其向清朝派遣使节。但朝鲜方面则对此采取消极拖延的政策，最终也没有向日本传达此事。这大概是因为朝鲜害怕日本会做出过激反应导致自己的国土再次成为战场吧。

第五章　家光政治的开始

1　“御代始之御法度”

加藤忠广改易

一六三二年（宽永九年）正月二十四日，秀忠在江户城西之丸去世，享年五十四岁。从此开始，第三代将军家光正式执政。

当年五月二十四日，将军家光把伊达政宗、前田利常、岛津家久、上杉定胜、佐竹义宣这五位正在江户的外样大名招至江户城中，向他们传达了对肥后熊本五十二万石外样大名加藤忠广的改易决定。当时，家光不仅说明了忠广改易的理由，还声明因为这是“御代始之御法度”，所以要进行严厉处罚。加藤忠广改易的决定之后又由老中在六月一日向来到江户城的诸大名进行了传达，对于身在领国的大名则通过老中奉书加以告知。

说到加藤忠广改易的理由，幕府官方向诸大名给出的说法是，忠广嫡子光广多次写下不臣之言，以及忠广本人在未经许可的情况下把自己在江户诞生的儿子及其生母送回了领国。但是，就在改易决定被最终公开之前，大名之间早已有了如下传闻：秀忠重臣土井利胜密谋除掉家光，但在招募志同道合者意欲起事之时密谋败露，因此不仅利胜本人，就连参与密谋的光广也将遭到惩处。然而实际上利胜直到最后也没有受到任何处分。

此事其实很有可能是幕府一手策划的。因为忠广自前一年开始就被传闻已经“发疯”，而幕府则察觉并利用了忠广的这一弱点，试图以此为契机探测秀忠死后诸大名的动向。此事的真伪虽然很难判断，但可以确定的是，旧丰臣系大名加藤氏遭到改易，向诸大名充分展现了家光作为秀忠继承人的存在感和力量。

谱代大名挺进九州

就在诸大名于江户城中获悉加藤忠广改易决定的当天，幕府做出决定，指派陆奥平城七万石城主内藤政长、丰后日田六万石城主石川忠总、勘定头伊丹康胜作为接收熊本城和处理肥后领的特使前往肥后。紧接着，老中之一的稻叶正胜和备后福山十万石城主水野胜成也被派往肥后。

把老中稻叶正胜派往肥后一事有几点值得注意。其一，这是幕府老中第一次进入九州，象征着幕府权力向九州的渗透。其二，派遣的目的并不是单纯的接收熊本城，还包括调查掌握九州的具体情况。这也可以从以下事情中

谱代大名挺进九州后的九州分封局势

姓名	封地和石高(万石)	身份	备考
宗义成	对马 1.2	外样	
黑田忠之	筑前福冈 43	外样	
寺泽坚高	肥前唐津 12	外样	
松浦隆信	肥前平户 6.3	外样	
锅岛胜茂	肥前佐贺 36	外样	
立花宗茂	筑后柳川 11	外样	
有马丰氏	筑后久留米 21	外样	
细川忠利	肥后熊本 54	外样	
小笠原长次	丰前中津 8	谱代	1632 年转封至此
小笠原忠真	丰前小仓 15	谱代	1632 年转封至此
小笠原忠知	丰前杵筑 4	谱代	1632 年转封至此
松平重直	丰前龙王 3.7	谱代	1632 年转封至此
石川忠总	丰后日田 6	谱代	1633 年转封至下总佐仓
稻叶一通	丰后臼杵 5	谱代	1632 年转封至此
有马直纯	丰后延冈 5.3	外样	
中川久盛	丰后冈 7	外样	
松平忠昭	丰后龟川 2.2	谱代	1634 年转封至此
伊东祐庆	日向饫肥 5.7	外样	
岛津家久	萨摩 61	外样	

得到佐证：尽管细川氏接替加藤氏转封肥后的决定早已做出，但这一决定是等到正胜回到江户之后同小笠原忠真等人转封丰前、丰后的决定一起公布的。

不仅如此，家光将如此重要的任务交给近臣正胜执行，还含有通过这一功劳提升正胜在幕阁当中地位的意图。这一意图的表现之一就是当年十一月，正胜获得四万五千石加增并转封相模小田原八万五千石。

加藤忠广的改易事件给九州地方的大名势力分布带来了巨大变化。旧领丰前小仓的细川忠利加增十四万石，继加藤氏之后入主肥后熊本五十四万石。细川氏旧领则由原播磨明石十万石领主小笠原忠真分领十五万石、丰前中津由原播磨龙野六万石领主小笠原长次分领八万石、丰后杵筑由忠真亲弟忠知作为新进大名分领四万石、丰前龙王（今大分县宇佐市）由原摄津三田三万石领主松平重直分领三万七千石。

这些进入丰前和丰后的领主全部都是谱代大名。与加藤忠广改易之前的九州谱代大名仅有丰后日田的石川忠总一人相比，改易后，九州地方的谱代势力得到了极大增强，这些谱代大名们完全控制了东九州。

德川忠长改易

细川忠利转封肥后、小笠原忠真等人转封丰前和丰后的决定公布之后不久，一六三二年（宽永九年）十月二十日，诸大名被诏令登城后从老中那里得知，家光之弟德川忠长在被没收领地的同时被软禁于上野高崎。

德川忠长出生于一六〇六年（庆长十一年），是秀忠的二儿子。忠长从小就聪明讨喜，再加上一直在双亲特别是母亲江与充满爱意的养育下成长，以至于在他很小的时候就有人议论，忠长或将继承秀忠之位。但是，由于家康的亲自裁决，家光被确定为秀忠的继承人，忠长则失去了成为将军的可能性。

家康死后不久的一六一六年（元和二年）九月，忠长获得甲斐一国，之后也不断获得加增，一六二四年更是得到了骏府城以及骏河、远江两国作为采邑，领五十五万石。可是到秀忠晚年，忠长的行为多次脱离正轨，即便秀忠派遣酒井忠世和土井利胜等重臣前去规劝，忠长也听不进去。一六三一年初，忠长无故杀害了在自己手下听命的大坂船队头领小滨光隆之子，以及侍读的僧人等人，结果第二天却依旧传召已经被他杀死的手下前来服侍，这些都绝不是一个人在正常的精神状态下所能做出的举动。

此时，江户上下纷纷议论着忠长今后的命运，大家都在猜测，他将和一六二三年遭到改易的德川一门、越前六十七万石领主松平忠直遭遇相同的命运。在向身处领国小仓的儿子细川忠利告知此事的信中，细川忠兴提到了自己的担忧："虽说做出这样的处罚对秀忠来说相当艰难，但他既然目睹过家康亲手处分自己的儿子松平忠辉，或许就真的会依此行事。"

一六三一年五月，忠兴的担忧变成了现实。秀忠将忠长幽禁在了甲斐。不过同时，忠长在骏河、远江的领地依旧保持原状。当年末秀忠病情加重，忠长多次通过金地院崇传向幕府请求允许自己探视秀忠，但无论是秀忠还是家光都没有同意他的请求。结果等到一六三二年秀忠死后，与秀忠在家康死后便立刻将松平忠辉改易一样，家光也立刻将忠长改易。

虽然忠长改易事件包含有将军要排除一门当中反抗自己的势力这一性质，不过从整体上看，外样大名加藤忠广和一门的德川忠长前后改易，最主要还是秀忠死后初掌政权的家光想要向诸大名表现出自己在权力更迭的政治紧张气氛中的决然态度，以此作为自己的政治宣言。

监视得到加强

秀忠死后不久，一六三二年（宽永九年）五月十七日，岛津家久在江户宅邸内的木材仓库失火。最早发现火情的是幕府的目付[①]，岛津邸内众人则是在收到目付通报

① 幕府职务的一种，负责监视和监察工作。

之后才发现房屋失火。听闻此事的细川忠兴在写给儿子忠利的信中称，“此地（江户）御目付众之严明可见一斑”，“御目付众巡查诸方无懈至此，真无言以对”。正如忠兴所言，幕府对于江户城中各种动静的监察可以说到了细致入微的程度。

另外，家光还于同年十二月，任命水野守信、柳生宗矩、秋山正重、井上政重四人为“总目付”。家光命令这四人全面监察并上报包括诸大名和旗本有违法度之举、幕府奉公之中的不良之举、年寄以下各级幕府衙役阳奉阴违之举、热衷于军役的情况、奉公之人的能力、民众之劳苦、诸人之困顿等在内的各种事项。

一六三三年九月，家光与在家康、秀忠两代一直担任勘定头却有比肩年寄之权势的松平正纲与伊丹康胜二人“勘当”①，在九个月内禁止二人出席将军御前的各种活动，而这一决定的背后，就有总目付的影子。

酒井忠世、土井利胜、酒井忠胜等年寄重臣也对总目付的存在有所畏惧。在细川忠兴写于一六三三年十一月的书信中就提道：“年寄众上报诸事达于将军之耳，将军则言尚漏他事有此种种，应以如何断之，此皆大横目（总

① 本义为儿子不尊重父亲所造成的断绝父子关系的行为，有恩断义绝之义。

目付）所报也，实可惧也。”正像信中所说的那样，并未受到直接监视的年寄众也同样害怕总目付的监视。

而且，家光监视的范围不仅仅局限在将军的居城江户。一六三三年正月六日，家光将全国划分为六个区域，向每个区域派出一个由三名国回众构成的小组以巡视诸国。其中，九州地区由二万九千七百石领主小出吉亲、使者番的城信茂、书院番番士能势赖隆巡视，常陆、陆奥、出羽地区由二万石领主分部光信、使者番的大河内正胜、书院番番士松田胜政巡视，中国地区由一万八千石领主市桥长政、使者番的柘植正时、小姓组番士村越正重巡视，北国及丹后、丹波、近江地区由一万六千石领主桑山一直、使者番的德山直政、书院番番士林胜正巡视，伊势、志摩、伊贺、五畿内、南海由一万四千石的外样大名沟口善胜、使番的川胜广纲、书院番番士的牧野成常巡视，关东、东海道、东山道地区则由一万石领主小出三尹、使者番的永井白元、书院番番士桑山贞利巡视。

当时国回众的主要职务，表面上是检查和确定道路交通和土地边界等问题，本质目的其实是观察各个领国的具体情况、要求各地绘制并上交领内地图，并特别关注各领内古旧城郭的现状。

此外，此次国回行动乃是江户幕府第一次派遣诸国巡见使，此后每逢将军换代，幕府一般都会进行一次巡见使派遣。

本丸、西之丸年寄体制解体

大御所秀忠在江户城西之丸，将军家光在江户城本丸，幕府政治由二人手下的年寄众共同运营的体制随着一六三二年（宽永九年）一月秀忠的去世而落下帷幕。秀忠死后，独掌政治大权的家光并没有将曾经追随秀忠的西之丸年寄从幕政当中排除出去，而是先通过将他们纳入本丸年寄体系的形式结束了过去的双头行政体系。

与立刻把西之丸年寄排除出幕政的做法相比，上述做法降低了出现抵抗的可能性，因此也就避免了可能给幕政带来的停滞和混乱。同时，在秀忠手下年寄们的努力下，秀忠的葬礼以及祠庙的营造等事项也得以顺利完成。因此本丸、西之丸年寄联合制度并不是长久之计，早晚会面临解体的命运。另外，秀忠手下四位年寄之一的森川重俊为报答秀忠提拔之恩，在秀忠死后次日即以死殉主。

上述联合年寄制度的解体倾向，在当年五月就露出了最初的迹象。迹象之一是本丸首席年寄酒井忠世就任西之丸留守居一职，迹象之二则是位居本丸年寄末席的稻叶正胜地位上升。

家光其实是试图通过任命西之丸留守居的方式，将秀忠时期以来长期担任年寄的酒井忠世排除出权力中心，但这遭到了忠世的抵抗，因此虽然忠世担任了西之丸留守居，家光也并没有否定他原本作为年寄的地位。通过这件事，将军家光和年寄阶层之间的力量关系可见一斑。

但是，挫败了家光意图的忠世却在同年七月二十四日秀忠忌日法会当天参拜增上寺的时候中风，之后家光以需要静养为由在长达一年多的时间里将其排除出了权力中心。

此后，家光相继对秀忠大御所时代的年寄众进行加封，先是于一六三三年二月将原西之丸年寄青山幸成加增一万石转封远江挂川二万六千石城主，三月将原本丸年寄内藤忠重加增一万五千石转封志摩鸟羽三万五千石城主，其后将原西之丸年寄永井尚政加增一万余石转封山城淀十万石城主。家光通过这种方式陆续剥夺了他们的年寄职务。这样一来，本丸、西之丸年寄联合制度到一六三三年四月为止最终名存实亡。

新任出头人登场

与上述剔除旧臣年寄等举动相对应的，是稻叶正胜地位的上升。正胜是家光乳母春日局之子，生于一五九七年（庆长二年）。一六〇四年家光诞生，正胜同时被任命为家光小姓，此后一直跟随家光，秀忠大御所时代升任本丸年寄的末席。

家光在将酒井忠世调任为西之丸留守居的一六三二年（宽永九年）五月，提升了正胜的地位，首先一步超越了此前地位一直高于正胜的内藤忠重。随后，正胜在六月被任命为加藤忠广改易后接收肥后熊本城的上使，家光所谋求的目标乃是令其出色完成这一使命而进一步强化正胜的地位。然后，当年十一月，家光授予正胜相模小田原城八万五千石的封地，将其地位提升到与酒井忠世、土井利胜、酒井忠胜等旧年寄相当的程度。

而就在这个十一月，家光还将一直担任小姓的近臣松平信纲升格为“年寄并”。随后，家光更是在次年三月，以松平信纲、阿部忠秋、堀田正盛、三浦正次、太田资宗、阿部重次六位近臣为班底，组建了负责处理“些许之御用”即一般事务的“六人众”，并随即在五月将阿部忠秋和堀田正盛二人升格为与松平信纲同等地位的年寄。家光通过上述一系列的人事变动培养出了新一代出头人，取代了秀忠时代以来的酒井忠世、土井利胜、酒井忠胜等旧年寄。因此，可以说在这一时间点上，家光其实与家康和秀忠一样，希望依靠出头人开展政治运营。

一六三二年到一六三三年之间家光频繁开展政治活动的结果就是，到一六三三年的年中之时旧年寄被疏远或是有所收敛，这也是家光上述意图的延伸。可是，家光在当年九月十三日在中秋赏月之时饮酒过量导致大病，他的这一意图也随之夭折。到当年十月，江户坊间甚至开始流传，家光“钧命若有大事，则有至于御让之仪”，即如果出现万分危急的时刻就将下达让出将军一职和家督之位的命令。

而另一方面，此前一直以疗养为名义被停职的酒井忠世则于同年九月重新回归年寄职务。家光病重期间，酒井忠世、土井利胜、酒井忠胜等旧年寄代替家光接受登城的诸大名行礼，此外一度次数减少的重臣合议讨论——寄合也频繁举行，年寄们重新活跃了起来。

此外，更让家光遭遇打击的是他最为信赖并一路提拔的稻叶正胜于一六三四年正月去世。正胜作为酒井忠世、土井利胜、酒井忠胜等旧年寄和松平信纲等新的出头人之间的中间角色，是家光提拔手下出头人升任年寄这一过程能够顺利实现的重要保证。而随着正胜的去世，旧年寄与新出头人松平信纲等人之间的身份等级差距变得十分明显，家光想要一口气将其提升为年寄就变得非常困难了。

作为职务规定的法度

在与病魔斗争了三个多月之后，家光终于康复，并在他上洛之前的一六三四年（宽永十一年）三月向老中、“六人众”、町奉行颁布了规定其职责的法度以使政务的执行更加迅速和公正。

在交予酒井忠世、土井利胜、酒井忠胜三位老中的法度中规定老中所掌管的事项包括：有权给禁中、公家、门迹（第一条）以及大名（第二条）和奉书盖章（第三条），管理直辖领代官（第四条），金银出纳（第五条），主持大规模的工程和活动（第六条），分配知行采邑（第七条），管理寺社（第八条），负责外交（第九条），掌管国绘图（第十条）。老中被命令负责受理与上述内容相关的事务和诉讼，并向将军上报相关情况。

而在交予“六人众”的法度当中，规定他们所掌管的事项则包括：应对具有旗本身份的家臣、诸手工艺人、医生，负责日常的工程和活动，管理将军对下臣的物品赏赐，管理各处执勤的番众以及下役，管理俸禄在一万石以下、未被纳入军组的武士。六人被命令负责受理与上述内容相关的事务和诉讼，并向将军上报相关情况。

这些法度制定的主要意义在于如下两个方面。

第一，此前年寄所持有的权限和职责得以成文化，这样一来原本作为出头人的年寄原则上可以无限扩张的幕政权限受到限制。此外，虽然远远比不上近代官僚制度中的官职设计，但出现了规定了职责的“职”这一概念以及老中这一“职务”。不过，这一法度采取了由家光发给酒井忠世、土井利胜、酒井忠胜三人的形式，这就使得这一行为具有了将军与特定家臣之间个人关系的意味。

第二，交予“六人众”和町奉行的法度与交予老中的法度同时制定而成，此前由年寄所掌握的各种权力也由此受到剥离和分割。因此，年寄的权力遭到限制，“六人众”和町奉行作为明确分担其职务的“职”之属性得以成立，两者与老中一起以“职”的身份，成为将军直辖体制中的组成部分。

至此，酒井忠世、土井利胜、酒井忠胜为老中，松平信刚、阿部忠秋、堀田正盛、三浦正次、太田资宗、阿部重次为“六人众”的体制确立，此前作为“年寄并”的松平信纲和“松平信纲并”的阿部忠秋、堀田正盛同时被排除在了老中之外。这其实是考虑到一六三三年末到一六三四年初家光重病和稻叶正胜去世的政治现实，家光向旧年寄做出的妥协。

不过，家光在上述法度发出后第二天写成的老中奉书上，就命令松平信纲、阿部忠秋、堀田正胜三人与酒井忠世、土井利胜、酒井忠胜三人一同签署。此后，相似的形式时有出现，可以说家光一直在寻找将松平信刚等人升格为老中的途径。同年六月到闰七月家光上洛期间，信纲三人签署奉书的职能一度停止，不过就在由京都返回江户之前，家光下令将他们签署奉书的职责常态化，换言之，将三人提升为了老中的成员。另外，就在家光上洛期间，江户城西之丸被大火烧毁，当时担任留守一职的酒井忠世引咎辞职，离开了老中的行列。

2　将军的军事力量

重新整编将军直辖部队

将军的直辖部队在后世被称作“旗本八万骑”，这一规模形态正是通过家光在秀忠死后所进行的德川氏军团整编而确立的。德川氏军团在最初并未区分谱代大名和旗本，虽然和外样大名的军团规模不同，在形式上却没有本质区别。

不过秀忠死后，家光首先就通过整编大番、书院番、小姓组番等部队创造了旗本阶层；另外，在这一整编过程中，一万石以上的家臣成为谱代大名并从德川氏军团中独立出来。此处让我们先暂时绕过谱代大名，首先看看旗本究竟是如何产生的。

整个江户时代，将军直辖的军团主要包括：由各番头所统率的大番、书院番、小姓组番、小十人组、步行组、新番等部队，以及由物头所统率的持弓、持筒、先手铁炮、先手弓、百人组等部队。在上述部队当中，大番、书院番、小姓组番合称三番，是整个军团的中心。

大番在秀忠病逝之前一直保持十一组编制，在三个月后的一六三二年（宽永九年）四月新增一组，次年二月因其中一组改为定期部署在骏府的“骏府定番”而减少一组，到一六三四年十一月又再次新增一组，总计十二组编制并自此再未有过增减。仅从组数编制上看，这一时期的大番虽然增加了一组，却也算不上显著增强。

书院番与大番不同，在秀忠大御所时代是分为本丸和西之丸两部分的，本丸四组听命于将军家光，西之丸六组听命于大御所秀忠，合计十组。小姓组也一样分为本丸六组和西之丸六组，合计十二组。秀忠死后，书院番和小姓组番的本丸、西之丸的区分也随之消失，并各自被整编为八组编制。此后，书院番在一六三三年增加两组，变为十组编制。

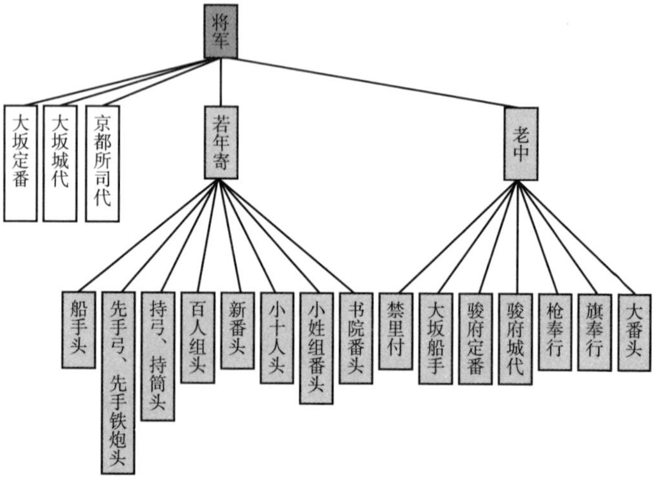

17 世纪后半期的将军直辖部队

如上所述，大番增加一组，书院番维持十组原状，小姓组番则减少四组。从这些变化来看，很难说将军的中心直辖部队得到了增强。

番士加俸与增员

与上述组数编制增减同步进行的，是对所属番士的加俸以及以书院番、小姓组番为中心的增员。一六三三年（宽永十年）二月，家光给大番、书院番、小姓组番中知行高低于一千石的番士一律增加二百石；此外，针对三番中以领取扶持米作为俸禄的“切米取”番士，家光不仅将他们的俸禄折换回知行采邑赐予他们，还在此之上给每人增加二百石；另外，对那些在亲人手下奉公的无俸禄下属，家光也赐予他们新的二百石知行。上述加俸不仅限于大番、书院番、小姓组番，还包括小十人组和步行组。

上述加俸，一方面是由于当时旗本阶层的贫困已经日趋明显，需要救济；另一方面也出于家光增强军事力量的意图。秀忠死前，大番番士的平均知行高为二百八十五石，小姓组番士则是三百四十七石，这次加俸几乎涵盖了两番的全体番士。书院番番士的平均知行高达到了八百四十九石，还有数名超过一千石的番士，不过仍然有半数以上的番士得到了加俸。

如果将知行高的增加按比例换算成军力的话，大番军力在理论上增加至从前的一点七倍，小姓组番增加至从前的一点六倍。可以说通过上述加俸，将军直辖军的实力有了显著增强。

与加俸同样值得注意的是各组番士人数的增加。大番只是微增而已，但书院番和小姓组番从秀忠死前的平均每组二十三人和二十四人，分别增加到了平均每组五十人，实际人数翻了一倍。

以上述三番为中心的将军直辖军虽然在组数上略有缩减，却通过大番和小姓组番番士知行高的大幅增加，以及书院番和小姓组番番士数量的倍增，从而在这一时期实现了军队整体实力的大幅增强。

那么，由此而成的将军直辖军究竟是如何进行部署的呢？大番分十二组，其中二组驻防大坂城、二组驻防京都二条城且每年交替，其余各组负责江户城中二之丸、西之丸的守卫以及非常时期江户市内的警戒工作。

书院番负责江户城中虎之间与玄关前各门的守卫、将军出行时的前后警卫工作，此外，自一六三九年起代替大番以每年交替一组的方式守卫骏府城。小姓组番以江户本丸红叶之间为驻防所，在将军出行时与书院番一起负责前后警卫工作。书院番与小姓组番还并称两番，可谓将军的贴身护卫队。

宽永十年的军役令

一六三三年（宽永十年）二月，幕府制定并颁布了军役令。军役，是指从主人那里获得领知或扶持米俸禄之人所需承担的军事义务，军役令则是对军事动员人数和武器数量等基准的规定。

在丰臣政权时期，军役基准是每一百石知行高需动员两至三名士兵，不过具体动员人数则受到秀吉和大名之间关系的亲疏或领地所在地的不同而不尽相同，这种情况到江户幕府初期仍然没有改变。江户幕府首次颁布军役令，是在家康死后不久的一六一六年（元和二年）六月，当时的军役令面向五百石到一万石的领主，并以德川氏家臣为直接对象。

一六三三年的军役令，首先在二月十六日向一千石到十万石，其后在十九日向未满一千石的大名和旗本颁布。这次颁布的军役令详细地规定了动员人数、骑马武士人数、武器数量等具体内容。比如领知二百石的领主需动员八名士兵，其中侍、甲持、枪持、挟箱持、小荷驮、沓取各一人，𩣡（牵马者）二人；领知一千石的领主则需动员二十三人，武器有长枪三支、弓一张、火枪一挺；一万石领主则需配备骑兵十人、火枪二十挺、弓十张、枪三十支、旗三面；领知十万石的大名需要配备骑兵一百七十人、火枪三百五十挺、弓六十张、枪一百五十支、旗二十面。

一六一六年的规定中，领知一千石的领主需配备骑兵一人、枪五支、弓一张、火枪两挺，一万石领主需配备骑兵十四人、火枪二十挺、弓十张、枪五十支。到了一六三三年的规定中，军役从整体上讲有所减少，其中领知较少的领主的负担更是得到了减轻。这种变化一是因为现实当中基本不再进行战斗动员，二是源于以旗本为中心的武士阶层愈演愈烈的穷困问题。

虽然当年颁布的军役令直接是为准备将军次年上洛而制定的，但作为幕府对大名、旗本的动员基准，这次军役令的影响一直持续到幕末军制改革为止。也就是说，这一军役令在整个江户时代的军制体系中占据了极为重要的地位。

另外，学界在很长时间里都认为，军役令在一六四九年（庆安二年）曾进行修订，但这其实是由于司法省自一八七八年（明治十一年）以后陆续出版的《德川禁令考》中收录了错误内容。因此实际上在一六四九年以后，幕府也仍然在使用一六三三年的军役令来动员诸大名。

诸国城储米

军役令颁布的同年同月，还有另一项值得注意的军事政策得到实施，那就是在大名城郭中扩充城储米。所谓城储米，就是在诸国大名的城郭中储备的幕府兵粮米，每年都会进行更换。

关于诸国城储米，虽然在一六三三年（宽永十年）以前就已经出现，比如近江膳所城，但根据柳谷庆子的研究，这一政策扩大到全国是在一六三三年。可以得到确认的是，这一年新增了一些城储米地点，包括下野宇都宫城，信浓的松本城、松代城、饭田城、伊那城、诹访城，陆奥磐城平城，相模小田原城，摄津尼崎城九处。近江膳所城的城储米则从原来的一万石变成了五千石。除上述地点之外的各处城储米究竟是从何时开始储备的，大部分已经难以确认，不过一六三三年无疑是这项政策推行过程中最具标志性的年份。从这一年之后，史料中记载的储备城储米的城郭开始增加，由此也可以证明该政策始于一六三三年。

一六七六年（延宝四年）的城储米

单位：千石

城郭	领主身份	城储米	城郭	领主身份	城储米
出羽山形	谱代	5	出羽上山	谱代	1
陆奥二本松	外样	3	陆奥会津	一门	7
陆奥磐城平	谱代	3	陆奥白河	谱代	5
下野大田原	外样	1	下野宇都宫	谱代	5
下野壬生	谱代	1	越后高田	一门	10
上野厩桥	谱代	3	上野高崎	谱代	2

续表

城郭	领主身份	城储米	城郭	领主身份	城储米
武藏忍	谱代	3	武藏岩槻	谱代	3
武藏川越	谱代	3	下总古河	谱代	3
下总关宿	谱代	2	下总佐仓	谱代	2
相模小田原	谱代	7	信浓松代	外样	1
信浓松本	谱代	2	信浓饭田	外样	1
信浓小诸	谱代	2	信浓诹访	谱代	2
骏河田中	谱代	2	远江挂川	谱代	2
远江横须贺	谱代	2	远江滨松	谱代	3
三河吉田	谱代	3	三河冈崎	谱代	3
三河西尾	谱代	1	三河刈谷	谱代	1
美浓岩村	外样	1	美浓加纳	谱代	2
美浓大垣	谱代	5	伊势桑名	谱代	10
伊势龟山	谱代	3	志摩鸟羽	谱代	3
近江彦根	谱代	20	近江膳所	谱代	5
山城淀城	谱代	10	丹后福知山	谱代	2
丹波龟山	谱代	2	和泉岸和田	谱代	3
丹后篠山	谱代	3	播磨明石	谱代	3
摄津尼崎	谱代	10	播磨龙野	外样	2
播磨姬路	谱代	10	石见滨田	谱代	3
备后福山	谱代	10	丰后杵筑	谱代	3
伊予松山	谱代	10	丰前小仓	谱代	10
丰后府中	谱代	3	肥前岛原	谱代	5
肥前唐津	谱代	10			

上表反映的是截止到一六七六年（延宝四年）备有城储米的城郭和所藏兵粮米的数量，其中有五十个地点明确可知是在万治年间（一六五八年至一六六一年）以前设立的。备有城储米的城郭虽然主要集中在幕府势力渗透最为深入的关东、东海、东山、畿内地区，但同时也具有向全国扩散的特点。另外，备有城储米的城郭多半由谱代大名担任城主，而这些城储米的储备也是考虑到了外样大名的存在。

此外，在总数达到二十四万石的城储米当中，近江彦根城占据两万石，越后高田城、伊势桑名城、山城淀城、摄津尼崎城、播磨姬路城、备后福山城、伊予松山城、丰前小仓城、肥前唐津城各自占据一万石，陆奥会津城、相模小田原城各有七千石。上述事实反映出畿内周边的军事据点或与外样大藩相接的城郭都会储备数量巨大的城储米，由此可以推测，这些城储米其实是出于军事考量而进行的储备。

另外，一六七六年时作为幕府直辖城的大坂城中备有七万石，二条城备有一万石，骏府城备有一万石储藏米；作为幕府直辖仓库的大津藏中备有五万石，摄津高槻藏中备有一万石储藏米。

3　“御代交替之御上洛”

宽永十一年的上洛

家光前后共经历过三次上洛。此前我们已经提到过一六二三年（元和九年）家光因将军宣下而进行的首次上洛。第二次是家光于一六二六年（宽永三年）跟随大御所秀忠上洛，彼时最重要的活动是后水尾天皇行幸二条城。

第三次上洛是一六三四年（宽永十一年）。就在秀忠死后第二年，将军将于一六三四年上洛的计划便传达给了诸大名。于是一六三四年四月，先锋部队由江户启程；进入六月，以伊达政宗为首的外样大名先于家光相继启程上洛。从同月十一日开始，家光中心部队第一番的松平忠次、本多政遂、前田利孝出发，同行诸队随后启程，家光本人则于二十日由江户动身。

本次陪同家光上洛的人数达到了三十万七千人。这一人数不仅远远超过了关原之战中东军七万五千人和西军八万人的总和，也足以匹敌大坂冬之阵所发动的德川方二十万人和丰臣方十万人的总和。此外，这一人数也远高于家康和秀忠上洛时的陪同人数。

那么，家光为何要在这一时间点统率如此规模巨大的部队上洛呢？这次上洛的目的又是什么呢？先让我们得出结论，即这是一次将军换代的上洛。过去，秀忠也曾在大御所家康去世、自己单独执掌幕府政权后不久的一六一七年统率数万军力上洛，借以宣示自己已经掌握了军事指挥权；此外，秀忠还通过向以西国大名为中心、包括公家和寺社在内的各方面发行领知朱印状的方式，明示自己已经掌握了领知宛行权。不仅如此，秀忠还将姬路池田氏等西国大名的领地进行了变更，这也明确宣示了秀忠已然接过了已故家康的天下支配权。

一六三四年的家光上洛与一六一七年的秀忠上洛基本保持相同的内涵，即借此宣示自己已经代替秀忠掌握了天下。也就是说，家光掌握了在秀忠大御所时代自己所没能掌握的对武家领主的军事指挥权，而且是通过命令并动员几乎所有大名陪同自己上洛的方式得到了十分具体的表现。

在京的家光

家光于一六三四年（宽永十一年）七月十一日，在自“山川寸地群集而来”的“贵贱围观”之中，走过了由近江膳所到京都市内的上洛之路，进入二条城。次日即十二日，天皇敕使与上皇院使前来拜访，全体大名也前来拜谒。接下来的第三天，摄家、亲王、诸公家、诸门迹，以及京都和奈良各地的诸寺社也向将军行了拜谒礼。

十五日，朝廷向家光发出了推任后者为太政大臣的密令，十七日又再次传达了同样的密令，可是家光以自己年纪尚轻，与此官职并不相符为由坚决推辞了。一直以来这件事都被视作家光向朝廷表达自己谦恭之意的标志，不过正如此后以诸大名为首的武家官位被限制在相对较低的层级上所反映的那样，家光辞任太政大臣一事其实表达了幕府对于武家官位的基本态度。

十八日，家光参内。当时陪同参内的队列以所司代板仓重宗为头阵，酒井忠行次之，接下来是从五位下诸大夫的一百八十四位武家分两列跟从，其后是家光本人的乘舆，家光之后是以井伊直孝为首的幕府重臣和侍从、四品（四位）的武家众，最终由目付众殿后。

进宫后，家光拜谒了实为自己外甥女的明正天皇，之后又拜谒了后水尾院的御所和自己亲妹的东福门院御所，之后告辞离开禁里。等到二十一日，摄家、亲王、诸公家、诸门迹以及诸大名受邀来到二条城出席了家光的招待飨宴。

不仅如此，闰七月三日，家光还向上皇院献上了新的七千石院御料。由此，院御料总数升至一万石。随后，二十三日，家光委派井伊直孝、土井利胜、酒井忠胜、板仓重宗前往院御所，表达了“官位晋升以下朝廷诸事，皆依院之御钧旨而行”之意，以此承认了至此为止被限制的后水尾院的院政。上述事项凸显出幕府希望与朝廷和解的意图，也表现出家光不同于秀忠时代的朝廷政策。秀忠死后，家光赦免了被秀忠流放到出羽的泽庵，从这件事中也可以看出新时代政策的不同之处。

另一方面，针对京都市井，家光于七月二十三日从京都每町召集二人总计约一千人到二条城二之丸的白洲处，以祝贺“御代交替之御上洛”为名，向京中全部三万七千三百三十三户人家（《江户幕府日记》一说为三万五千四百一十九户）赏赐共计五千贯白银，平均每户可以分得一百三十四两[①]。这一金额如果换算成当时的米价，能够买到三石五斗到五石米，因此对町人来说这是一份非常丰厚的赏赐。对于家光来说，则是通过赏赐五千贯白银向京都町众们昭示了自己的存在。此后很长时间里，京都坊间都一直议论此事，可见家光的意图获得了一定成功。

除此之外，家光在上洛时还前往大坂，并于闰七月二

① 此处单位为日本前近代特有的金银单位“匁”，该字为两的简写，但实际换算金额与两并不相同。

十六日免除了大坂、堺、奈良等地的地子钱（市内町地的土地税），恐怕这一政策也是出于与上述行为相同的政治意图。

这样一来，家光便通过对朝廷、公家以及京都、大坂、堺、奈良的町人采取的一系列政策，向朝廷和京都，甚至包括畿内和西国各地之人展现了自己的实力，以此谋求政权的稳定。

领知替与朱印改

与秀忠曾经的做法相同，虽然规模不如从前，但家光也在上洛期间更替了大名的领地。首先在七月三十日，领有下野壬生的日根野吉明加增一万石转封丰后府内二万石；接下来在闰七月六日，领有若狭小滨十一万石的京极忠高继去年九月没有继承人的堀尾忠晴之后入主出云松江二十四万石，曾任老中、当时领有武藏川越的酒井忠胜则继京极之后转封小滨。另外，由丰后日田转至下总佐仓七万石的石川忠总此时转封近江膳所七万石，旧领近江膳所三万一千一百石的菅沼定芳则加增一万石转至丹波龟山，旧领龟山二万二千二百石的松平忠昭以同样的知行数转封丰后龟川。川越城与壬生城则于次年被交给了新任老中堀田正盛和阿部忠秋。

接下来在闰七月十一日，家光发布命令，以五万石以上大名以及持有城郭的大名为对象进行朱印改，要求上述诸大名将至此为止的领知朱印状和所领各村的石高记录——《高辻帐》提交给幕府，朱印改一事由永井尚政等三人负责。

到闰七月十六日，家光将诸大名招至二条城并向各位大名下发了写有“宽永十一年八月四日”这一日期的领知朱印状。领知朱印状所标注的日期与实际下发的日期不同，这大概是因为要避开闰月而选择吉日。这种发行日期与领知朱印状标注日期有所不同的情况在一六六四年（宽文四年）进行朱印改的时候也再次发生。

在当时接受领知朱印状的大名中，至少有五十一位大名能够得到确认。他们是：领有一百一十九万石的加贺前田氏、包括琉球十二万三千七百石在内共计领有七十二万石的萨摩岛津氏、领有六十一万石的仙台伊达氏等外样大名，以及一六三二年转封丰前小仓十五万石的小笠原忠真等谱代大名。但是，以老中酒井忠世、土井利胜为首的众多谱代大名以及外样大名中的鸟取池田氏、秋田佐竹氏等人，此时都没有收到领知宛行状。从这一点来说，此次朱印改的实施并非十分全面，但至少反映出家光已经掌握了对诸大名的领知宛行权。

4 宽永《武家诸法度》

法度的内容

一六三五年（宽永十二年）六月二十一日，在列坐于江户城大厅内的诸大名面前，林罗山（道春）宣读了经过改订的《武家诸法度》。这一被修订为十九条的《武家诸法度》由林道春及其胞弟永喜起草，经老中们审议并由家光最终敲定，以家光本人朱印状的形式发出。

相较于一六一五年（庆长二十年）的《武家诸法度》（后略称“庆长法度”），宽永年间的《武家诸法度》（后略称“宽永法度”）进行了重大的改订。这次改订删去了庆长法度十三条中的三条，同时新增了九条经过润色的符合现实的条目。

不仅如此，原本在庆长法度中附加在各个条目后面引经据典的内容，除第一条予以保留外，其他被全部删除或被融入了条目文本当中。庆长法度当中的这些引用部分，大多数内容所表现出的立场在于解释和说明遵守相关条目规定的意义。而与此相对，宽永法度当中这些说明性的部分消失了，只剩下单方面强调必须遵守幕府规定的内容。明确揭示出这种改变的，是宽永法度最后一条也就是第十九条的文本中“万事如江户之法度，各国各处应依此遵行之”一句。也就是说，诸大名被要求在各个方面都要遵从幕府的法度，还要在领内主持并施行这些法度。

被删除掉的条目包括，庆长法度中禁止群饮佚游的第二条，禁止在领内隐匿违犯法度者的第三条，以及禁止容留交换他国百姓的第五条这三条法度。

此外，庆长法度中，条文内容被一字不差地保留下来的，只有“文武弓马之道，专可相嗜事”这第一条而已。

新法度中的第二条与庆长法度第九条中提到的参勤礼法等内容相关，不过更为详尽地规定了诸如大名的在府[①]时间以及每年四月进行更替等具体内容，将事实上一直都在进行的参勤交代以制度的形式加以确定。关于参勤交代制度，后续章节将会详细叙述。

宽永法度的第三条，直接延续了庆长法度第六条关于城郭建设的规定，明确了准许城郭修复的手续。第四条和第五条是新增的条目。第四条规定，一旦江户或全国其他地方发生突发事件，住在领地的大名须留在领国；第五条规定，除相关负责人之外，任何人不得靠近执行刑罚的场所。

---

① 指江户时代大名及其家臣住在江户开展政务。

第六条承袭了庆长法度第七条的规定，不过相较于庆长法度中要求诸大名报告有不良企图的事件和相关朋党，宽永法度中则是禁止了不良企图这件事本身。第七条是新增条目，禁止领主之间的私下争论。第八条承袭了庆长法度第八条的规定，禁止私下结成婚姻，不过新增了适用这一条目的范围为“国主、城主、一万石以上并近习、物头”。第九条承袭了庆长法度第十二条关于节俭的条目并做出了更为详细的规定。第十条、第十一条、第十二条分别承袭了庆长法度的第十条、第十一条、第四条，明确规定了衣装和乘舆的品级，以及禁止招募有谋反行为和杀人行为者为臣属。

第十三条是新增条目，规定大名家臣中子嗣作为该大名家人质送往幕府的家臣一旦遭到主君驱逐或处刑，大名需将相关情况报告给幕府。第十四条“知行所务，执法清廉，不致非法，不可令国郡衰弊之事”的内容，虽然承袭庆长法度第十三条“国主可撰政务之器用事”，但与后者更加强调大名治国理政的重要性相比，前者更加关注管理的长期性。

第十五条到第十九条都是新增条目。第十五条规定为保证往返交通不至停滞而需维持并管理道路桥梁，第十六条禁止私设关卡或新增津留（港口附近安置储存物资的场所），第十七条禁止建造五百石以上的大船。这些条目因为具有庆长法度中所没有的作为经济政策的特征而受到关注。第十八条则禁止没收此前分给寺社的领地。

大名身份的确定

宽永法度中不可忽视的一点是，它明确了大名的身份。庆长法度中，第九条关于参勤礼法的注释提到了“百万石以下二十万石以上”这一基准，另外在最后一条中还提到“国主可撰政务之器用事”，也就是说制定该法度之人已经意识到了大名特别是国持大名的存在。不过，正如其第十二条中命令“诸国诸侍”厉行节俭反映出的那样，法度当中的部分条目是以武士为对象的，因此该法度未必存在明确的施行对象。

一六二九年（宽永六年），庆长法度中的一部分内容被修改，当时有关乘舆的规定被修改为以“国大名、同子嗣、一门诸位并受领一城者，及五万石以上者”为对象，也就是说其对象被限定为城主及五万石以上者。城主及五万石以上者这一规定在一六三四年家光上洛期间进行的朱印改中，也被视作一个基准。此外，修筑宫中宅邸时的课役对象也是五万石以上之人，可见到这一时期为止，城主及五万石以上便是成为大名的基准条件。

江户开幕

一六三四年三月，规定老中职务范围的法度当中首次规定了江户时代的大名标准，即一万石以上。该法度的第二条出现了“国持众、总大名、一万石以上者之御用并诉讼之事”等内容。到了宽永法度禁止私婚的第八条中，涉及对象被确定为“国主、城主、一万石以上并近习、物头”，规定乘舆等级的第十一条中也写明“一门诸位、国主、城主、一万石以上”。同年十二月，幕府另行颁布了以旗本为对象的二十三条《诸士法度》。一万石以上为大名、未满一万石为旗本，江户时代的大名身份和旗本身份也就由此确立下来。

不过，就如接下来要讲到的那样，以宽永法度中规定的参勤交代对象其实只是外样大名这一点为例，所有条目并不是以所有大名为对象而不分外样或谱代的。不过此后，谱代大名也最终被整编进了参勤交代制度当中。除此之外，在领受城郭或工程课役等事务中，谱代大名也同外样大名一样被赋课劳役。谱代大名的外样大名化不断发展，包括谱代大名在内的大名身份也随之确立。

参勤交代制

一六三五年（宽永十二年）的《武家诸法度》第二条规定“大名小名，相定在江户交替，每岁夏四月中应参勤”，即大名轮流在府，交替时间则确定在四月。

在这一法度颁布之前，大名的参勤活动也一直在进行，不过在府期限和交替时间并未明确，没有一定之规。不过，由于这一规定的颁布，以萨摩岛津氏和肥后细川氏为首的六十一位西国大名决定于当年在府，加贺前田氏与陆奥伊达氏等三十八位大名则在此期间得以告假归国，直至次年四月的交替。

这一时期收到参勤交代命令的大名全部都是外样大名，谱代大名并未包含在其中。换言之，当时谱代大名在一般情况下在府乃是既定原则，以外样大名为对象的参勤制度则具有证明其与德川氏的臣属关系的强烈性质。

谱代大名也开始参勤交代是在一六四二年。从这一年开始，谱代大名按照各自在江户城中的公务场所——诘所位置的不同分为五月和九月两轮，关东八州以内的谱代大名每半年交替一次，除此之外的谱代大名每隔一年交替参勤。

不仅如此，等到第二年，以同为东国大名的德川一门越后高田松平氏与外样大名加贺前田氏被命令互相交替参勤为开端，此后肥前唐津城主与肥前岛原城主、和泉岸和田城主与摄津尼崎城主、三河吉田城主与三河刈谷城主、远江挂川城主与远江滨松城主、摄津高槻城主与丹波龟山城主、丰后府内城主与丰后臼杵城主，以及肥前大村城主与肥前五岛城主之间相互交替前往江户参勤的制度得以确立。参勤制度开始从西国大名与东国大名的交替制向各地域内大名之间的适度组合的体制转化。造成这一变化的主因，其实是岛原之乱的爆发以及葡萄牙航船禁令的颁布，相关内容将在随后章节中加以详述。

参勤交代作为一直以来统治幕府大名的重要一环，一方面是对大名臣服于德川氏的关系确认，另一方面也隐含着削弱大名经济实力这一目的。这一点也是参勤交代政策的重要特质。不过，如果从军事上的观点来看，参勤交代还有着与上述特质稍有区别的另一面。

每隔一年进行的参勤交代使得大名在江户居住的时间大概占到了整个生活的一半。这样一来，大名就免不了要在参勤之时从领国调配来一定的军事力量同行，同时也要在江户的自家宅邸配置一定的军事力量。换言之，虽然我们并不清楚当时幕府是否有意而为，不过大名在府这件事造成的结果之一，就是作为统治者的武家领主所拥有的军事力量中有很大一部分都被集中到了江户，而这就使得江户幕府甚至于整个武士阶层不仅向武士也向生活在江户的大量百姓和町人们展示了强大的军事实力。

将军的诸职直辖

根据一六三四年（宽永十一年）形成的体制，幕府终于能够迅速并且顺利地处理行政和诉讼事务了。在这期间，家光于一六三五年三月任命堀田正盛为三万五千石武藏川越城主，任命阿部忠秋为二万五千石下野壬生城主，使幕阁的地位进一步提升。但是就在一六三五年即将结束的时候，政务停滞的问题再一次出现了。

当时，家光解除了松平信纲、阿部忠秋、堀田正盛三人兼带小姓组番头的职务，让他们成为专职老中。随后在同年十一月，家光将前一年法度所规定的老中管理下的部分事项分别作为寺社奉行、勘定奉行、留守居等的职务独立出来，形成了如下图所示的将军直辖的政务体制。

另外，前一年规定的老中十五日当番制也被改为每月当番制，同时每月三日、九日、十八日三天被定为受理诸大名事务和诉讼的日期，新设立的诸职也各自确立了受理诉讼的日期。出于政务调整等原因，各职务在每月二日、十二日、二十二日于评定所进行合议。除此之外，家光还设定了亲自听取事务和诉讼的“御用日”，谋求统辖所有职务。

家光通过对诸职务的直辖实现了幕府政治的顺畅施行，但从一六三七年一月到次年三月为止，家光持续卧病

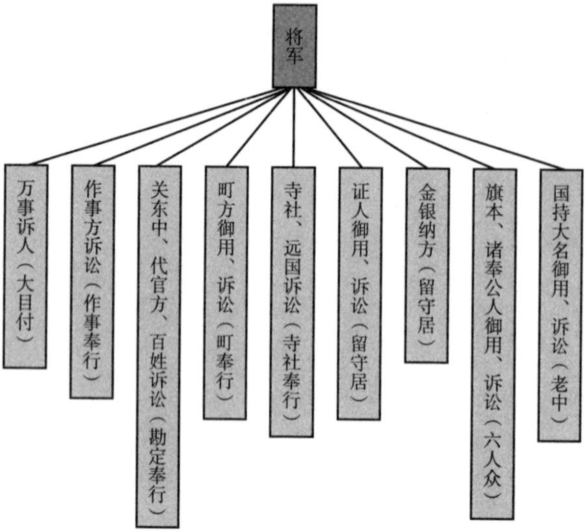

将军的诸职直辖

一年有余，这一体制也因此濒临解体的危机。

家光自一六三七年一月二十一日夜里开始出现“虫气”即腹泻之类的病症；到了二月份，坊间开始流传“（家光）深长叹息以为重病”的传闻；到了四月，家光持续出现不眠不食的症状。对此，家光的医生半井驴庵、曲直濑道三、玄冶法印等人对他进行了药物、针灸等治疗，家光自己也戒掉了病因之一的酗酒问题。到六月，家光病情一度好转，可是进入七月又再次恶化。八月的时候，“昼间虽稍有疏解，入夜即又再迷乱”的状态一直持续，为了解决夜不能寐的难题，家光不得不每日以能乐、舞蹈、围棋、象棋聊以慰藉。医生们认为家光的病症在于“根本元气之虚”，大概就是现在的抑郁症。

进入十月以后，家光开始不时地外出猎鹰，十月有十五次，十一月和十二月则共有十三次。这表明其病症大概有所缓解，但这也不过是为了养病而进行的活动，并不是说病情已经好转。

在这期间，家光停止了每月三次接见登城大名的“御目见”，也几乎没有在江户城前厅处理政务。家光再次开始处理政务，则要等到当年十一月九日肥前岛原发生一揆[①]的消息传到江户之时了。从次年正月开始，家光才终于逐渐出现在各种仪式当中。

一六三八年晚春之时，家光的病终于算是痊愈了。但是，这次持续时间长达一年有余的大病不仅使得以将军为核心运转的诸职直辖制机能瘫痪，而且还暴露出了这一制度在结构上的缺陷。因此家光不得不寻求设立另一种体制，使得即便将军卧病在床，幕政也能顺利推进。

---

① 民众造反或起义。

老中制的确立

家光为镇压岛原之乱将松平信纲派往九州，并由此进一步提高了信纲的政治地位。此后，一六三八年（宽永十五年）四月，“六人众”之一的阿部重次获封武藏岩槻城五万三千石。同年底，幕政机构再次开始了大规模的整编。

首先，家光将秀忠大御所时代担任年寄的土井利胜和酒井忠胜从老中里面排除，任命阿部重次为新任老中。此前，堀田正盛在同年三月因生病而不再担任老中。因此，老中变成了松平信纲、阿部忠秋、阿部重次三人，家光近臣由此垄断了老中一职。

随后，家光于一六三九年正月为松平信纲加增三万石转封武藏川越城六万石，为阿部忠秋加增二万五千石转封武藏忍城五万石，由此三名老中全部变为持有江户周边城郭的五万石或六万石大名。由此，这种江户周边五万石以上城主的形式就变成了老中职务的固定形式。

此后，家光将一六三五年确立的将军诸职直辖制下由自己亲自掌管的老中、“六人众”、留守居、寺社奉行、町奉行、大目付、作事奉行、勘定奉行等职务，除“大老”和“六人众”外都交由老中管辖，重新整编成了如下图所示的“将军—老中—诸职”式的金字塔形组织结构。

这种政治组织的形成，一方面以将军诸职直辖下各种职务的成立为前提，另一方面又建立在对将军诸职直辖制的否定之上。而这样一种政治机构，在此后成为幕府政治机构的基本组织框架。

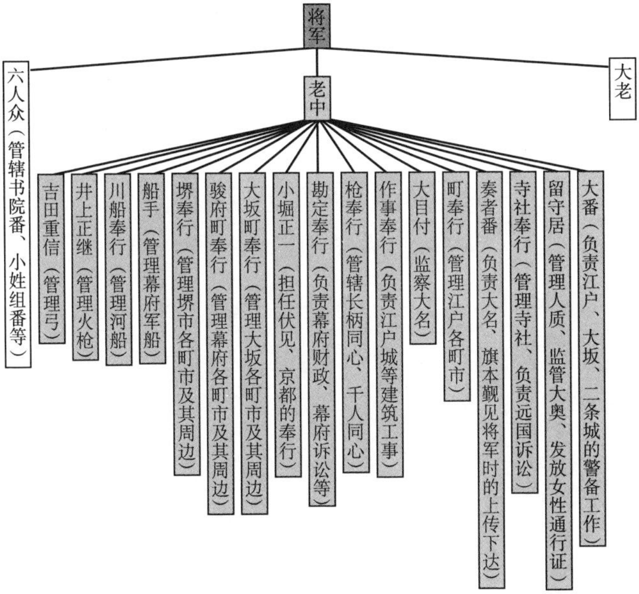

1638年（宽永十五）的幕府政治

继承人的诞生

一六四一年（宽永十八年）八月三日，家光长子诞生，幼名竹千代，即之后的第四代将军家纲。竹千代这一名字，也是家康和家光幼年时的名字。这一年，家光三十八岁。此外，家光的第一个孩子则是一六三七年出生的女儿千代姬。

家纲诞生当天，家光向当时身在日光的天海派出上使，在报告长子诞生消息的同时，也表示幼主的诞生得益于天海的诚恳祈祷，实乃“珍重”之事。十三日，家光为登城的天海举行能乐会并奉上了规格最高的七五三飨宴。由此可见，家纲的诞生给尚无继承人的家光带来了莫大的喜悦。

家纲的诞生不仅为家光带来了喜悦，对于幕府来说也是重大的政治事件。由于新生儿的诞生，幕府才终于摆脱了将军无嗣这一政权继承危机。

家纲诞生当天，以御三家为首的诸大名群集于江户城中，在黑书院觐见将军并得到了酒宴赏赐。从四日到八日，以御三家为首的诸大名为探视家纲而每日登城拜谒。

九日举行诞生七夜的祝贺仪式，诸大名纷纷向家光、家纲进献贺礼。顺带一提的是，尾张的德川义直向家光献上太刀及酒菜为贺礼，向家纲则献上太刀、刀、协指短刀、酒菜等为贺礼，还送给家纲生母阿乐御方白银五十枚、家纲乳母白银十枚、陪护的“介添”白银十枚、“差役”（下级女官）白银五枚，所有女官共计白银一百枚。

就在当天，家光指定土井利胜、酒井忠胜、堀田正盛、松平信纲、三浦正次、永井尚政、青山幸成、内藤忠重、秋元泰朝等人的子嗣共十三人为家纲的“奉公人”。这些人的父亲都是家光身边担任大老或老中等要职的幕府重臣，由此可见家光对家纲诞生一事的缜密心思。

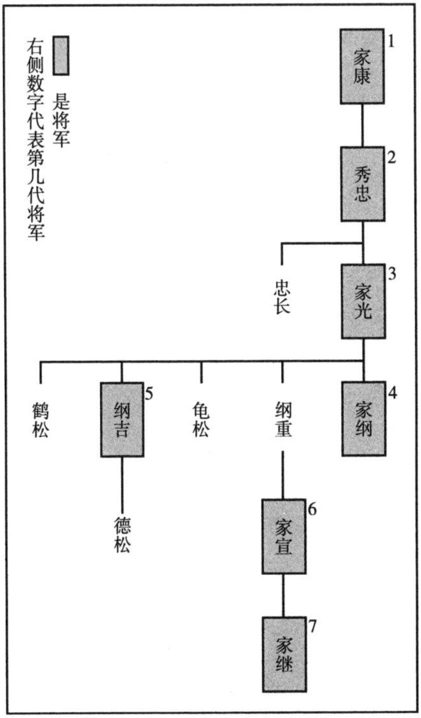

德川世系略图

江户开幕

自此以后，家纲作为家光的继承人，于每年正月三日接受来自诸大名的岁首拜贺。一六四五年（正保二年）四月二十三日家纲元服，即日官任正三位大纳言并移居江户城西之丸。

家纲诞生之后，家光又接连迎来子嗣的诞生。一六四四年五月长松（纲重）诞生，一六四五年二月龟松（三岁夭折）诞生，一六四六年正月德松（纲吉）诞生，一六四八年（庆安元年）正月鹤松（一岁夭折）诞生。

第六章　江户前期的大名们

1　宽文四年的二百二十五位大名

一门、谱代、外样

一六六四年（宽文四年），拥有大名身份的武士共计二百二十五人。通过多种角度对这二百二十五位大名进行考察，我们就能够对江户前期的大名们有概括性的了解。

他们虽然都叫作大名，其中却有着大小和出身等多种区别。在此，让我们首先以最为普遍的区分，即一门、谱代、外样的区分为切入点。这种区分是以他们和德川氏之间的亲疏关系为依据的一目了然的区分。然而，即便是从系谱上看，有些外样大名——比如鸟取池田家等——也会因为与将军家的婚姻关系而被视为一门大名，而诸如出羽旧族秋田氏和户泽氏等外样大名还会被当作谱代大名加以对待。不仅如此，比如曾在江户时代初期长期担任幕府代官、伏见奉行、国奉行等一般由谱代大名所任职务的小堀政一等人，虽然其家族本是外样大名，但将他们作为谱代大名加以研究也被认为是稳妥的，因此这一区分未必有明确的界限。

这里我们暂且将一门大名的范围限定为：以家康第九子义直为始祖的尾张德川氏、以家康第十子赖宣为始祖的纪伊德川氏、以家康第十一子赖房为始祖的水户德川氏即御三家，以家康第二子秀康为始祖的越前松平氏及其一族，以秀忠之子保科正之为祖的会津松平氏，水户德川氏分支赞岐高松松平氏，以及家光之子甲府的德川纲重和馆林的德川纲吉。

谱代大名则包括关原之战以前跟随德川氏的酒井、本多、大久保、内藤、鸟居、青山、土井、井伊等各家及其分支。此外，还有与上述家族谱系并无关联的柳泽吉保等新晋谱代大名。这里我们暂且视小堀氏为谱代大名。

外样大名就是关原之战后臣服于德川氏的家族及其分支。其中主要包括前田、岛津、伊达、细川、黑田、浅野、毛利、藤堂、池田、上杉、峰须贺等。此前提到的秋田氏和户泽氏也作为外样大名来处理。

如果以上述区分来观察一六六四年的二百二十五位大名，一门大名共计十二人，谱代大名共计一百一十三人，外样大名共计一百人。谱代大名人数最多，超过了大名总数的一半。

大名人数的变化

大名总数还会因为计算方式的不同而呈现出若干差异。比如，一六六四年（宽文四年）越前福井五十二万石的松平光通收到的领知判物当中，同时包含了分别赐予光通胞弟昌胜和昌亲五万石和二万五千石领知的命令。另外，虽然领知判物中未明确标记名字，但萩藩毛利氏领内也包括了被视为独立大名的同族德山毛利氏。如果以这样的标准来计算的话，大名人数还会增加十多位，不过本书暂不采取这种方式。

家康就任征夷大将军的一六〇三年（庆长八年），大名人数为一百八十五人，到一六六四年为止约六十年的时间里，人数增加了四十位。按照一门、谱代、外样的区别来看，一六〇三年时一门大名不过五人，六十年后变成了原来的 2.4 倍即十二人。谱代大名也从原来的六十三人变成了约为原来两倍的一百一十三人，一门和谱代的人数增长是非常显著的。与之相对，外样大名则从一百一十七人变为一百人，减少了十七人。如此数量上的增减恐怕是幕府出于稳定政权的考虑而有意压制外样大名并着力增加一门大名、谱代大名的结果。

不过，这些增减其实并非如此简单。如果仔细分析这些增减就会发现，一六〇三年的五位一门大名中，到一六六四年时仍然存在的只剩下由越前福井转封到越后高田的松平氏和尾张德川氏两家而已，其他各家全是新晋大名。谱代大名中，虽然新增了五十人，但如果把其间遭到改易的三十七人计算在内的话，这六十年中实际上共产生了八十七名谱代大名。而这些谱代大名在一六三〇年以前大多是通过由旗本升格和大名分家新设这两种方式产生的。从一六四〇年前后开始，通过分知（分割继承）成为新晋大名的方式则变成了主流。

外样大名表面上看是减少了十七人，除去一族之中允许继承领知的十八人后共有六十九名外样大名遭到了改易处分，如果减去这六十九人，实际上有五十二人新晋成为外样大名。新出现的外样大名中，诸如金泽前田氏新增两家、福冈黑田氏新增两家，大名家族内部新产生的分支占到了绝大多数。

由此可见，虽说江户幕府前期，抑制外样大名、创设一门大名和谱代大名的倾向占据主流，但无论一门大名还是谱代大名抑或外样大名都无甚区别地面临着改易担忧。同时，外样大名中也产生了很多新大名，只不过采取的手法大多是分知罢了。

仅就一六六四年的二百二十五位大名来说，新获得领知者有十八人，其中一门大名五人，谱代大名十二人，外样大名一人。另外，以分知的方式成为大名者有二十人，其中一门大名一人，谱代大名十二人，外样大名七人，这可以说延续了之前我们已经提到过的创设大名的一贯方式。

大名的领知高

一六六四年（宽文四年）二百二十五位大名的领知高合计为一千八百三十五万多石，从当时全国总计约两千五百万石这一石高总数来看，大名领地占据了全国总领地的约73.4%，平均每位大名的领知高约为八万石。不过显然这二百二十五位大名并非持有相同的领知高，其领知规模实际上千差万别。拥有最多领知的是外样大名加贺一百零二万石的前田纲纪，第二位是七十二万石的鹿儿岛岛津光久，第三位是六十二万石的仙台伊达纲村，第四位是六十一万石的尾张德川光友，第五位是纪伊德川赖宣，第六位是熊本细川纲利，第七位是福井松平光通。这七人是坐拥五十万石以上领知的大名，其领知总和达到了四百六十一万石，占大名总领知高的约25.1%。这些领知再加上十八名二十万石以上、五十万石以下大名所持有的总和为五百二十三万石的领知，共计九百八十四万石，也就是说二十五位大名就占据了大名总领知高的约53.6%。而另一方面，一万石上下的大名共计六十三人，虽然占到了大名总数的28%，其领知高总数却还不及加贺前田氏一人所拥有的领知高。

从一门、谱代、外样的角度来看，一门大名十二人合计持有三百四十八万石，谱代大名一百一十三人合计持有五百二十七万石，外样大名一百人合计持有九百六十万石，也就是说外样大名占据了总领知高的一半以上。从每位大名持有领知高的角度来看，一门大名平均每人持有二十九万石，谱代大名平均每人持有约四万七千石，外样大名平均每人持有九万六千石。这样看来，一门大名的人均领知高是格外巨大的，外样大名也拥有大约两倍于谱代大名的人均领知高。

另外，从大名的阶层构成来看，一门大名中除越前大野五万石的松平直良以外，全部是十万石以上的大名。谱代大名中，虽然也有领知三十万石的彦根井伊直澄，但其次就是只领有十五万石的姬路城主榊原忠次等五人，再往下的领知高也大体上与相应的人数呈反比。外样大名中，二十万石以上的有十六人，领知高巨大者甚多，而与之相比，十万石以上的谱代大名则相对较少。不过，外样大名中有三十一人领知不足二万石，这一人数在外样大名中所占的比例甚至还要高于同样不足二万石的谱代大名人数在谱代大名中所占的比例。

大名的年龄

一六六四年（宽文四年）大名的平均年龄为四十岁。一门大名平均四十二岁，谱代大名平均四十岁，外样大名平均三十九岁，也就是说虽然一门大名略高于后二者，但是三者之间并没有特别大的差异。另外，当时是以虚岁计龄，所以会与现在的周岁计龄有一到两岁之差。

大名当中年龄最大的是但马出石五万石的小出吉英，他已是七十八岁高龄；年龄最小的是备后福山十万石的水野胜种，他年仅四岁。从年龄构成来看，一门、谱代、外样之间没有太大区别。有四十四位大名年龄在二十岁到三十岁之间，人数最多。三十岁到四十岁之间的有四十三人，四十岁到五十岁之间的有四十二人，五十岁到六十岁之间的有四十一人，也就是说二十岁到六十岁之间的人数基本上是平均分布的。同时，上述年龄的大名也占到了全部大名的约75%。六十岁到七十岁之间的大名有二十三人，七十岁以上的有七人。另外，十岁到二十岁之间的大名有十九人，不足十岁的有六人。按照十五岁元服之前不能处理政务的标准来看，不足十五岁者有十一人，而这也说明在效忠将军、推行领内政治和缺乏继承人等问题上，相当多的大名家中有着诸多不稳定因素。不过反过来讲，这种状态也说明当时已经形成了一种即便年龄幼小也能成为大名的体制和社会状态。

御目见与任官

接下来，让我们梳理一下这些大名一生所要经历的主要节点。首先是出生。虽然他们作为大名之子降生，但诞生的消息并非立刻报告给幕府，而是要在判断能够养育成活之后再行报告。有些大名家为了让子嗣顺利继承家主，甚至会虚报一两岁乃至好几岁。

作为大名之子最初的重要仪式，就是拜谒将军的“御目见”。这一最初的御目见礼，标志着该子与将军之间达成正式关系，原则上是继承家业的必要条件之一。举行御目见的年龄平均为十一岁，不过会因为谱代大名或外样大名的身份而有所差别。但是从诸多个案上来看，前田纲纪两岁即进行了御目见礼，上野饭野一万五千石的保科正景则一直等到三十岁之后才首次进行了御目见礼。不过从总体上来看，大名及其一族幼子的御目见年龄都相对偏低，绝大多数人是在二十岁以前完成的。

御目见之后便是任官。这里所说的任官，是指由朝廷授予的诸如从五位下信浓守、从四位下侍从等官阶和官职。谱代大名、外样大名大多平均于二十一岁任官，不过外样大名中三万石以上者、谱代大名中二万石以上者的子嗣，一般是在元服当年也就是十五岁前后任官。另一方面，外样大名中不足三万石者、谱代大名中不足二万石者的子嗣任官极晚，三四十岁方才任官者大有人在，更不乏为数众多的人在继承家主之后或新晋大名之后才得以任官。

此外，大名最初就任的官位一般是从五位下诸大夫，不过尾张家的德川光义初任即从三位参议，加贺的前田纲纪初任即正四位下少将，由此可见一门大名或大大名的初任官位往往要比一般大名高出许多。

虽然说信浓守并不真的是信浓国的国司，不过在岁首贺礼、陪同将军参拜江户城内红叶山东照社等幕府各项仪式活动当中，这些官位还是发挥着决定大名次序的作用。从上述意义上讲，这些朝廷所授予的官职在武家社会中依然保持着一定的生命力。

从继承到致仕

任官之后就是继承家主之位。不过任官与继承的先后顺序是时常发生变化的。在一六六四年的二百二十五位大名中，就有十五位在当时尚未获得官位。

此处的讨论对象，是除三十八位因新赐和分知而成为大名者之外的一百八十七人。这一百八十七位大名继承家督之位的年龄平均为二十一岁，其中一门大名为平均十八岁，谱代大名为平均二十三岁，外样大名为平均二十一岁。一门大名年龄相对较小，谱代大名则相对较大。

继任家督时年龄最大的，是以五十九岁高龄继承武藏冈部一万七千石的安部信之；而继承人年龄最小的则是两岁，仙台六十二万石新晋家督伊达纲村等五人都是如此。从整体上看，在二十岁到三十岁之间继任家督者有五十七人（约占 30.5%），十岁到二十岁之间的继任者有五十二人（约占 27.8%），而不足十岁者竟有四十人（约占 21.4%）。当然，未满十岁的继承人没有政治行为能力，因此在江户初期，幕府往往会以其年龄幼小为理由命其转封他处，因为家督继承问题而在藩内引发“御家骚动”的事例也时有发生。

成为大名之后的在任时间平均是三十五年。其中，在任时间最长的是加贺的前田纲纪，从一六四五年（正保二年）三岁继任开始直至一七二三年（享保八年）为止，前后持续七十八年。而在任时间最短的则是下野皆川一万石的松平重利，自一六六二年四岁继任至一六六五年七岁去世为止，仅仅维持了三年时间。

成为大名之后可能发生的变化之一是转封。一门大名十二人中有八人经历过转封，谱代大名一百一十三人中也有四十七人（约占 41.6%）有过转封经历。对于一门大名和谱代大名来说，转封绝非令人陌生的话题。而对于外样大名来说，一百人中只有十人经历过转封，此后也几乎没有再发生过外样大名转封之事。

在上述转封大名中，一门的松平直矩乃是历经次数最多的大名。他于一六四二年（宽永十九年）生于父亲直基的领地越前大野，一六四八年（庆安元年）继早已转封播磨姬路十五万石的直基之后成为家督，但由于年纪幼小而被幕府于次年转封至越后村上。在村上度过了四十年的岁月之后，直矩于一六八二年受到同族越后高田的松平光长改易事件的牵连，被转封至丰后日田七万石，一六八六年（贞享三年）获得三万石加增并转封出羽山形十万石。其后，他还于一六九二年（元禄五年）获得五万石加增并转封陆奥白河十五万石。在身为大名的四十七年间，直矩经历了四次转封。

另外还有一些情况会使大名们失去其身份。第一种是改易，第二种是致仕，第三种则是死亡。因改易而失去大名身份的有十三人，其中因为无嗣而遭到改易的有五人，而这种情况和以前的改易相比，数量已经大大减少了。

致仕，是指不再侍奉将军，换种说法就是隐居。在二百二十五人当中有九十一人致仕，除去遭到改易的大名，致仕大名占到了总数的 42.9% 。其中，一门大名六人，谱代大名四十一人，外样大名四十四人。一门大名中致仕的比例较高，不过三者间并无特别明显的区别。从致仕的年龄来看，一门大名平均为五十七岁，谱代大名平均为六十四岁，外样大名平均为六十二岁，一门与谱代之间有七岁之差。另外，致仕的四十一位谱代大名中，有七人是七十岁致仕，再加上六十九岁和七十一岁致仕之人的话共计十三人。由此可知，七十岁这一年龄乃是致仕的一项基准。虽然幕府并未做出明确规定，但在将七十岁作为致仕之年这一点上诸藩取得了一致。不过，在一门大名和外样大名中，这种倾向就没有那么明显了。

大名的一生

最后就是死亡了。大名中最长寿的，是在一六八一年（天和元年）遭到改易的一门大名松平光长，他去世时已是九十三岁高龄。就死亡年龄来看，一门大名达到了平均六十六岁之高，谱代大名平均为六十二岁，外样大名平均为六十一岁，互相之间并无较大差异。另外，虽然领知高较多的大名要比较少的人活得稍微久一点，但也并没有特别明显的区别。

综上所述，江户时代前期大名们的人生轨迹一般如下：十岁之时向将军行御目见之礼，十五岁前后元服、任官，二十一岁前后继任家督，随后作为大名度过三十五年左右的时间，等到六十岁之后与世长辞。如果有幸长寿，则在这段时间隐居并安静度过接下来的七八年余生。

关于大名的一生，儿玉幸多曾借助编纂于十八世纪晚期的大名、旗本家谱《宽政重修诸家谱》进行过描述。

根据他的研究，大名一般十五六岁元服，二十二三岁继任家督，作为大名度过十余年后将家督之位让给后嗣，在此后的一段时间里远离政务享受生活，然后在五十岁左右去世。

与一六六四年（宽文四年）的大名相比，儿玉幸多描述的大名虽然在成为大名之前并无太大区别，但作为大名的时间大大地缩短了，死亡年龄也早了十年而变得更为短命。在儿玉幸多的论述当中，宽文四年的这些大名无疑也在他的统计数字当中，但这样一来差异就变得更大了。如此算来，生活在江户前期的大名们，可以说比中后期大名们长寿得多。

2　宽永十二年的酒井忠胜

忠胜其人

就在丰臣秀吉进攻九州岛津氏的一五八七年（天正十五年），酒井忠胜作为酒井忠利之子出生于三河国西尾。其父忠利从酒井氏本家中分家而出，于一六〇一年（庆长六年）获得了骏河田中（今藤枝市）一万石并成为大名。本家则为德川氏的门阀谱代酒井氏，秀忠手下的年寄忠世就是忠利的外甥。忠利于一六〇九年获得一万石加增并转封武藏川越二万石，此后又相继获得七千石和一万石的加增，合计领有三万七千石。也就是说，忠胜的家族乃是关原之战后新出现的谱代大名之一。

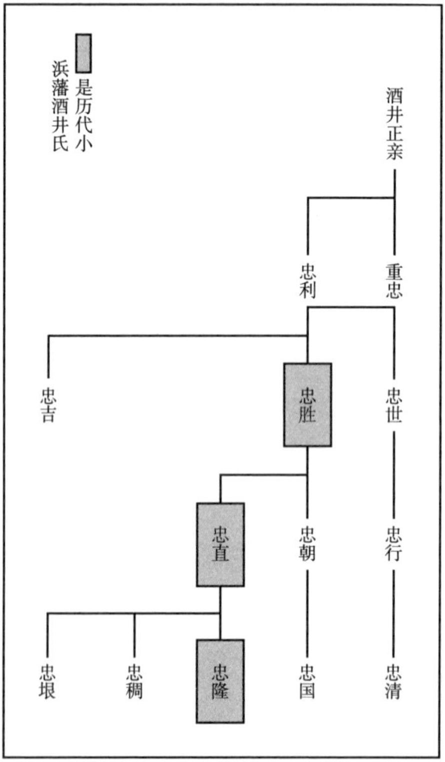

酒井世系图

在一六〇〇年的关原之战期间，忠胜与父亲忠利一起跟随秀忠参加了进攻信浓上田城的战斗，这也是忠胜的初次参战。一六〇九年忠胜就任从五位下赞岐守，一六一四年在父亲领地之外单独得到三千石的知行，同时得到包括与力骑兵二十五人、同心士兵一百人在内的附属部队。到一六二〇年（元和六年），忠胜更是成为下一代将军继任者家光的属臣，开始出仕于江户城西之丸。两年后的一六二二年，忠胜得到七千石的加增并获得了武藏深谷城。德川氏积极分封谱代大名的政策正是在这一时期展开，忠胜就是受益于这一政策而成为大名的。

一六二三年，家光因为继任将军而计划上洛，忠胜则在此之前晋升为家光手下的年寄。等到家光就任将军之后，忠胜进一步成为地位仅次于酒井忠世的年寄。一六二四年（宽永元年），忠胜又得到两万石的加增并于一六二六年获领武藏忍五万石，次年又继承了父亲去世后的遗领三万石，合计领知八万石并转封川越。一六三二年忠胜再次加增两万石，成为领知十万石的大名，而且还在当年就任从四位下侍从。

一六三四年三月，家光划定老中的职责权限，酒井忠胜与酒井忠世、土井利胜一起成为老中的一员。当年家光上洛期间，忠胜获得了若狭一国外加越前敦贺郡、近江高岛郡中的部分采邑，合计十一万三千五百石。在其后的一六三五年，忠胜又获得了作为在府恩赏俸禄的下野国一万石加增。

忠胜于一六三八年获准卸任老中一职，不过其后依然以大老的身份深入参与幕政。为庆贺后光明天皇即位，忠胜于一六四三年作为上使前往京都并升任从四位上少将。忠胜于一六五六年（明历二年）致仕，一六六二年（宽文二年）在江户谢世，享年七十六岁。

虽然身为小滨藩主长达二十二年，但其间忠胜身居领国若狭的时间仅有四段，合计甚至不足一年。接下来我们就以忠胜为例，了解一下典型的在幕府中供职的大名所过的生活是怎样的。

春——正月至三月

酒井忠胜并没有留下将每天发生的事情亲自记录下来的日记，不过我们一方面可以从江户幕府的日记中了解忠胜的日常活动，另一方面还有忠胜发给领国年寄家臣的四百余封书信。让我们以这些史料为基础，再加上其他若干史料为佐证，看看老中忠胜作为一位大名的侧面和他的日常生活。

一六三五年（宽永十二年），家光对《武家诸法度》进行了大幅度修改，将军诸职直辖制也于当年成立，忠胜则于次年转封若狭小滨。

当年元旦，忠胜在白书院继御三家以及松平光长（忠直之子）、前田光高（利常之子）之后，与土井利胜等人一起向将军献上太刀，并得到了将军赏赐的酒杯，同时还拜领了祝贺的吴服。此外，在三天的新年仪式中，忠胜每天都作为老中登城参与庆贺。

十日，忠胜与土井利胜一起接待了御三家派来的使者。十一日，忠胜以奉书的形式向在府的国持大名传达了第二天家光要召开茶会的邀请；第二天茶会以后，忠胜还与利胜和京都所司代板仓重宗一起，从家光那里接受了赐茶。

茶会过后的第二天，忠胜向领国发出了当年第一封书信。信中记录了忠胜的二十四条指示，内容非常丰富，包括一系列详细的指示，比如为保护居住在小滨城下的织绢手工业者而予以贷款，在小滨城中土墙附近种植椿树和山茶花等，如何贩卖储藏在大津藏内的旧年贡米，如何处理卖米所得的银两，如何将银两存放至本藩在京都的宅邸内，命令敦贺画师制作鹰绘献给日光东照社，在农村种植杉树，禁止浪人居住在小滨城下，核定前一年的年贡米数量以及分配给家臣的杂费俸禄米、扶持俸禄米、出借米等的总数，开始小滨城西之丸的石垣工程、角楼工程，分配给家臣的足轻人数，招募足轻和中间等下层武士，整顿农村的河川堤坝，如何应对尚未上交年贡的百姓，送交在京都订做的越前绢布，调配家中的羽织，为制造弓箭和火枪而调配竹编箭筒、皮革小包、弹药包，调配大旗、木工家具，等等。在上述指示当中，针对尚未上交年贡者，则以非常严厉的态度下命令称“若为欺辱，则因既往之故，虽为知行之地，但纵一村二村也必依例严惩不贷”。

十四日，家光将前一天狩猎中捕获的黑鹤送往禁里、白鹤送往仙洞御所，忠胜则签署了写有这一内容的老中奉书。十七日，忠胜陪同家光参拜红叶山东照社；次日十八日以奉书形式向所司代板仓氏告知了稻叶信通的任官事宜；十九日应将军之命与井伊直孝和土井利胜一起巡视江户城中的建筑工地；二十日参加了江户城中的镜糕庆祝仪式；二十三日于松平信纲宅邸、二十五日于忠胜自己宅邸、二十六日于松平正纲宅邸分别商议了相关事务。

进入二月，忠胜再次于二日在自己宅邸进行合议，四日则将合议结果报告给将军。五日，忠胜向本愿寺门迹传达了幕府同意后者结束在江户的工作返回京都的消息。九日，忠胜再次向领国发出书信，告知将军已经同意小滨城建造天守阁以及西之丸石垣的工程，同时也指示家臣即便领国没有重要事项、“万般细小”之事也好，都要每月两次与江户进行联络。小滨城工程许可正式发出的时间是在当月十一日。十日，忠胜在家光送给公家一只家鹰之鹤（鹰狩中捕获的鹤）时附上的奉书上盖章。

二月十八日，忠胜向领国发出书信，再次做出了各种指示，包括西之丸工事、该工事中家臣所负担的劳役、向小滨各町和领内贩卖藏米、收缴前一年未上交的年贡、准备进行检地、借米给家臣、招募驯鹰师、整顿堤防并因此动员百姓、送交鲋鱼生鱼片、购买盐硝并建筑存放仓库、调配小旗、从百姓处征调小旗、储藏城储米、将贩卖大津藏米的白银换成黄金小判、防备大雨、储备并贩卖大豆、招募足轻和杂役，等等。五天后的二十三日忠胜再次向领国送信，要求送小滨产的酒来江户、送来当年新捕的鱼、准备好盐巴和辣子、在领内熊川制作马鞍。

二十五日、二十六日忠胜都在土井利胜宅邸合议事务，二十九日又拜领了蒲生忠知过去曾领有的江户宅邸。进入三月，忠胜于四日和七日在松平信纲宅邸、八日在土井利胜宅邸进行合议。十日，忠胜告知在府诸大名，明日家光将要亲自裁决对马藩主宗义成与其家臣柳川调兴之间的纷争——此事将在后续章节进行叙述。他还同土井利胜、松平信纲一道发布了命令诸大名登城的告示，次日也在当场伺候。

三月十七日和二十一日，忠胜分别向领国发出书信，通知从幕府那里接收了一部分上一年八月无嗣继承的伊予松山蒲生忠知家的旧臣，并指示分配给其相应的房屋、扶持米，薪、炭、麸、味曾、盐等用品的支取和分配方法。

另外，信中还命令领国向后水尾院的中宫东福门院献上鲜鱼料理。还是在二十一日，忠胜作为将军使者前往正停留在江户的一乘院门迹处拜访，二十五日又作为使者前去拜访德川义直。

夏——四月至六月

四月四日，忠胜在关于支付日光东照社营造费用的指示奉书上盖章。随后，在六日发往领国的书信中，忠胜要求家臣进行建造小滨城西之丸、船坞、天守台等地石垣的准备，聘任专门修筑石垣的穴生众，调配白土、绳、竹、瓦等物品，研究西之丸石垣的建造方法，调配木材等工作，并告知家臣们他已经找到幕府大工头中井正纯来主持天守的营造。

二十一日，在发给领国年寄家臣们的信中，忠胜询问了营造工事所需石材以及木材的准备情况，并要求他们在需要庞大费用的时候及时上报，同时要求报告去年的年贡米上交情况、未交情况、在小滨和大津各自贩卖年贡米的数量和收入总数以及所剩余额、由敦贺所得杂赋收入、当年夏季小麦种植情况、领内各种栽培种植情况、对山奉行发出的栽培树苗和扦插种植的指示及其结果等，还要求领内荒地复耕。

两天后的二十三日，忠胜在要求领内报告大津卖米数量以及所卖银两中暂存于幕府代官小野氏处的金额等信息的同时，指示说在大津保存如此数额的银两若传于世间则有碍名声，并要求将暂存银两减为五六十贯以下，其余银两运至京都宅邸并兑换为黄金小判，然后转运回若狭。另外，忠胜还指示家臣不要让家中他人得知若狭存有如此多的金银，并在金银兑换时注意近期多发的假金问题。同时，忠胜还下令如若城邑中出现疲敝饥荒，就拿出四千俵大米按大津的市价售卖，同时要求捕捉幼鹰并送到江户。

四月末，忠胜依家光命令前往日光，并于五月四日返回江户。在此期间，家光有一个月的时间卧病在床。

五月十六日，忠胜在发往领国的信中，要求在小滨招募足轻五百人、乡中间级别兵勇二百人，并要求搜集或制作两对鹰绘屏风以及向京都进献鲜鱼料理，此外要求家臣报告当年庄稼种植情况。次日，因家光患病，秀忠作为代表参释了红叶山东照社。

五月二十一日，忠胜再次写信给领国，要求掘除环城河流中的沙洲并将所得砂石作为西之丸石垣内的地基土石使用、在领内调配符合西之丸角楼所需大小的木材、调配连接角楼之间的墙壁所需材料并指示了西之丸石垣的高度，以及要求报告天守工事所需木材的调配情况。

二十三日，忠胜与土井利胜一起接见了在京都二条城执勤的大番组的大番头。五月二十七日，忠胜写信告知领国年寄，自己已经收到他们于二十日发出的书信，并对当月十八日、十九日因大雨而漫淹京都的大洪水没有波及小滨一事表示高兴。

六月一日，忠胜与土井利胜一起，向参加江户城石垣工事的藤堂家家臣转交了将军下赐的封赏，二日则陪同家光一同参观了大安宅船。四日，忠胜发信给领国，要求向进山调配资源的家臣转交总数为黄金一百两、白银五十贯采购金中的黄金五十两、白银十贯。忠胜于五日在松平信纲宅邸、八日在松平正纲宅邸进行合议，并于十一日和土井利胜一起出席了御三家参观将军大安宅船的活动和飨宴。

十六日，忠胜出席了在江户城大广间举行的嘉定节庆祝仪式，并于当天向领国发出书信，指示招募蒲生氏旧臣十八人为新家臣，并安排了这些人的知行高和居住宅邸。

十八日，忠胜主持了在自家宅邸进行的合议。二十日，忠胜等发出奉书，要求身在江户的诸大名于第二天登城。二十一日，忠胜参加了在大广间向诸大名交付《武家诸法度》的仪式。

二十三日，忠胜在发往领国的信中，要求把进献给日光的正在敦贺制作的鹰绘屏风草稿式样送来江户，并要求报告画家的偏好、敦贺新市町的建设情况、敦贺地区未上交年贡问题、调配法螺贝、调配五十张雁皮纸、调配小滨城天守所需木料、调查领内受洪涝灾害而绝收的土地、报告小滨城下的情形、报告小滨商人在加贺经商负债等问题并进行了相应指示。

二十四日，忠胜联系在府诸大名，邀请他们参加于次日在江户城内举行的能乐演出。在二十七日发往领国的书信中，忠胜斥责老臣安部玄蕃不认真治疗自己的脓肿并指示家臣去京都请外科大夫马上进行治疗。当月三十日，忠胜主持了在自家宅邸进行的合议。

秋——七月至九月

七月二十日，忠胜和土井利胜一起，就肥后熊本藩主细川忠利之子光尚元服之事发出奉书。二十三日忠胜写信给领国，要求家臣协助进行京极高次之妻、秀吉侧室淀君之妹常高院的冥诞法会，并安排病逝的安部玄蕃的迹式（继承）问题。他还要求家臣将秋季新捕获的头捕鲑鱼送往江户、将次捕和三捕鲑鱼分别献给东福门院和后水尾院、做好送出头捕鳕鱼的计划、上报当年田地检验人的任命以及木工到达小滨后的情况。

二十六日，忠胜又做了进一步的指示，关于如何处理在修筑天守台石垣过程中发现的石生石问题以及由此问题引发的天守台工事延期做出决定，指示领国内家臣难以决定的问题可征询大津代官小野贞则并可以委托京都所司代板仓重宗利用幕府的通信手段——继飞脚来紧急上报等。

二十八日，忠胜和土井利胜一起作为使者，告知德川义直和德川赖房获准返回领国。三十日，幕府以奉书形式向大坂町奉行和大坂船手头发出命令，要求其为松平定行转封伊予松山之际作为上使前往的松平胜隆与曾根吉次提供便船，忠胜在奉书上盖章。

进入八月，忠胜参加了七日在土井利胜家举行的合议并主持了八日在自家进行的合议。同一天，忠胜告诉领国家臣自己已收到并了解了就造访若狭的幕府大工头中井正纯关于天守台的报告，同时强调要在当年内完成天守工程并指示了新晋招募为家臣的蒲生氏旧臣蒲生源左卫门在小滨的待遇问题，同时命令扩充当年田地检验人的数量。一同下达的命令当中还包括共计十七条的《天守所察之记》，对修筑天守用的铁楔、木楔、瓦片、铁钉、下当板、屋脊螭吻、窗、地板及相应的涂料用法、修葺方法、修筑方法等一一进行了细致规定。

十三日，忠胜进一步指示了天守上梁的日期并要求早日完工，同时提到在京都进行物价调查、田地检验务求认真、发现问题立即报告、在敦贺马市购买马匹、务必谨防洪水、将敦贺米仓由一层加固为两层、认真进行藏米调整等问题，还命令在京都进行小判兑换之时务必慎重。

十六日，忠胜与土井利胜、松平信纲一起询问了由二条城执勤归来的大番众，十七日签署了命令细川忠利出席在江户城举行的德川赖房茶会的奉书，二十三日签署了有关许可丹羽长重修缮陆奥白河城工程的奉书。在此前的二十二日，因为家光在猎鹰归来途中临幸忠胜家宅，忠胜便向将军献上膳食。

二十四日，忠胜向领国发出书信，要求修复以此前因大水冲垮的三座通往城郭的桥梁为首的领内大小桥梁、收集垮塌桥梁的木材并进山采伐新木材、购买修建桥梁的木材、暂停西之丸工事、动员木工建造桥梁、修复垮塌石垣、许可必要的经费支出、养鹰、起草领内飞鸟管理法令等。

二十七日，忠胜签署了命令诸大名取缔领内基督教的奉书。关于这次取缔基督教命令的详细内容，将在下一章加以说明。

进入九月，忠胜于四日参加了在土井利胜家进行的合议，六日同其他老中一起指示旗本武士实施取缔基督教的工作。

九月初，忠胜向领国发出了各种详细的指示，其中包括：勘测上个月风雨灾害的影响以决定当年的年贡缴纳比例，相关事宜可以与幕府的大津代官小野贞则商议；做好平均年贡率降低两到三个百分点的准备；小滨所储藏的大米首先用于给下层家臣发放俸禄米，剩余部分则用于给上层家臣发放采邑俸禄米；在敦贺收取的物成米（田租）

一部分直接交给在当地拥有采邑的家臣，一部分用于支付在敦贺当地购买必要物资时所需的费用；要求从当年十月开始担任大津仓库藏奉行的家臣上交誓纸；开始向大津仓库运送年贡米，在运送过程中不要妨碍其他常规米谷的运输；考虑到当年的年贡上交恐有困难，故将大津米仓的扩建工程延期进行；从十月开始向新招募的家臣发放物成米；发放三分之二的薪水给建造天守的工人们，薪水由大津所藏银两来支付；将大鹰从鸟房里放出来进行驯化；捕获坂鸟；向板仓重宗等在京都的幕府要员赠送鲑鱼；明察家臣中各官员的品行善恶；命令地方代官和管理人进行财务审核；在小堀政一和小野贞则抵达近江海津（今滋贺县高岛市）时，向二人赠送来自敦贺的鲜鱼料理；调配大旗、旗标，调查藩中所持有的火枪火药和铅弹的数量；报告弓、火枪、盔甲的管理情况。

七日，忠胜又向领国发出书信，命令领内实施幕府下达的基督教取缔令，指示该法令实施的地域划分、负责人、实施时间等。忠胜已经把写有京都和大坂地区实施取缔令内容的字条委托给了小堀政一和小野贞则，所以他命令家臣在实施法令时要听从此二人的指示行事。在同一封信中忠胜还指示家臣，向活跃在京都的吴服商人订购用于年末各种所需的小袖一百三十件，所需的十五贯银两从大津藏银中支取，此外再购买越前绢或者加贺绢三百匹、越前绵两千把，所需费用从敦贺藏银中支取。

十日，在家光御前，忠胜和井伊直孝、土井利胜一起拜领家光亲自用火枪捕获的大雁料理。在当天给领国发出的信中，忠胜指示家臣认真完成献给日光的鹰绘图、让参与征收当年年贡的代官们提交誓纸、向家臣交付俸禄米、给木工支付预付款。因京都的小判贬值，他还要求家臣们尽快兑换、把白银兑换为黄金大判、去大坂购买唐布。十一日，忠胜主持了在自家召开的合议。

冬——十月至十二月

忠胜出席了十月二日在土井利胜家举行的合议并主持了三日和五日在自家举行的合议。十日，在玄猪的祝贺礼中，忠胜与其他老中一起传达了将军向谱代诸大名、旗本、诸官员等人下赐玄猪年糕的消息并出席了当天的仪式。忠胜还出席了在十六日于土井利胜家、十七日于自家、十八日又在土井利胜家举行的合议。

十月十九日，忠胜给领国发出书信，命令家臣在二之丸建造自己在领国时需要使用的浴室、进行包括填补居室墙壁缝隙在内的房屋修缮工作。另外，忠胜还要求家臣禁止不必要的日常花费，并要求定期轮岗江户的家臣要严格依照自己的指示从小滨出发。他还询问了在京都预订的小袖的发货情况，指示了天守悬鱼、建筑用具的集体式样和处罚小偷。当天，忠胜再次向家臣下达了详细的取缔基督教的指示。

忠胜于二十三日在松平信纲家、二十四日在自家、二十八日在阿部忠秋家进行合议。在这一时期不断进行的合议中，主要内容大概是对随即推行的职务体制改革和旗本、御家人法度进行商议。

二十七日忠胜向领国发出书信，要求切勿对领内扇贝、缢蛏、白鱼等水产竭泽而渔、严格管理宫川村（今小滨市）的紫石和栎木——该村以盛产砚石而闻名。

进入十一月，忠胜开始频繁地向领国发出指示。十一月一日，忠胜下达命令：为家臣分配房屋，禁止过度捕捞海湾中的珍稀鱼类，考察矿山，审核代官和大津仓库账目，报告敦贺的市内町组建设情况，万分注意不要让取缔基督教的工作在领内造成骚乱。三日，忠胜在土井利胜家进行了合议。同一天，忠胜之子忠朝与土井利胜之子利隆一起，取代松平信纲、阿部忠秋、堀田正盛成为小姓组番头。

在四日发往领国的书信中，忠胜下达了有关家臣借钱的法令并通报了有关旗本的法令终于在江户颁布的消息。忠胜将幕政的相关问题告知给领国家臣的情况实在是非常罕见。同时，忠胜还要求年寄层告知家中全体武士，鉴于近年来不少武士的行为举止有违其身份地位而造成的奢侈消费问题，将军将对其予以严肃处理。另外，忠胜还在信中进一步申明，为履行军役而进行的士兵招募和武器准备，以及其他活动、吃穿用度、室内陈设等方面也都不可有无谓花费，“诸事应以进退可续为准”。不仅如此，忠胜还通过家中目付将禁令传达给家臣称，毫无理由的奢侈消费或者对物品有收集癖、以“喜欢”为理由求购并不需要的工具等打擦边球（或直接触犯上述规定）的人，将会被幕府处以被称作“阿呆惩罚”的没收刀剑、裸身驱逐等惩罚。

在五日发往领国的信中，忠胜要求家臣在十二月二十日以前上报小滨各种事务的判决情况和财务的审核结果，要求先把鰤鱼后把鳕鱼送来江户，指示家臣们驯化猎鹰、腌制山鸟、给蒲生旧臣安排工作、让敦贺町奉行留在小滨、三月一日开始新一年的建筑工程、派遣两百名劳力来江户给儿子忠朝修建宅邸、根据预估的来年大米收成在大津储存一定数量的大米、让轮班到江户的武士们运送茶壶和绢织品来江户。

就在做出上述指示的五日当天，毛利秀元之子在将军御前行元服礼，忠胜主持了该仪式。七日，在江户城黑书院中，忠胜拜领了将军下赐的料理。十日，幕府公布了第五章中已经提到的规定：将军把此前一直归属于老中的诸职务管理权变为自己直辖、合议（评定）时间也定为每月三天、老中每月轮班等。因此，忠胜将继土井利胜之后，在次月也就是十二月开始执勤。

十一日，忠胜针对将金银和工具搬入即将完成的小滨城天守阁时的整理和放置方法等对领国年寄做出了细致的指示。这些指示中，对银两的储藏方式是：将银子以十贯为单位放入一箱并以钉子封箱，在箱上写上“银子十贯目”，再以草席包裹箱子并在席上附上写有“银子十贯目”的木牌，金子则以两千两为单位放入一箱并进行和银子同样的保存方式，而保存上述金银的天守阁金库的大锁则由三位年寄和五位金奉行一起封上，金奉行最终将大锁锁好之后，钥匙则交由一位年寄保管。

十七日，在参拜完红叶山东照社后，忠胜被将军召唤并委以“御用”。次日，忠胜向领国发出了包括三封书信和一封给百姓减免年贡的免定状在内的四封文书。其中一封书信中，包括按照去年确定的方式向家臣发放物成米、返还此前的借米、大米的发放方法、在年内售卖三分之一大津储藏大米等指示。另一封书信中，忠胜就收缴金钱的事宜、给大津门卫发放俸禄米、向颅鹚驯师发放捕鱼许可、下调借给家臣大米的利息、明确对贼盗等犯人的处罚、处理来自小滨城下町的诉讼、分配家臣住房、因百姓疲敝而减免百分之十的年贡、决定家臣所需承担的劳役换算为银钱的比例按照知行每一百石需提供相当于大米一石的银钱、大津所藏银两的交接、报告大豆存储量等事项进行了指示。第三封信中提到的则是将银两兑换为黄金小判、来年五月或将获得回国许可、因百姓疲敝来年的年贡可以棉麻代缴、当秋遭灾地区的重建、准备进行西之丸石垣工事、动员来年前往江户施工的足轻和中间等下级士兵、向各处进献蜜柑等问题的相关指示。

二十二日，忠胜与其他老中一起颁布了关于大番、书院番、小姓组番等番士诉讼问题的相关法令。在同日发往领国的书信中，忠胜在表示已经收到来自领国关于十二日天守竣工的报告而且自己相当满意的同时，就缴纳大豆年贡金、给京都留守家臣发放俸禄米的方法、招募驯鹰师等事情进行了指示。他还指示说，听闻大津米价高涨，故四天前下达的年内卖出三分之一储藏大米的指示作废而视当年米价变化随机贩卖。

二十五日，出于职官制度的变化，忠胜在已经被定为专用评定场所的传奏屋内，依照将军的命令签署了誓纸。二十七日，忠胜向领国发出书信，就大津储米、向大津运输大米、收取大豆年贡金、将金银工具搬入天守阁、在大坂购入铅弹等事情做出指示。

十二月是忠胜作为轮值老中的月份。每逢轮值月份，当班老中便会在自家宅邸接受来自诸大名的诉讼并向诸大名的江户留守职转达幕府的各种命令。

忠胜在一日发信给领国，就向常高寺的比丘尼们发放绢布、向家臣的母亲和遗孀发放大米、送给小野贞则二十俵盐、审核送交江户家臣们的金钱账目等下达了指示。二日，忠胜与土井利胜联名颁布评定所条例。当日，老中们首次在传奏屋中进行了合议。

七日，忠胜就向蒲生氏旧臣发放救济米、年内全部上交年贡和大豆年贡金、年内全部上交领内各种小田租、在大豆产量不足的年份停止制作豆腐、领国发往江户的书信可以交给幕府的继飞脚负责等问题向领国年寄们进行了指示，同时向家臣们通告骏府城失火烧毁一事并命令他们要严格注意防火。十六日，忠胜将十二日颁布的《诸士法度》抄本发往领国并下令务必克行节俭。另外，忠胜还下令，对请求用金钱缴纳年贡的村庄应参考大津米价进行征收、向蒲生源左卫门等人发放救济金、年内发放足轻和小者等下级武士的俸禄米。

当年，忠胜虽然申请返回领国，但还是被迫在江户又度过了一年。导致他被迫留在江户的是他所担任的老中职务，不过在这种状况下，忠胜还是就城郭工程所需的石材、木材等资源款项的调配，确保工匠和劳役，天守阁的设计，招募家臣，分配房屋，出借米财，调配武具，应对未曾缴纳年贡的百姓，修复堤防工事，在领内山中种植树苗，售卖年贡米，将银两兑换为黄金，保护领内水产，捕捉猎鹰并驯化，取缔基督教，向各地进行赠答礼等大小事情，对身在领国的年寄们下达了命令。

通过上述事实，一直以来认为江户时代的君主们都是“甩手掌柜”的所谓“常识”被彻底颠覆。是忠胜本人很特殊吗？其实并不是。生活在十六世纪末到十七世纪前期的大名们，虽然因为参勤交代的政策在能否获得返回领国的机会上各不相同，但大多数人都和忠胜一样，全面掌管着领国经营权的各个方面并要求以自己的判断来做出决定。如果做不到这一点，在这一时期就难以作为大名存身立世。

但是自此之后，藩国体制逐步确立，大名的性质也在这一过程中发生了重大转变而逐渐变成了“甩手掌柜”。这也与大名家族的存续已经超越大名本身而变得更为重要有关。

3　外样大名池田光政的日常生活

光政其人

池田光政是一个作为江户时代前期的名君而为人所熟知的人物。不过，本书所关注的并非名君这一面，而是他作为一个外样大名的日常生活。

江户开幕

一六〇九年（庆长十四年），池田光政作为当时领有播磨一国五十二万石的大名池田辉政嫡子利隆的长子降生于世。他的母亲是榊原康政之女且后来成为将军秀忠养女的鹤子。一六一三年祖父辉政去世，父亲利隆继承了祖父遗产中的四十二万石并继任姬路城主。但就在三年后的一六一六年（元和二年），利隆也去世了，八岁的光政由此继承家督之位。第二年，光政便因为年纪幼小而减封十万石并转封至伯耆、因幡三十二万石。此后，光政作为因幡鸟取城主度过了十五年的时光。

领有鸟取期间的一六二三年，光政在家光的将军宣下期间官任从四位下侍从并获赐家光名讳中的光字，改名光政。此前，他本称幸隆。同一年，光政依照秀忠的命令，与姬路城主本多忠刻和秀忠长女千姬（天树院）所生之女胜子定下婚约，并在自己年满二十岁的一六二八年举行了婚礼。值得一提的是，秀忠的这位女儿千姬原本是丰臣秀赖之妻，大坂之阵后成为本多忠刻的妻子。此后，光政于一六二六年（宽永三年）陪伴大御所和将军上洛期间升任少将之职。

一六三二年一月，大御所秀忠在江户城西之丸去世。三月，光政返回鸟取，但五月即被幕府要求参勤，因此又立刻由领国启程。等到光政抵达江户之后，首席老中酒井忠世即前往其江户宅邸拜访，就将军家光之意即让光政由因幡鸟取转封至备前冈山之事征询意见。这一转封的直接原因是当年四月冈山城主池田忠雄（光政叔父）去世而其嗣子光仲又年仅三岁。

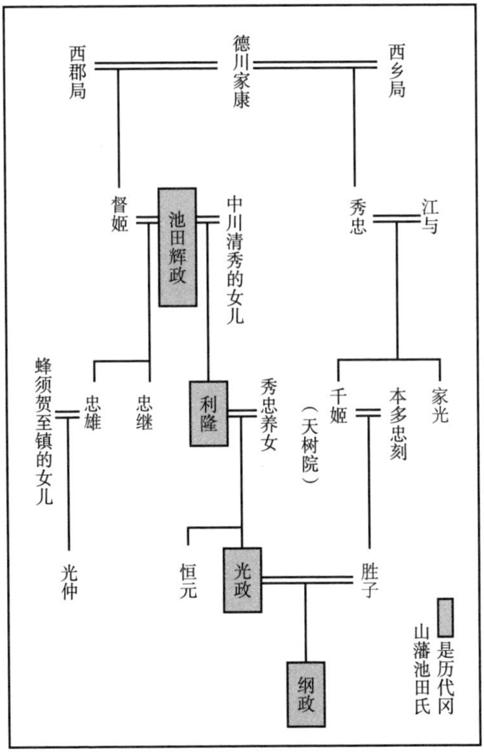

池田光政关系图

从表面上看，备前冈山为三十一万五千石，因幡鸟取则为三十二万石，似乎更多；但实际上冈山的石高更多，而且在地理意义上冈山更是战略要地。不过，将军家光还是因为难以判断光政对从因幡、伯耆两国转封至备前一国之事作何感想，因此向其征询，光政则立即接受了这一提议。六月十八日，光政登城并在御座之间正式接受了转封冈山的命令。自此直至一六七二年（宽文十二年）致仕为止，光政作为冈山城主度过了四十年的时光。一六八二年（天和二年），七十四岁的光政在冈山迎来了人生的终点。

从一六三七年到一六六九年为止光政写下的日记有幸留存至今，除了最初数年的记载语焉不详外，此后的日记详细记载了自己的活动，将军的话语，与幕府老中之间的交涉，对家臣们的命令，家臣招募、养子收养、结成婚约，向掌管判罚的家老下达指示，处理领内事件，向町、村发布法令等内容，还时常写下自己关于某些事件的感想。接下来让我们以光政的日记为中心，辅以《江户幕府日记》提供的相关信息，观察一下一六四六年（正保三年）及次年光政在江户和领国的生活。

就在一六四六年，幕府拒绝了明朝的援兵请求，一六四七年又拒绝了葡萄牙提出的恢复邦交的要求。虽然这一时期外交上的紧张气氛依然存在，国内却是饥荒已经过去、相对平稳的年景。

贺年与归国

一六四六年（正保三年）光政在江户度过正月。如同往年惯例，光政于元旦祭拜先祖之灵，此后在内宅中与妻室家人庆贺新年，然后前往前庭接受来自驻守在江户的家臣们的拜贺礼。

二日早六之时（现早晨六点前后），光政登上江户城，在大广间继长门萩藩[①]藩主毛利秀就之后拜谒将军，从将军手中接过酒杯饮毕、拜领吴服之后退出江户城。之后，光政前往御三家和老中等三十多人的宅邸处分别拜贺新年，上述过程属于惯例。除此之外，光政在江户期间，每月都会在一日、十五日、二十八日前往江户城拜谒将军。

三日、四日，光政继续前往幕府官僚等各处拜年，同时其他大名也会来光政家拜年，人数达到了两百人之多。

八日，将军家光的儿子德松诞生，即后来的第五代将军纲吉。当天，为祝贺德松诞生，在府诸大名悉数登城。十一日，在本多忠刻去世后居住于江户城内的天树院之处举行了家光第二子长松（纲重）的置发仪式，光政也出席了这一仪式，之后又从纲重处领受了酒杯。十四日举行

---

① 即长州藩。

了德松诞生七天的庆祝仪式，光政也向将军家光和嗣子家纲进献了三种三箱的礼品，向德松进献了宝刀。次日，光政前往江户城西之丸向嗣子家纲行新年礼。

二十三日，光政收到将军下赐的点心并立刻为答谢而登城。二月一日，光政陪同家光参拜红叶山东照宫并在拜殿外缘处行拜贺礼。次日光政又陪同家光参拜增上寺并在佛殿中拜谒了将军。

三月三日节日之际，光政登城并在大广间向将军行礼。十九日，光政收到将军下赐的点心并登城答谢。在四月十七日家康忌日，光政陪同家光参拜了红叶山东照宫。

四月十八日，老中阿部重次作为将军的上使、松平乘寿作为家纲的上使拜访了光政的宅邸，告知光政可以择日返回领国，同时由将军赏赐银子五百枚、夹衣三十件，由家纲赏赐夹衣三十件。次日，光政为答谢这一许可而登城拜谒了将军家光。当时，将军慰问了光政在府期间的辛劳并叮嘱其返回领国后要认真治理，此外还赏赐光政马匹并允许其参拜日光。

四月二十七日，光政从江户启程，参拜过日光之后向领国进发，于五月十四日抵达冈山。其间，光政于下野鹿沼向负责领国法务并任“仕置”一职的池田出羽和伊木长门二人发出书信，指出对在冈山城壕中放枪之人的处理是对自己立下的法令的公然藐视，因此命令负责处理该案的家老日置若狭停职并对负责监察的“横目”予以严重警告。而且，光政还认定，发生这样的事情实属担当仕置职二人的“失职”。

身居领国的光政

光政于五月十四日抵达冈山。虽然在当年的日记中未曾记载，不过按照惯例，光政会在次日接见全体家臣。二十七日，光政决定了家臣的继承人，许可家臣收养养子并指示招募新的家臣，同时对中小姓、纳户奉行、酒奉行、早道头、吴服奉行等职务进行了任命和指示。

六月六日，光政下令让三名仕置职每月进行三次合议并指定了家臣的知行，同时训斥了不上报自己家臣姻亲关系的家老。十六日，光政造访伊木长门的宅邸，就在飨宴应酬的酒席上，对仕置职交待了下述命令。其一，由于将军“心中挂念全国上下之生计顺利安稳”，本领国之内也须胸怀此心而恪守节俭。其二，仕置职乃光政亲自任命之职务，故除光政以外不可接受任何人的应酬招待。

此后，光政又相继处理了家臣继承人、养子、知行分配等事情。七月八日，光政对六名行为不轨之徒、一名说谎之徒、一名私自使用火枪之徒等十二人处以改易的惩罚，然后召集总年寄并叮嘱他们：“承蒙受托借领此国，若家中有不法之举，则实为有悖于上君（将军家光）之托，难行奉公之仪也。应谨守家中诸法，不使其及于身，勤勉行事，此乃于我等（光政）无上之奉公也。”次日，光政又再次向组头们传达了上述内容，试图以此警醒全体家臣。

从七月到八月，光政处理了备前领的儿岛和幕府领的盐饱诸岛之间的诉讼问题。其间，他还亲自裁决了备中贺茂的大庄屋（村长）和百姓之间的诉讼案件。八月四日，由于邻藩庭濑藩主户川氏和足守藩主木下氏的求情，光政赦免了遭到停职处分的日置若狭。八月二十七日，光政指示家臣妥善保管火枪、命令城番和町奉行进行轮班并认可了家臣的隐居请求。

进入九月，一日发生了备中仓敷幕领的百姓和本领百姓之间的冲突事件，导致本领百姓死亡，光政于是向幕府代官进行交涉，决定处以对方死刑。此后直到十月，光政着手处理了家臣的知行分配和家督继承等问题。

十月九日，光政乘船前往鹿久居岛狩猎。当日的狩猎规模甚大，光政不仅任命年寄池田出羽和日置若狭为指挥围猎的“势子大将”，还在山岭上放置了指挥狩猎助手的太鼓和贝螺。

十月到十一月之间，光政就召见家臣、分配知行、决定处分、认可养子、开除家臣等事宜下达了指示。十一月二十四日，光政参拜祖庙，由于当时负责相关事务的出家人行事怠慢而当场对其进行了谴责。二十五日，对于家中之人在京都借款一事，光政向提出这一请求的三名组头做出了如下指示："往年虽为尽力救济，然其中因奢靡而落魄有之，或无奈而落魄亦有之，不辨而一并许以借金则为自甘堕落也。由是，必不可仅以落魄而借金，此处须明察而后决之。"

十二月一日，光政为褒奖自因幡鸟取时期以来拥有马匹的下级家臣而赐予其银五枚，向后来拥有马匹的人赏赐银三枚。同日，郡普请奉行与小头二人发生口角以至于小头砍伤奉行。对此，光政认为小头此举"绝不可为"，因此将他及其子一起处以死罪，奉行也因"所行无理"被处以改易的惩罚。

十二月十一日，庭濑藩户川氏向光政表示，希望能够为他在京都的借款事宜进行居中调停。对此，光政听取了三位仕置职提出的"其他相识大名们请求从中斡旋的时候不好拒绝"的意见，池田伊贺表示自己就在京都做中介，而且听说了户川氏也想要借钱，故而愿意担任中介，光政于是同意。

除夕大晦日，池田伊贺提到曾听命于会津加藤氏的浪人以及该浪人希望效忠于本藩之事。

在冈山的正月

一六四五年（正保四年）正月一日，五之时（现上午八点）到八之半时（现下午三点），光政接受来自家臣的贺年礼。参加拜贺礼的人数为七百人到八百人。二日一早，光政前往冈山东照社和寺院等处参拜，之后在冈山城中把将军下赐的鹰之鹤（猎鹰所得之鹤）分享给上至家老下至郡奉行的一百三十多位家臣品尝。当时，鹤被当场依照礼法做成料理并切为数块，老臣一块一块地将其夹给在场之人。将军下赐鹤虽是每年惯例，但并非所有大名都能得到赏赐，只有像国持大名光政这样极少数的大名才有此殊荣。次日，一般家臣五百人也都分别品尝了鹤料理，也就是说仅仅一只鹤竟然被六百人分食。

这一天的贺宴上，名为又六的家臣说了很多关于另一位家臣玄蕃的坏话。玄蕃则明言称，在此不与又六争执但早晚会在众人面前公开解决。不过就在当天，两个人就重归于好了。

六日，听说这件事之后的光政找来仕置职商议，在此基础上做出了玄蕃改易、又六切腹的惩罚命令。惩罚玄蕃改易的理由是，他在贺宴时说的话与此后的行动前后不一致，先是在席间过于忍耐，之后的处理又“过于息事宁人”。命令又六切腹的理由则是，他说的那些坏话“绝不是非说不可”的，因为当天是节日，又发生在光政居所附近，并且当场还聚集着很多人。

两天后的八日，光政召集老中和组头，说明了处罚两个人的原因并向家臣申明了“我之家中无论上中下礼仪不乱，时刻以礼法严明为要”的警示。

八日、十日、十五日、二十日、二十六日、二十八日，光政开展了职务任命和知行分配等工作，二十八日命令将筹集来的京都借款分发给家中之人。二月一日，光政辞退了以手头紧张（财政困难）为由告假的数名家臣。

十二日，城下町发生了将五町一百零七户烧毁的大火灾。光政于次日看了町奉行提交的火情绘图，并指示下拨一百俵大米赈灾以及减免饥民的赋役。同一天，光政将前一年除夕池田伊贺提到的加贺氏浪人招为家臣并任命其为五百石舟奉行。十四日，光政任命熊泽蕃山为近习，俸禄三百石。

二月十五日，光政分别向三名老中进行了单独教谕。对池田出羽，光政希望他万事仔细行事，并对其时常向自己提出不同意见而感到非常满意。不过，虽然迅速处理事务的确很好，但出羽有些过于热衷于这一点，因此必须引起注意。对池田伊贺，光政认为他凡事考虑过多，也从不和自己意见相左，甚至不找诸奉行调查，这就容易让政务有所懈怠。对伊木长门，光政认为他虽然对自己要求的事务都妥善地进行了处理，但少有劲头，而且觉得他似乎对不能完美地解答光政所询问的事情思考得过于复杂。因此，光政指示三位老中应通过合议充分交换意见以便解决问题。

三月一日，阿波大名峰须贺忠英向光政提出，请求准许他在儿岛采石，对此光政称此乃“便宜之用”并表示同意。三月三日，就在前往江户参勤之前，光政决定让池田伊贺与伊木长门留在领国并嘱咐他们凡事务必认真处理。

江户参勤与在府

三月十二日光政从冈山出发，乘船前往大坂，并于十三日抵达。从大坂开始，光政沿陆路前进，于同月二十五日抵达江户。抵达之后，光政立刻向幕府老中报告了自己到达的消息。四月一日，老中松平信纲作为上使造访光政宅邸，就参府之“大仪”转达了家光的意见。六日，光政为完成参勤的问候礼而登城，在黑书院拜谒家光，并献上白银三百枚和夹衣二十件。按照惯例，光政同时还对年末获赐猎鹰之鹤进行了还礼。

十七日，光政跟随家光参拜红叶山东照宫。二十七日，对于招募曾被一族叔父池田忠雄辞退的浪人为家臣之事，光政在再次确认鸟取藩主池田光仲并不在意之后，于当天将其招为家臣。

五月五日节日之时，光政登城，于大广间行节日贺礼。十六日，对于招募九鬼大和与池内藏介二人推荐的浪人为家臣之事，光政回复称要在归国期间考虑此事。十七日，池田光仲家老荒尾但马向光政表示，希望向其提出誓纸。光政虽然回复说无须如此，但由于对方已经写成，故无奈暂且收下。由于其藩主光仲尚且年幼，故而鸟取池田氏请光政作为其辅佐之人肩负各种各样的职责。这次接受誓纸也是其中的一个环节。

五月二十五日，光政给冈山发信，就家臣继承人和辞退家臣问题做出指示并告知自己看到了记录国中人马规制的备忘录。

六月六日，鸟取池田氏家中之人向光政提出申请，希望将池田出羽的侄子收为养子。对此，光政向鸟取池田家臣和出羽做出了强硬回答：有关养子问题的池田“家法”是，首先由需要养子之人提出申请，然后再由光政征询有谁适合成为养子，违背此法之举不可接受。从这件事上我们可以看出，光政对于违背自己定下的法令之举会做出严肃处理。

六月十六日有将军接见国持大名的仪式，不过由于叔父池田辉兴的去世，光政因服丧刚刚结束，故没有于当天而是改为十八日登城，并与老中阿部重次见面寒暄。从六月到九月之间，光政就过去因为相关事件而被禁止往来的一族三人重新获得交往许可之事，在一族之间进行了种种协调。

七月三日，光政收到将军下赐的点心并登城感谢。六日，光政再次登城，与御三家和国持大名等人一起向将军献上中元节的祝贺礼品。七日节日之时，光政为表祝贺而登城，与诸大名一起在大广间行礼。二十一日，光政从将军处收到猎鹰之云雀三十只的赏赐并登城答谢。二十九日，光政母亲和妻子也得到了来自将军的三十只云雀的赏赐。

八月一日，光政为祝贺八朔节而登城，在大广间向将军献上太刀目录并行礼。八月一日乃是家康最初进入江户的日子，又恰逢传统的田实之节，乃是幕府重要的礼仪之日。九月九日重阳节，光政同样登城拜贺并在大广间行礼。

九月二十八日，将军家光下令将光政之女辉子收为养女并嫁与公家一条教辅，光政收到命令后登城，向家光表示感谢。其间，在次之间内，大老酒井忠胜和老中三人向光政传达此前他向幕府申请的划分部分领知给胞弟恒元之事得到了家光的许可。一个月后的十月二十八日，光政为准备女儿婚礼的相关事宜而造访了大老酒井忠胜的宅邸。光政还就胞弟分知得以及早得到许可之事表达了感谢并就恒元奉公的事宜请求忠胜帮助。十月七日，光政收到家光下赐的一只猎鹰之雁并立即登城感谢。

十一月三日，光政为侍奉儿子纲政的家臣进行了加增。十三日，光政受命陪同将军观赏岛津光久主办的犬追物[1]，数十位大名一起参加了这次活动。十六日，此前委托制作的《东照宫缘起》完成，光政于是将其献至领国的神社内珍藏。同日，光政就“权现大人（家康）、台德院大人（秀忠）两寺之领”的事情同酒井忠胜、老中以及寺社奉行们进行了商议。十七日，光政陪同家光参拜了红叶山东照宫。

十二月一日，光政收到将军赏赐的一只猎鹰之鹤，并登城行谢礼。十四日，光政写信给领国，就家臣继承人、养子问题做出指示。二十三日，光政再次写信给领国，指示家臣们来年领国的职务仍依往年惯例、给知行地质量不好的家臣补足一定数量的大米、命令两位家臣保管火枪。

如上所述，大名光政的生活，一年在江户度过，一年在领国度过。在江户的多数时间都花在以种种形式服务将军上，在领国时则在处理以家臣为中心的各种事务中度过。这样一种生活的循环，在此后也没有发生太多的变化。不过，一六五四年（承应三年）备前遭遇大洪水，此后光政在领国中处理事务的重点，就从家臣转移到了农村建设方面。

① 骑射练习的一种，武者一边骑马一边用弓箭射犬。

第七章　锁国的完成

1　锁国政策的发展

竹中重义被罢免长崎奉行

一六二九年（宽永六年）就任长崎奉行的丰后府内藩主竹中重义，在一六三一年奉书船制度推行以后，依然多次做出向没有通航朱印状或奉书的船只秘密发放通航许可的非法行为。

当年，长崎町中有人向幕府提交了举报竹中重义违法的诉状。另外，肥前岛原城主松仓重政的年寄们也向幕府举报说，前一年死于赴吕宋侦察船上的本藩家臣就是被重义毒杀身亡的。重义用尽手段将这些投诉压下，故没有引起老中们的注意。不过，到了肥后熊本加藤忠广的改易处罚确定的一六三二年五月末，终于还是传出了重义“自身难保”的消息。当年九月，重义因其派到澳门的船只所使用的银两为假银一事遭到了澳门方面的投诉，此外日本方面也流传着重义在领内的丰后府内制造假银的传闻。一六三三年二月十一日，重义最终遭到免职，并于次年二月，因在职中的违法行为被命令切腹。

接替竹中重义就任长崎奉行的，是曾担任过下田奉行和目付职务的今村正长和曾任目付的曾我古祐二人。从新任奉行二人都出身于目付这一点可以看出，他们的职责还包括调查竹中在职期间的行为。另外，一六三四年二月决定让重义切腹之时，竹中重义和曾我古祐还在江户城西之丸老中面前公开对峙，从这一事情上也能看出二人的调查职责。

另外，二人的这项任命也与此前已经提到过的家光在秀忠死后加强对诸官员的监察政策息息相关。

长崎奉行的职务规定

一六三三年（宽永十年）二月，在就任长崎奉行的今村正长和曾我古祐二人前往长崎之前，家光向二人交代了作为长崎奉行的职务规定条例。这一条例包括十七条内容，以五名年寄发给二人的形式颁行。

在既往的观点中，该条例又被称作第一次锁国令。但是，参考山本博文的研究就可以清楚地知道，这一条例无疑是交付给长崎奉行的，而不是像之前所认为的那样广泛地下发给大名和民众，因此称其为锁国令并不妥当，况且其大多数内容也都是对此前幕府政策的确认而已。

那么，条例的内容又是怎样的呢？该条例主要分为三大部分。第一部分关于日本人的海外往来，第二部分关于取缔基督教，第三部分则关于与外国船的贸易关系。

第一条和第二条禁止奉书船以外的任何船只以及日本人出航海外，第三条申明居住在外国的日本人归国将被判死罪，但出国后五年内回到日本并心怀久居日本之决心者，则可在充分调查之后予以同意。

第四条要求由长崎奉行指示对于基督徒所在地的搜查；第五条表明对举报传教士之人的褒奖；第六条规定当外国船只要求申诉而前往江户的时候，应由大村藩提供往返江户的航船；第七条要求将宣扬基督教的南蛮人投入大村藩的监狱；第八条提醒奉行要认真搜查传教士，甚至应该进入船舱进行搜查。

第九条禁止囤积各种商品；第十条禁止奉公人从中国人手中直接购买外国船的货物；第十一条要求将入港货物清单送往江户，在得到江户的回信之后再展开贸易活动；第十二条要求外国船所装载之白丝，在商议好价格后全部交由五个地方的丝割符商人；第十三条要求生丝之外的商品应该在生丝价格决定之后进行交易；第十四条要求外国船离港的日期不得晚于九月二十日；第十五条禁止本地寄存或保管外国船卖剩的货物；第十六条规定五个地方的商人抵达长崎的日期应以七月二十日为限。

最后的第十七条规定，在萨摩和平户无论哪个港口进港的船只售卖的白丝价格须等同于长崎价格，在长崎尚未确立收买价格之前严禁交易。

第十四条中关于葡萄牙船归航时间的规定，实际上是为了避免平户的荷兰船袭击葡萄牙船。另外，第十七条乃是新做出的规定，其目的在于对那些因一六三一年丝割符制度开始被适用后中国船只避开长崎前往萨摩之举进行规制。关于平户的规定也是因为台湾奴易兹事件终于得以解决，日荷恢复贸易后同样开始适用丝割符制度。由此可见，幕府试图以长崎为中心将对外贸易统括于自己的管理之下。

宽永十一年的禁令与宽永十二年的条例

一六三四年（宽永十一年）五月十八日，家光任命书院番头榊原职直与作事奉行神尾元胜二人代替今村、曾我二人就任长崎奉行。榊原与神尾二人于同月二十八日获准前往长崎。此时，家光在交付给二人与一六三三年交给今村、曾我的条例几乎内容相同的文本的同时，又交付了如下内容的禁令：

禁令　　　　肥前国

长崎

一、伴天连（传教士）窜航日本之事

一、日本之武具输往外国之事

一、奉书船以外，日本人渡海国外之事

另附，居住于日本之外国人行如前之事

如上诸条，若有违犯之人，则应速速科以严惩也，依之执达如此。

宽永十一年五月二十八日　奉行

该禁令的第一条为基督教对策，第二条的禁止武器出口和第三条的确认奉书船制度为贸易统辖，第三条通过日本人渡航外国禁令来禁止日本人出国。上述内容虽然未必能说已经完成“锁国”，但依然备齐了日本近世所谓“锁国”制度的基本要素。不仅如此，该禁令还在长崎市中公示，因此也具有周知于民众的特性。在这种意义上说，该禁令可以说是一个锁国令。

另外，该禁令的第二条，实际上是对一六二一年（元和七年）幕府向荷兰、英国商馆以及诸大名发出的三条命令中的第二条武器输出禁令的再次确认。第三条关于奉书船制度的确认，其实也是对三条命令当中的第一条禁止日本人奴隶出海的再次确认。

禁令颁布的第二天，岛津氏和大村氏便收到了在此前三条命令之上又增加了禁止从外国归来的日本人登陆条款的奉书通知，发给岛津氏的奉书上还另外附加了前一年决定的中国商船进口的生丝价格等相关规定。

从另一方面来说，该奉书也同时认可了岛津氏与中国商船之间的贸易关系。不过，就在榊原和神尾二人前往长崎的途中，于六月十四日在京都面见了为迎接家光上洛而前往京都的岛津家久，并提出希望岛津家久停止在领内与中国商船进行交易的要求。对此，岛津家久同意不让中国商船在领内进港。因此，中国商船全部被集中到了长崎，幕府对贸易的掌控得到了进一步强化。

家光听说，前往安南东都（今越南河内）的朱印船从日本携带武器卖往当地，前往交趾的朱印船在返航期间会途经马尼拉和澳门并谋求由此将日本人发展为基督徒，而且这些朱印船还为身在日本的传教士提供了援助等传闻。于是，家光于一六三五年（宽永十二年）正月，要求前一年得到航行许可而在长崎准备出航的商人们停止出航。这实际上宣告了朱印船贸易的结束。

同年五月，家光派遣已经返回江户的长崎奉行榊原职直和目付仙石久隆前往长崎，并交付给他们一份包含十七条命令的条例。该条例内容与一六三三年和一六三四年交付给长崎奉行的条例相比，虽然大多数条款无甚区别，但

第一条就全面禁止了此前一直受到许可的包括奉书船在内的日本船出航，将在正月采取的措施永久化了。第三条中，此前的五年归国期限也被废除，出国后的日本人被全面禁止回国。除此之外，第十六条将五个地方的商人前往长崎的时间提前到了七月五日，第十七条中关于在萨摩领内进行交易的内容也被删除。

也就是说，通过宽永十二年的这份条例，日本近世锁国政策的一大支柱——禁止日本人出国回国禁令就此确立。

取缔基督徒的全国化

一六三二年（宽永九年），九名伴天连（传教士）在长崎被处以死刑，次年又有十六名伴天连和十九名为他们提供住宿者、一六三四年又有七名伴天连和三名提供住宿者相继遭到处决。上述处决说明即便是到了这一时期，仍然有很多传教士不断秘密前往日本；而一六三三年以来交付给长崎奉行的条例中所包含的仔细搜查伴天连的条款，就是针对上述事态做出的应对策略。但是，这一时期取缔伴天连的工作主要以长崎为中心，再加上都市当中尚有葡萄牙人杂居，所以幕府的取缔政策并不彻底。

一六三五年八月，家光通过老中奉书命令包括九州在内的全国大名取缔各自领内的基督教。与此同时，家光还于九月对谱代大名和旗本下达了上述指令。这些措施继一六一六年（元和二年）对九州大名下达基督教取缔令以来，再次表明了家光根除基督教的坚定决心。

畿内的取缔行动，由京都所司代板仓重宗、伏见奉行小堀政一、大坂町奉行等人负责。在京都，一六一三年（庆长十八年）和一六一九年的两次大规模镇压之后也都陆续出台了基督教禁令，一六三五年这次取缔活动也进一步强化了对基督教的禁止。

京都首先在九月下命令称，当寺院要求出具旦那（檀家信众）的身份证明书时，务必不能造假。接下来在十月十日，以所司代板仓重宗的名义发布法令称告发基督徒之人将受到褒奖。据此法令，凡举报南蛮人伴天连每名赏银一百枚，举报兄弟修士（跟随传教士的修士）和日本人传教士每名赏银五十枚，举报基督徒每名赏银三十枚及该人所有房屋以为褒奖。

除此之外，在此前实行的检举揭发方法之外，又新增了所谓的南蛮誓纸。这一时期的誓纸共包括三条内容，改信其他教派之人须提交写有全部三条内容的誓纸，其他情况之人须提交写有后两条内容的誓纸。改信其他教派之人所需提出的誓纸范文如下：

上申吉支丹改宗誓文之事

一、我等虽自○○年至○○年为基督徒，但依○○年之御法度转而改宗，请诉所愿，今已改为○○宗也。

一、沦为基督徒、此前所愿之事，至今甚悔恨也，故此后代代绝不为基督徒，亦将规劝妻子眷族以至于他人皆不可为之。自然更不至于劝勉其参见伴天连、行忏悔（告解）之事也。谨以此书判上申之，宣言绝无再行妄念，同心于基督徒之事，故以起请文立誓改基督徒之宗也。

一、此誓请天公德乌斯、圣母玛利亚，若有违背则受罚于诸天使，死后堕于名曰地狱之所，为诸天狗所驱驰，永受五衰三热之苦，受罚轮回重返现世，则必为白癞黑癞者也。依次誓谨申改宗如此。

宽永十二年十月

也就是说，这一南蛮誓纸，实际上是向上帝和圣母玛利亚起誓放弃基督教的誓文。

若狭小滨藩主、时任老中酒井忠胜在这一基督教取缔令颁布的前一年，就在领内禁止了基督教的传教和基督徒的活动，并立起了告发基督徒法令的公示板。次年，忠胜根据幕府的指示，再次要求领内年寄们更加严格地开展基督教取缔行动。

根据上述命令，领内的主要市町、各郡都分别任命了负责的官员，町、村以五人一组为单位开展取缔基督教的行动并下令从五人处领取保证书，此外还下令明确所有人代代的佛教信仰并从相应寺院领取保证书。由寺院提供保证书的“寺请制度”就此产生。在小滨藩领内的敦贺郡大比田浦村，至今还保存着约定本村没有恶徒结党和基督教徒的五人组保证书，江良浦村也保留着同一年记录有每个家族的信仰宗派和所属寺院的保证书的副本。根据寺请制度进行的“宗门改”，在九州岛津领的萨摩和锅岛领的肥前以及关东相模等地都找到了实施过的证据。由此可见，该政策已在全国推行，而这一年也成为幕府实施基督教政策的关键之年。

葡萄牙人前往出岛

幕府命令长崎的实力派町人在港内修建起了一个面积为三千九百二十四坪的扇状人工岛。该岛于一六三四年（宽永十一年）五月授命开始建造，一六三六年完成，最初称筑岛，之后则改名为出岛。

幕府将此前一直散居于长崎市中的葡萄牙人全部移居到了人工建造而成的这座岛上，由此隔绝了他们和日本人之间的日常接触。幕府的目的在于剥夺此前葡萄牙人在长崎市持有的极大权力并断绝日本人和身为基督徒的葡萄牙人之间的接触，由此抑制基督教的传播。

家光于一六三六年五月，向回到江户的长崎奉行榊原职直和目付马场利重下发了包含此前十七条并追加两条的条例，命令二人全权处理长崎的政务司法（总理全权事务）。新条例的变化在于，对告发基督徒之人的奖赏从一百枚白银增加到了二百枚，甚至最高可达三百枚。从这一点上也能够看出家光根除基督教的坚决态度。

另一方面，此时追加的两条中，其一是禁止葡萄牙人的子孙留在日本，如有留在日本者则处以死刑，其二则是将葡萄牙人遗留在日本的子孙收为养子的日本父母，本来应全部被处死，但可以免于一死、被移交给葡萄牙人并从日本驱逐出去。无论哪一条，都以阻断信奉基督教的葡萄牙人和日本人之间的接触为目的。

根据这一命令的要求，同年九月，葡萄牙人之间、葡萄牙人与日本人之间的孩子共计二百八十七人被送上四艘葡萄牙船被驱逐到了澳门。

2　岛原之乱

一揆蜂起

关于岛原一揆的起因，从当时起就有各种不同信息，并没有定论。在此，我们以煎本增夫的研究成果为主来进行阐述。

一六三七年（宽永十四年）十月前后，在肥后天草的天草四郎处皈依基督教的三吉和角内二人将耶稣基督像带回了有马村并以此来劝化人们重新皈依基督教。当时每晚都有人从周边村落赶来，纷纷重入基督教。

收到了关于此事的紧急报告后，岛原藩于十月二十四日派遣三名武士抓捕了三吉和角内并连同其家族一起押送至岛原。对此，百姓们于次日杀死有马村代官林兵左卫门并收集火枪等武器向岛原城下进发，还于沿途烧毁了不肯加入自己的村落。二十六日，起义军在与出兵讨伐的岛原藩部队交战期间，放火烧毁了岛原城下并进攻城郭，一度几乎将岛原半岛南部全都掌控在了自己手中。但是攻城并非易事，起义军与守城藩兵之间陷入了胶着状态。在这期间，起义军开始修复位于岛原半岛南部的古城原城——松仓重政在将居城迁往岛原城以前曾居于此处，并将其作为起义军的大本营。

最开始攻城之时，起义军只是七八个村子的村民，此后则以岛原半岛南部为中心迅速扩张。布津、堂崎、有家、有马、口之津、加津佐、串山等村乃是全村加入，中木场、深江、小滨等村是大多数百姓加入，三会、岛原、安德、千千石等村也有大量百姓加入，总数达到了四千零十一家，共计二万三千八百八十八人。

另一方面，肥后天草也略迟于岛原爆发了与之相呼应的一揆起义。进入十一月后岛原局势陷入胶着状态，部分起义军和大将天草四郎一起，为加强天草一揆的势力而乘船前往天草。十四日，为唐津藩寺泽氏管辖天草而驻扎在富冈城的三宅藤兵卫率军与起义军在天草本渡交战，藤兵卫战死，天草四郎于是领兵进攻唐津藩军死守的富冈城。攻打富冈城之战从十九日持续到二十二日，但起义军没能攻下该城，反而因为城内的火枪和火箭而遭受了重大损失。

攻打富冈城失败之后，起义军从十一月底到十二月初由天草返回了岛原。为了在当地扭转局势，起义军袭击了松仓氏在口之津的仓库，夺取火枪、弹药、兵粮并运回原城，坚定了据城死守的态势。恐怕这一时期，起义军方面也已经探听到幕府派遣的上使即将抵达的消息了吧。

领主一方的应对

一揆爆发之时，除了因生病而被免除参勤的鹿儿岛藩主岛津家久一人之外，包括岛原藩主松仓胜家和肥前唐津藩主寺泽坚高在内的其他九州大名当时都没有身在领国。

起义军开始进攻岛原城的次日即十月二十七日，岛原藩家老们一边将此事通报给了幕府在丰后府内设置的目付——这本是幕府为监视改易并流放当地的松平忠直而设立的，一边又向相邻的佐仓藩锅岛氏和熊本藩细川氏发出了援助请求。对此，佐贺藩和熊本藩向身在江户的藩主进行报告，同时又向岛原藩表示，近年颁布的《武家诸法度》规定，在没有幕府指示的情况下出兵领外是被禁止的行为，因此只能拒绝出兵援助，岛原方应该立刻告知丰后目付并听从他的指示。诸大名的如此应对和对《武家诸法度》的遵守让家光感到很高兴。

但是，接到通知并应该做出指示的丰后目付也不知道应该如何是好，只好先将此事报告给大坂和江户。丰后目付的这份报告于十一月四日抵达大坂，大坂方面立刻组织京都所司代、大坂城代协商对策，并于三天后做出指示，让细川、锅岛、有马、立花、寺泽、松浦、大村等各藩封锁通往岛原领的道路，禁止买卖武器，想好一旦领内爆发基督徒起义时的应对策略。

送往江户的报告于十一月九日送达。包括岛原藩在内，周边诸藩给身在江户的各藩藩主的报告也在这一时期陆续送达。接到一揆爆发报告的家光当天就决定派遣板仓重昌和石谷贞清作为上使前往岛原，同时命令松仓胜家和丰后府内藩主日根野吉明即刻归国，此外还叫来锅岛胜茂、寺泽坚高，要求两家领国留守军在松仓氏万一无法镇压一揆之时发兵相助。

十一日，以肩负着西国探题职责的姬路城主本多政朝和丰前小仓藩主小笠原忠真为首，丰前、丰后的谱代大名被悉数要求归国，家光还同时命令使者松平行隆前往岛原巡视一揆的局势并进行报告。另外，十三日，为防止奥羽地区发生不测，家光命令以山形藩主保科正之为首的几名奥羽诸藩谱代大名归国，此外还要求细川、黑田、锅岛、有马、立花、五岛、木下、稻叶、中川等九州诸大名派遣其子弟和兄弟严肃处理基督徒问题，同时要求相良、伊东、松浦、寺泽、久留岛、秋月等各大名即刻归国。十五日，家光派遣此前返回江户的长崎奉行榊原职直和马场利重统辖有马、立花、大村各家军队守卫长崎。

上使板仓重昌战死

另一方面，丰后目付在接到京都所司代和大坂城代的指示之后出发前往肥前和肥后。十六日，丰后目付抵达肥后高濑，召集附近各大名家的家老协商援助岛原城事宜，并于二十二日前往岛原城，不过这些行动并没有让局势发生重大转变。

十一月二十六日，上使板仓重昌和石谷贞清抵达丰前小仓并在当地向熊本藩家老下达了发兵天草以镇压一揆的命令。在板仓重昌由小仓前往肥前的途中，二十七日，家

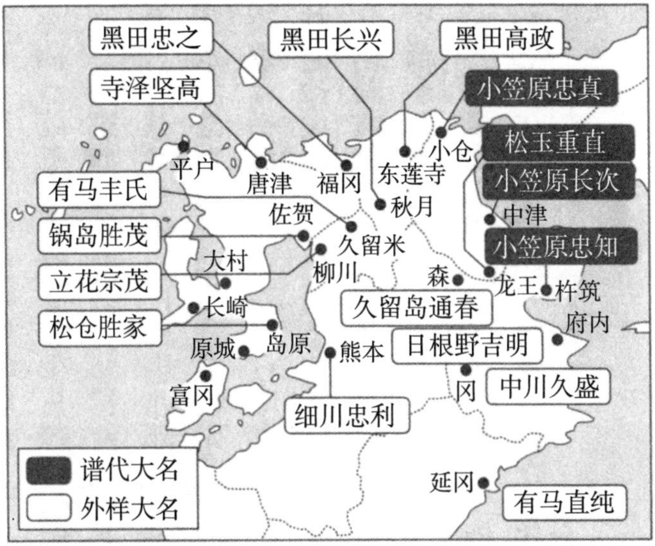

为镇压岛原之乱而出兵的九州诸大名

（岛原周边的大名几乎都被动员起来镇压一揆）

光在江户决定以老中之一的松平信纲和美浓大垣藩主户田氏铁为上使前往九州。家光的判断是，一揆应该已经在派出的上使板仓重仓和石谷贞清的努力下得到镇压，故而命令松平和户田二人为上使“继他二人（板仓、石谷）之后以为善后处理”。

上使板仓重昌和石谷贞清于十二月五日进入岛原城。十日，岛原、佐贺、久留米、柳川诸藩的藩兵合计约五万人进攻了起义军死守的原城。在这次战斗中，起义军击退了领主部队。对于本以为通过这次战斗就能镇压一揆的板仓重昌来说，这次不得不说是大大失算了。二十日，佐贺、柳川的藩军再次进攻原城，结果却再次失败，而且还造成了大量的伤亡。

尽管这样陆续进行的攻城战相继失败，板仓重昌依然决定于十二月三十日至次年元旦对原城发动总攻。这次总攻，实际上是因为新派遣的上使松平信纲和户田氏铁已经抵达小仓，板仓重昌急着想要在他们到达之前一口气攻陷原城。

元旦的黎明七之时（早上四点），领主军在石火弩的信号指挥下全军攻城。久留米藩的有马军从正门向三之丸进攻，佐贺藩锅岛军从后门向三之丸出丸进攻，松仓军则主力攻击后门。此外，还包括人数不多但紧急受命出兵的熊本藩细川氏的藩兵。

领主军虽然来势汹汹且几乎就要攻破城防，但立刻就遭到了一揆势力的弓箭和火枪的攻击。他们在试图攻破城郭石垣的时候，也被滚木落石所伤，进入城中的部队也立刻遭到刀枪相加的伏击。特别是本在后门进攻但为帮助松仓军而来到前线的板仓重昌被起义军的火枪打中眉间而当场战死，石谷贞清也在战斗过程中身负重伤，二人不幸地成了这次战斗失败的象征。在这场持续了两个小时的战斗中，有马军死亡武士有九十四名，锅岛军死亡武士有三百八十三名，松仓氏死亡武士有十七名，包括小卒在内，死伤人数达到了近四千名。与之相对的是，一揆方面则并没有出现如此多的死伤人数。

进攻原城失败的责任，无疑应该归于作为全军总指挥的上使板仓重昌身上。不过，认为既然派出了上使板仓重昌，就算再不济，加上锅岛氏和寺泽氏的兵力援助也足以镇压一揆，这种以家光为首、包括幕阁在内所做出的判断也有其天真的一面。

原城陷落

十一月二十七日，被任命为镇压一揆之后处理岛原、天草善后事宜的松平信纲于十二月三日由江户启程，十二月二十九日与户田氏铁一起抵达丰前小仓。在此之前，松平与户田已经向细川藩的家老们做出了将派往天草的部队转往岛原的指示。做出这一指示的原因在于，二人在赶往九州的路上已经逐渐发现岛原的事态很难轻易解决。这样一来，上使松平信纲和户田氏铁的职责，就又加上了指挥镇压一揆这一项。

一六三八年（宽永十五年）正月三日，家光大概是因为接到了十二月十日和二十日攻城接连失败的消息，又再次派出大目付井上政重作为上使前往岛原，以叮嘱领主军在进攻起义军的时候要注意避免己方的大量死伤，凡事谨慎而行。可是，此时重大伤亡已经产生了。

四日，松平信纲和户田氏铁抵达有马。二人召集诸将召开军事会议，在决定进行持久战的同时，开始动员九州的诸大名。十一日，信纲向荷兰商馆馆长库克巴克尔（Coeckbacker）下达命令，要求其派出正在平户的荷兰船“德·莱普号”（De Rijp）回航至附近，从海上攻击原城。荷兰人的炮击对起义军造成了巨大的威胁。对于这次炮击，从城中还射出了绑着写有“日本既有崇尚名誉之武士，却又为何借力于荷兰”等谴责文书的箭矢。此外，领主方面也对借助荷兰人进行攻击一事有所不满，因此这些攻击随后就被叫停了。不过，荷兰人依照信纲的命令进行炮击之事，一方面对岛原之乱后的锁国政策产生了巨大影响，另一方面也作为荷兰人的“御忠节”而被长久铭记了下来。

荷兰船发动炮击的十一日，元旦攻城失败的报告传到了江户。接到这份报告的家光终于明白此事不易解决，便于当天命令细川忠利、锅岛胜茂、有马丰氏、立花宗茂、黑田忠之、稻叶一通、木下延俊、中川久盛、有马直纯等人火速回国讨伐起义军。因此，领主军最少结成了人数超过十二万的庞大部队。

上述九州大名陆续从江户出发，在一月末到二月初之时前往有马参战。在此期间，领主军在松平信纲的指挥下，从海陆两方面向城内不断发动炮击，并为总攻制作井式塔楼等攻城道具，还从井楼上面进行了炮击。另一方面，起义军在一月末的时候开始出现兵粮和弹药匮乏的情况，进入二月以后有人开始从城中出逃。到二月中旬，兵粮几乎吃完，无可奈何之下，二十一日夜，三千名起义军从城中夜袭黑田和锅岛军阵地。在这次夜袭当中，双方都有很多死伤，不过当领主方面剖开起义军死者的肚子之后，发现里面已经没有一粒米了。

看到这种状况的信纲决定于二十六日发动总攻。不过当天大雨如注，进攻被迫延期，总攻日最终定为二十八日。然而就在二十七日下午，锅岛氏突然发现起义军正在将二之丸出丸的驻军撤回便以此为契机开始发动攻击。其他大名军发现锅岛氏突入城中，也纷纷指挥部队进入城内开始战斗。战斗从当天黄昏一直持续到了次日清晨，起义军方面包括女性和小孩在内，全部成了领主军杀戮的对象，其死亡总数达到了两万七千人之多。另一方面，领主军的损伤也不在少数，虽然根据不同记录得出的结果存在差异，战死的人数还是达到了一千几百人之多，负伤者则超过了一万人。

一揆的性质

一般认为，岛原、天草一揆具有百姓反抗当时领主暴政的百姓一揆以及以基督教徒为中心的宗教一揆两种性质。的确，岛原藩在实施检地的过程中，第一次检地就将账面表高从原来的四万石提高到了十万石，第二次检地更是进一步提高到了近十三万石，榨取年贡到了极为彻底的程度；对于未能及时缴纳年贡的百姓，领主还会通过用蓑草包住其身体并点燃的所谓“蓑舞”或倒吊等刑罚进行惩处。松仓氏的暴政逼迫百姓起义，这一条件本身是存在的。

另一方面，虽然岛原藩领内的基督徒在松仓氏严苛的镇压下几乎全部弃教，但私下依然存在被称为“念珠组”的讲社①组织秘密维持着信仰活动。此外，在禁教时一度弃教者也有很多在之后“复归”，而秘密潜入日本的传教士则帮助他们复教。

一揆以潜伏了大量基督教徒的岛原半岛南部为中心，半岛北部则没有人加入一揆。这些起义百姓与领外天草的一揆势力合流，到战死为止长达四个月的时间里与领主军持续作战。如此壮烈的行为，显然是需要某种能够集聚人心的理论作为支持的。

一揆方面的理论，就是基督教。在十一月八日加入一揆的村长、乙名（实力派百姓）、百姓等人向天草四郎时贞提交的誓纸中，包含了起誓复归基督教宗门一事绝不为虚、

① 指信仰相同神佛的人结成的团体。

为宗教教义不惜抛却一命、听从四郎的命令等内容。另外，根据熊本藩士井口少左卫门探查天草形势写成的报告书的内容来看，一揆方面曾经向各村百姓宣言“如为基督徒，则应为我伴，如非基督徒，则必讨死期”。由此可见，一揆从最开始就是以基督教信仰为聚义核心而展开的。

岛原藩家老在向藩主报告一揆蜂起的消息时，提到“本地百姓悉皈依几利支丹（基督），骤而转行一揆”，也将一揆的原因归结到了基督教上面。家老们的这些观点不能不说有隐蔽当藩苛政的意图，但从此这次一揆就被定性为基督徒一揆并对之后各种事情的发展产生了决定性的影响。

其影响在于，就在这份报告传到江户、被其听闻的当天，家光便做出了派遣上使的决定。也就是说，如果只是大名领内爆发的一般性一揆的话，家光就应该只会命令大名归国，而不会立即决定派遣上使。而家光立即做出上述决定的原因恐怕就是这次一揆乃是由被幕府禁止的基督徒引起的，何况镇压基督徒还是家光以特别执着的态度所推进的。因此，领主方面开始将这次一揆当作基督徒一揆来理解并在此之后从这种角度加以处理了。

没有恩赏的战斗

攻入原城的报告在三月六日、原城陷落的报告在三月七日相继抵达江户。九日，三浦正次从有马归来，家光听正次汇报了原城陷落的过程，并命令“六人众”之一的太田资宗作为使者前往有马。此后，被派往岛原的幕臣相继回到江户并向家光上报了岛原的情形。

太田资宗于四月五日在丰前小仓召集诸将，传达了家光对他们的慰劳之语并转达了松仓胜家改易、没收寺泽坚高所持有的天草四万石领地的决定，同时告知违反军法私自出兵的锅岛胜茂等待判决。此后，胜茂被招至江户并被处以闭门的惩罚。

四月十二日，松仓改易和寺泽天草领遭没收的决定在江户公布，次日即十三日，滨松三万六千五百石的谱代大名高力忠房转封岛原四万石，十四日备中成羽三万石外样大名山崎家治转封天草四万石。

但是，岛原之乱动员了近十二万人的庞大军力，而在一揆被镇压之后，诸大名却没有得到任何恩赏，而是仅仅按照幕府的军役规定给每个士兵发放了每天五合的俸禄米。佐贺锅岛氏在整个过程中，虽因时期不同而有所差别，但动员的士兵和劳工人数达到了三万数千人之多，相关战争费用达到了大米一万五千七百三十四石和白银二百二十六贯。如果以幕府支付的俸禄米为基准的话，锅岛氏应该动员的军力应该不超过一万四千二百八十人，可实际上的动员人数却超过了这一数字的两倍。另外，如果按照从锅岛军进入岛原领内的十二月三日到原城陷落后的三月十日为止每人每日五合来计算幕府应该支取的俸禄米数量的话，锅岛氏从幕府领取的俸禄米数量应该在七千一百八十七石七斗，而这远远不及锅岛氏实际上花费的战争费用。而这一支出上的差额，毫无疑问就是由锅岛氏来负担的。不仅如此，我们还要注意，锅岛军还在进攻原城的过程中付出了六百二十人死亡、三千零三十四人负伤的伤亡代价。

参战大名们付出了如此惨重的代价却没有从幕府那里得到任何恩赏，这是因为这次战争并非领主之间的战争，而是领主与被支配者农民之间的战争。从此以后，除了在幕府中就任要职之外，大名们无论有何奉公行为，都不再会获得作为恩赏而下赐的新领地，奉公行为也由此被视为从将军那里接受领知之后，理所当然应承担的职责。

3　禁止葡萄牙人来航

《武家诸法度》的修订

镇压岛原之乱的速度迟缓，逼迫幕府改变此前的相关政策。一六三八年（宽永十五年）五月二日，老中向当日获得归国许可的前田利常、藤堂高次、京极高广等人下达了对《武家诸法度》第四条的改订命令：

> 往年（一六三五年）之法度，规定无论发生何事皆须谨守本所不移之旨，此所指之事乃各国地方“种种私事”也，有违“公仪”意向之事或贼盗之事等皆不在此列。今后应以此为念。若有违背国法者而邻国有请，则应动员少数之众集于近邻之众，共商共议。

也就是说，这次修订将《武家诸法度》第四条作为有关“种种私事”的规定，要求诸大名在一旦发生打破幕府规定或违背国法的事情时，即便没有得到幕府下达的相关命令，也应该尽快出兵并协助进行镇压。这显然是源于岛原之乱镇压迟缓的教训。就在当年六月，出羽白石的百姓爆发一揆、反抗幕府代官的命令，其近邻山形藩保科正之即刻出兵镇压并逮捕带头起义之人，这可以算作对此前修改法令的明确反映。

在当时一同被修改的，还包括解除了《武家诸法度》第十七条中规定的五百石大船禁令中对于商船的上述禁令。可以想见，这也与岛原之乱中物资输送产生的问题有关。另外，虽然《武家诸法度》第十七条的规定在以后的法度中进行了更改，但第四条的条文内容并没有被改动。

此外，虽然并非通过下命令的方式，不过岛原之乱以后，此前一直按照东西大名交替的方式进行的江户参勤逐步变为东国大名和西国大名在各自内部轮流换人进行交替的参勤方式，实际上这是为防止某一特定地区出现因前往江户参勤而无一人留守领国的情况而进行的组合。这一举动也正是因为岛原之乱祸起之时，整个九州除了因生病而免于参勤的岛津家久之外无一大名在国这一事而做出的预防措施。

对告发基督徒之人的褒奖

为了镇压岛原、天草一揆而动员起十二万大军并历经近三个月才平定一揆，这些事都无疑促使幕府实施更加严格的镇压基督教政策。

一六三八年（宽永十五年）九月，家光在幕领立起被称为“高札”的法令公示板并要求诸大名强化基督徒取缔工作。当时下发给诸大名的奉书中包括如下内容：

> 此前亦有禁令基督宗门，可仍未息绝。此番彼又于岛原企行“恶逆”。故幕府将强化取缔基督徒之事，诸君亦应于领内严肃取缔之。此外，揭发基督宗旨之徒者，可由将军赐下褒美。

此外在另一份附件中还明确了褒赏的金额，即举报伴天连赏银二百枚，举报兄弟修士赏银一百枚，举报基督徒赏银五十枚或三十枚，而如若告密者为同宗教徒，则可即行改宗并免于追责。

幕府将上述内容用高札向民众公开。此外，诸大名当中，比如加贺前田氏和冈山池田氏也都和幕府一样在领内立起了写有相同内容的高札。特别是前田氏，还在幕府的赏银之外又以本藩的名义，追加给举报伴天连者赏金十枚，举报兄弟修士者赏金五枚，举报基督徒者赏金三枚，并在竖立高札的地方每天公开展示十枚黄金大判。

不过，虽然有很多大名和幕府一样即刻立起了高札，但禁止基督教的高札在全体大名领内各处都纷纷立起，则要等到家光时代结束、家纲时代开始的一六五四年（承应三年）了。

驱逐葡萄牙人

幕府将岛原之乱的原因之一归于潜入日本的传教士屡禁不止，而将为传教士潜入提供帮助的葡萄牙人驱逐出境，则被认为是可以有效解决上述问题的良策。

松平信纲在岛原之乱以后巡视天草和长崎，在其尚未返回江户的四月，这一想法就已经在幕阁之中成为主流观点。不过，想要实施这一政策，还有一个亟须解决的问题。那就是一旦驱逐葡萄牙人，他们带来的进口生丝和绢织品也就会随之消失，这样一来日本所需的相关产品也必然会出现短缺。

幕阁开始思考解决这一问题的良策。其中之一就是重新恢复朱印船制度。但是这样一来，日本人就会出航海外，进而产生与基督徒的接触并增加其成为信徒的危险性，同时也会让此前颁布的日本人海外出航禁令被迫撤回，因此幕府最终没有采取这一政策。

另一种方法是，找到能够将生丝等商品带到日本的人来取代葡萄牙人。幕府就此问题向荷兰人提出要求。可是在当时，幕府对于荷兰人能否完美地承担起这一职责而感到不安。一六三八年（宽永十五年）四月，幕阁私下询问了前来江户的荷兰商馆馆长库克巴克尔，要求其回答荷兰人是否能够取代葡萄牙人承担进口相关货物的职能。虽然库克巴克尔馆长当场表示完全没有问题，但这依然没能轻易打消幕府的不安。但是根据永积洋子的研究，在这一时间点上，荷兰通过在台湾与中国船只进行贸易活动，已经能够确保提供以生丝交易为中心的日本贸易所需的物资。

次年四月，新任荷兰商馆馆长弗朗索瓦·卡龙（François Caron）在参府之时被老中们招至评定所并回答了几个问题。这些问题包括，一旦日本驱逐葡萄牙人，葡萄牙人和西班牙人是否会对荷兰人来航日本造成妨碍，以及荷兰人能否和葡萄牙人一样，提供生丝和绢织品以及药种和脱水食材等。

对于第一个问题，卡龙表示“我方并不惧怕西班牙人，反而是西班牙人要惧怕我们”，强调了荷兰在军事方面的优越性。对于第二个问题，卡龙则对中国方面的情况进行解释说，即便葡萄牙人已经无法从中国购买商品，中国人依然会卖货给荷兰人，因此完全没有问题。不仅如此，对于日本船有无可能直接派往明朝这一问题，卡龙表示，明朝方面对日本怀有很强的戒备心，因此日本船是不可能前往明朝的，而且前往东南亚地区也会遭到澳门的葡萄牙船的攻击。

在这次询问结束两个月之后的七月四日，将军家光做出了驱逐葡萄牙人的决定。

“加莱奥塔船”（galeota）通航禁令

一六三九年（宽永十六年）七月四日，家光将太田资宗招至御前，将《加莱奥塔御处置之奉书》《各浦御处置之奉书》《交予乘唐船到来之族相传之备忘书》《交予阿兰陀（荷兰）人相传之备忘书》四份文件交给后者并任命其为使者前往长崎。

《加莱奥塔御处置之奉书》中，首先指出葡国明知日本国禁止基督教却仍将宣扬该教之人秘密运入日本、该宗门教徒结党企行恶义、彼国直接输送物品至藏匿伴天连及同宗之人的场所三条罪状，然后宣布自此以后全面禁止“加莱奥塔船”（葡萄牙船）来航日本，并声明一旦再有船只来日则必将破坏船只同时对乘船而来之人处以斩首。这一奉书以下知状也就是命令书的形式写成，井伊直孝、土井利胜、酒井忠胜、堀田正盛以及老中松平信纲、阿部忠秋、阿部重次七人共同署名。

以九州大名为对象的《各浦御处置之奉书》由老中三人署名，其中提到了因为伴天连秘密来航而禁止葡萄牙船来航日本之事，要求大名对领内各港口进行监视，以及对举报非法登陆者的告发人进行褒赏等。

《交予乘唐船到来之族相传之备忘书》是交付给来航长崎的中国船的文书，内容包括因严禁基督教而命令对方绝不可搭载伴天连及其信徒，一旦违背上述规定将对全体船员处以严厉惩罚等。

《交予阿兰陀（荷兰）人相传之备忘书》是交付给荷兰人的文书，内容是禁止搭乘传教者。在交予中国船的备忘书中明确写到“伴天连”和“信教之徒”，但在交予荷兰人的文书中没有写明，由此可以看出幕府方面对于荷兰人也是基督徒这一点是有着清晰认识的。

将上述文书交给太田资宗之后，以国持大名为首的在府大名奉命登城，在老中列座的情况下，由林罗山公开宣读了《加莱奥塔御处置之奉书》和《各浦御处置之奉书》。

率领七百名手下抵达长崎的太田资宗于八月五日召唤葡萄牙人，将《加莱奥塔御处置之奉书》的内容予以通报，次日又召唤荷兰人和中国人，另行通报了禁令葡萄牙人来航和禁令搭乘传教士的相关命令。此后，太田又将九州大名的使者招至长崎，传达了《各浦御处置之奉书》的相关内容。

从江户时代中期以后来看，以禁止葡萄牙船来航为内容的上述一系列法令，被认为是幕府锁国政策的大总结，锁国也被认为由此完成。但是，山本博文则主张，驱逐葡萄牙人这件事其实并非锁国政策的最终阶段，而是此后幕府构筑沿岸防卫体系的出发点。从这种观点来看，驱逐葡萄牙人只是一个结果，而这一体制的完成还要经历一个迂回曲折的过程。

九州沿岸的防卫

就在决定禁止葡萄牙人来航之后的一六三九年（宽永十六年）八月九日，家光将熊本的细川忠利、福冈的黑川忠之、久留米的有马丰氏、佐贺的锅岛胜茂、柳川的立花立斋招至江户城，要求他们在外国船来航之时向江户和长崎进行报告，一旦有事可与岛原藩主高力忠房商谈。在这一时期，高力成为防备葡萄牙船来航的核心。

正如幕府预测的那样，一六四〇年五月，从澳门出发的葡萄牙船为谋求重启贸易而来航长崎。对此，家光派遣大目付加加爪忠澄和目付野野山兼纲为上使前往长崎。六月十六日，抵达长崎的加加爪等人将葡萄牙船上的七十四名船员全部叫来，责备其公然违反前一年发布的来航禁止令并宣布判处其死刑，然后当场将他们抓了起来。次日，除了非基督徒的十三名水手得以幸免之外，其余六十一名船员全都在长崎西坂被斩首。免于死刑的十三人则被迫目睹了处决过程，之后由中国船送回澳门。另外，就在处决当天，他们乘坐的船只由大村藩着手烧毁。

在做出了上述强硬举措的同时，幕府也预想到葡萄牙方面会采取报复措施，便准备了各种各样的防范手段。选定加加爪忠澄为上使的当天，家光为防备葡萄牙船来航而发布法令条例，指示上使将诸大名家臣聚集到周防上关、丰前小仓、肥前岛原等地并将这些法令条例下发给他们。幕府还向九州诸大名下达命令，要求他们设立远见番所（瞭望哨），发现葡萄牙船的时候向岛原藩主高力忠房、长崎奉行、大坂、邻国发出通报，按照高力和长崎奉行的指示处理葡萄牙船。与此相关，作为大坂这一新设紧急联络地负责人的町奉行久贝正俊和曾我古祐，被要求在有情况发生之时由其中一位前往当地指挥国持大名们出动，此外还被要求负责指挥周边小领地大名以防此后的基督教徒起义。在这些指示当中值得注意的，是时刻谨防国内基督教徒起义这一点。

接下来，家光在同年六月二十二日，派遣两名船手头前去掌握九州、四国、中国地区的海岸线情况。这次巡视从七月持续到了十二月，历经半年时间，在此后的两年时间里，这样的派遣还进行过多次。

此后，家光于一六三九年三月，将松平忠明由大和郡山十二万石转封至播磨姬路十八万石，命其在葡萄牙船来航之时指挥西国诸大名；然后又于一六四一年二月任命福冈的黑田氏负责长崎的警备工作，次年又决定由黑田和佐贺锅岛氏轮流履行这一职责。此后，两藩就一直负责长崎的警备工作。

由此构筑而成的沿岸防卫体制，在一六四七年（正保四年）葡萄牙船来航之时开始发挥作用，关于这一点我们将稍后叙述。

在通过以上述方式具体构筑沿岸防卫体系的同时，家光还为了掌握军事信息而于一六四四年十二月命令全国大名绘制“国绘图”和“城绘图”。城绘图包括自本丸以下各城郭的房间数、壕沟宽度和深度、城郭附近的高地、武士町和铺面房的小巷和房间数、是山城还是平城等内容。以六寸比一里的比例尺绘制而成的领国地图“国绘图”记载的内容，则包括各郡边界划分、村名和该村农地和房屋总数、荒山和青山、干道和辅路、干道是否可以在冬季通行、河川名、山名、作为路标的一里山、船渡口和泅渡口的区别和宽窄、山中的险要之地、从领国边境通往他国的道路，以及海边是否可以自由地停泊小船、停泊小船之地的风向和状况、港湾以及港湾之间的道路、水湾深浅和岩石分布等海岸线的情况等。可见此时的城绘图和国绘图带有很多军事性质的内容。

这些绘图制成以后被集中到将军手中，从日本国内的角度来看，可以说是将军掌握全国军事力量的标志，但其制作契机则是禁止葡萄牙船来航之后紧张的军事形势。

荷兰人转移至出岛

虽然说葡萄牙人遭到驱逐，但这并不意味着与之对抗的荷兰人就得到了家光的宽容对待。此时家光已经对荷兰人是基督徒这一点有了明确的认识。

在葡萄牙船来航禁令颁布之前的一六三九年（宽永十六年）二月，荷兰人就被禁止在日本拥有孩子；五月，不只是荷兰人，就连英国人留下的混血儿以及这些孩子的母亲也都被驱逐至雅加达。

加加爪忠澄和野野山兼纲二人处理完葡萄牙船来航禁令相关事宜后，又前往平户，事无巨细地检查了荷兰商馆的住房和仓库后回到江户。家光在听取完加加爪等人的报告后，决定派遣大目付井上政重前往平户。政重抵达平户之后，告知商馆馆长卡龙，家光已经确信荷兰人与葡萄牙人一样都是基督徒，并要求商馆拆除标记有耶稣生诞纪年的仓库和住所、禁止公开守安息日也就是星期日、商馆馆长要每年更换。对于这些规定，政重给出的理由是防止基督教传播。

卡龙当场回答遵从上述命令。这一应对方式可以说非常明智。事后卡龙才得知，如果他当时稍有抗辩之意，商馆的馆员们就会被当场处决，同时肥后、筑后、有马等地大名将集体出动并全力击沉荷兰船只。

对荷兰人的压迫并没有就此结束。一六四一年四月二日，幕府向来到江户参府的荷兰商馆馆长通告了两条新规，即从今以后长崎取代平户作为交易地点，以及如果荷兰人自己的船搭乘或者得知其他船只搭乘传教者而不告发，一旦事后败露，幕府将会立刻禁止荷兰船来航日本。当年五月，荷兰商馆便搬离平户，搬到了葡萄牙人走后已经人去屋空的长崎出岛。

荷兰的暗潮涌动

荷兰人通过将岛原之乱的原因归罪到葡萄牙人身上等方法成功把他们驱逐出了日本。那么，荷兰人是否就由此将对日贸易完全纳入了自己的控制之下呢？其实并非如此。

一六三〇年以后，来航日本的中国船逐渐增加。到了一六四一年，此前一直在台湾为荷兰提供以生丝为主的中国产品的郑芝龙，开始正式介入对日贸易。对此，荷兰人则不断地将“有化装成日本人的伴天连之流乘唐船来航”“传教士在明朝的活动非常活跃”“很多汉译基督教书籍被秘密带入了日本”等传言灌进幕府官僚的耳朵。从一六四二年由福州开来的中国船船员中发现有基督徒一事开始，此后接连有企图搭乘中国船来航的华人基督徒或伴天连遭到举报。

不仅如此，荷兰人还向幕府征询，是否允许他们在海上劫掠前往日本的中国船。对此，长崎奉行给出的答案是禁止。荷兰人的上述行为，表面上看是对幕府的效劳，而背后则是与郑芝龙之间的暗斗。可是，随着一六四四年明朝的灭亡，一度成为福州都督的郑芝龙便失去了其在中国的优势地位。而在此之前，荷兰就在了解到暹罗希望重启与日本之间贸易往来的企图之后，在日暹两方面进行策划并恶化了双方的关系。即便如此，暹罗此后依旧多次派遣使节来日，但日本方面最终拒绝了暹罗的要求，荷兰的策动取得了成功。

另外，一六四二年，柬埔寨国王找来当地的荷兰商馆馆长，与其商议为开启对日贸易而派遣使节一事，荷兰则援引了暹罗的先例来中伤日本，成功让对方断了上述念头。就像这样，荷兰为了垄断对日贸易而处心积虑。

就在与郑芝龙对抗期间，荷兰人采取的积极政策之一就是与塔塔尔人（鞑靼）开展贸易。一六四二年十二月，荷属雅加达总督派出两艘船前往日本以北被称作塔尔塔尼亚的地方，试图从那里获得对日贸易所必需的绢织品等商品。不过，这次航行实际上是某种意义上的冒险，他们原本掌握的信息也并不全面，为了补充薪柴、淡水和食物进入陆奥南部领的山田浦之后，十名船员还遭到逮捕，因此这次冒险也并未获得实际成果。

发挥作用的沿岸防卫体系

一六四四年（正保元年）十二月，由于搭乘中国船偷渡而来的传教士的供认，幕府得知将会有葡萄牙船从澳门出发前来日本申辩。次年正月，家光立即命令伊予松山十五万石的松平定行接替去世的姬路城主松平忠明执行《加莱奥塔船御用》的规定并让其返回领国。此外，家光还就这一问题征询了福冈的黑田忠之和鹿儿岛的岛津光久的意见。

传教士供词中所透露的那艘葡萄牙船，其实是葡萄牙在一六四〇年从西班牙独立以后，为了向日本告知此事而从本国派出的使节船。该船于一六四六年一度驶向日本，但由于遭遇暴风雨而被迫返回果阿并于次年再次途经澳门向长崎进发。该船于六月二十四日被此前幕府已经建成的监视网络中的远见番所发现，长崎奉行便知道了这件事情。当天，作为当地沿岸防卫体系中心人物的高力忠房立刻抵达长崎。二十六日，两艘葡萄牙船驶入了长崎港。长崎奉行马场利重则毫不迟疑地将这一消息通报给了江户等相关各处。当天，锅岛氏的军队进入长崎，紧接着二十九日，福冈黑田氏和熊本细川氏的军队也抵达当地。七月十三日，受命负责“加莱奥塔船”事务的伊予松山松平定行抵达长崎，至此针对葡萄牙船的防御工作基本完成。而这距离葡萄牙船进港只用了不到二十天的时间。

在这段时间里，长崎奉行曾于七月一日要求葡萄牙船将舵、帆、弹药卸至陆地，但遭到了葡萄牙方面的拒绝。十五日，幕府通过用船连成浮桥封锁港口，阻断了葡萄牙船前往港外的通路。二十七日，大目付井上政重和当时正在江户的长崎奉行山崎正信从江户抵达长崎，让翻译官将家光做出的拒绝恢复国交的命令紧急翻译成葡语。八月五日，幕府方面返还了葡船大使的国书，为葡船提供了饮用水和食物，八月六日将聚集在长崎的军队列阵于港口，放葡萄牙船驶出港外，把答复书交付对方，允许其离港。

虽然应对方法与一六四〇年（宽永十七年）诉诸强硬手段的那次不同，但是幕府同样贯彻了禁止葡萄牙船来航的方针。

这次为应对葡萄牙船来航而发动的兵力达到了五万，

其中近两万人是“水主”（水手），另外还动员了包括小型快船在内的共计一千五百八十四艘船。一六四〇年以来，为防备葡萄牙船来航而构筑起的幕府沿岸防卫体系，在此时确实发挥了作用。

此后，围绕以葡萄牙船为首的外国船来航问题的紧张局势曾持续了一段时间。但后来，这样的紧张局势逐步恢复平静，“锁国”状态也因此逐步确立。

第八章　宽永大饥馑

1　武士的“饥馑”

“禁止豪奢”

一六三六年（宽永十三年）正月开始的江户城工事，在当年内完成了石垣的修筑，到次年一六三七年秋，以御殿为首的诸多工程也都接近完工，家光便从此前一直居住的西之丸迁到了本丸。因八月二十七日为吉日，家光便于当天前往本丸，参观了新建成的本丸御殿以后，叫来负责建设的作事奉行，下达了“此番新造之御殿过于精致而不得我心，须移除建造华丽之处，改作轻巧细微之造法，自此以后凡工程之时皆无用于华丽造法”等命令。

记录了上述内容的《江户幕府日记》，把家光的意图解释为“以此禁止豪奢，厉行节俭”。正如这些记录所呈现的那样，家光出于“禁止豪奢”的目的，要求将已经完成的建筑予以拆毁。

这天，家光并没有留在本丸，而是返回了西之丸，直到九月十九日才从西之丸迁回本丸。二十日，家光唤来负责本丸工程的谱代大名和作事奉行，对他们进行慰劳，同时也通过老中向他们传达本次工程“甚合我意”。

与一六三六年完成的日光东照宫那华丽无比的建筑群，以及《江户图屏风》描绘的一六三三年前后的江户相比，家光的这些行为有些格格不入。不过，的确是从这一时期前后开始，“华丽”“精致”逐渐遭到管制。

让我们通过一个明显的例证来加以说明。一六三六年七月，萩藩毛利氏向幕府申请在自己的江户宅邸修建带门楼的大门。面对这一请求，老中土井利胜则表示修建两层带门楼的大门不符合幕府法度，要求对方修建平门，而且内外涂装也不得使用金银而应使用黑漆。也就是说，此前大名宅邸大量使用的门楼大门被幕府禁止，以金银涂装大门的做法也被禁止，幕府要求大名们使用朴素的黑色涂装，以此限制大名们的“华丽”倾向。

“身无余财”

幕府向武士做出的节俭令，最早可以追溯至一六一五年（庆长二十年）的《武家诸法度》，其第十二条的内容就是“诸国诸侍应行俭约事”。虽然节俭令就这样被制度性地确立起来，但这一规定只停留在原则性层面，并不是为了应对现实矛盾。

节俭，或者说“华丽”“精致”“豪奢”成为问题并引起关注，是进入十七世纪三十年代以后才开始的。

一六三二年（宽永九年）九月，在下达给旗本众的法令条例的第二条中，包含“无论何人何事，皆须从其身份之限，断不可行私之豪奢事”，即严守身份限制、禁止豪奢的要求。这一规定产生的背景，是此前已经交代过的旗本阶层的普遍贫困。家光试图通过给旗本众增加俸禄来解决他们的贫困问题。

然而，问题并没有得到解决。一六三四年五月，细川忠兴在写给儿子忠利的书信中提道，家光听闻“人人皆曰身无余财”，认为这是“物物皆精致奢华之故”，因此近期将颁布关于“下人”服装制度的法令。这里提到的“下人”，指的主要是旗本和御家人。

同年十一月，在前一年获得山城胜龙寺（今长冈京市）二万石领地并参与幕府上方管理的永井直清告诉细川忠利“主上（家光）之关注事无巨细”，忠利则首先说明了“天下之大病至于下人之疲敝也”这一现实，然后认为“若不施甘策以待诸人则难以为免……别他之策皆不应为用”，即强调了为缓解“下人之疲敝”而施行宽容的政策——“施甘策”——的必要性，并暗地里请求直清将自己的这些意见报告给家光。这里提到的“下人”，往往被认为指的是百姓、町人，不过按照上下文的文脉来说，主要指的应该是武士。

和家光所理解的武士贫困原因是“豪奢”不同，忠利则认为原因在于没有“施甘策”。家光和忠利的理解虽然存在上述偏差，但无疑武士的贫困在这一时期已经是一个严重的社会问题。

家光于一六三五年六月改订《武家诸法度》，其中规定在音信（进献礼物）、赠答、嫁娶仪式、祭拜、营造家宅等场合严戒华丽。另外，同年十二月发布的《诸士法度》《旗本法度》中，第三条要求“兵具以外，不得耽于无用之道具，不应致于私之豪奢，万事皆应励行俭约……不重小节不守本分以至于难勤奉公之辈必为惩处之事”，第四条要求“屋作（建家）而求超过其分之华丽者，近年以来祸及下位之族，自今以后应严守本分，以其本分之准为宜，应行轻俭之事”，此外还指出嫁娶、慰劳、互赠音信等事也存在奢华化的倾向，并制定了非常详细的基准，要求旗本阶层严守节俭。

执着于禁止豪奢

一六三九年（宽永十六年）四月二十二日，家光将此前一直在府的大名和四月刚刚参勤江户的大名全部召集到江户城中，在观看能乐演出之后，于白书院向诸大名下达了节俭和取缔基督徒的命令。关于节俭，家光表示“去年开始已经禁止世间之豪奢，可是华丽之风仍旧处处可见，因此今后务必于全国各处厉行节俭”。这次命令不仅选择了东国和西国大名聚首江户的这个时间点，而且还是由家光亲自下达的。

次月二十三日，家光还将所有番头找来，命令他们将万事克俭禁奢的要求转达给旗本众，而且这次命令同样是家光亲自下达的。

十二月，在前往柳生宗矩宅邸之时，家光和陪同自己的细川忠利、有马丰氏、毛利秀元谈到“世间之豪奢”的话题，命令他们各自写下“下人”们的穷困状况。然而听到此事，细川忠兴却流露出了真要让家光知道了所有情况该如何是好的感想。这一感想也体现出他对大病初愈的家光在禁止“豪奢”一事上有可能做过头的担心。

大概正是出于这些报告的缘故，家光于同月十九日表示，由于耳闻旗本们身无余财，要求老中们召集番头对相关情况进行调查。

次年正月，家光向旗本们下达相关法度，要求他们专注于军役，接待应酬之时以一汤三菜、淡腌菜、三巡酒为限，限制随从的男仆数量，同意他们穿着无绣纹的小袖和肩衣连裤，要求他们在建造房屋、购买工具甚至妻子衣物方面符合自己的身份并严禁“精致”，严禁把玩和收集做饭器具和饮茶器具，限制相互赠送礼物，禁止他们进行游山玩水、观赏游玩、不必要的聚会、在市井间散步等。这一法度的规定细致到了前所未有的程度。

就在此后不久，家光在猎鹰时，认定旗本加藤良胜建造的家屋精致得超过了其身份地位，便于正月二十三日叫来大番头水野元纲询问关于良胜的情况。对此元纲回答道，良胜积攒了足够的家资，而且在去年将军向旗本提供借贷时也没有去借款，同时还备齐了武具。无可奈何的家光只好放弃了处分良胜的想法，不过依旧要求其将精致的大家宅拆除、改建成更小的家宅。通过这件事情，家光对于“华丽”“精致”“豪奢”的过激反应以及对禁止上述事项的执着可见一斑。

综观家光上述一系列行为，可以看出他的关注重点是贫困武士及其身家。家光将这一贫困的原因归结为武士们的“华丽”“精致”“豪奢”，他认为严格禁止上述行为就能够解决贫困问题。家光对百姓的疲敝并没有具体认识。然而，就在这一时期，武士的贫困造成了对百姓剥削的加强，剥削加强则进一步造成了百姓的疲敝，而这又反过来加重了武士的穷乏，恶性循环不断发展。上述这一切，最终导致了宽永末年大饥馑的爆发。

2　从凶年到饥馑

牛的大量死亡

从岛原之乱结束的一六三八年（宽永十五年）八月中旬开始，牛瘟突然开始在九州全境爆发。到当年年底，九州的耕牛已经濒临全灭。

这场牛瘟究竟从何处开始已无从可考，不过到了八月末，丰前、丰后、筑前、筑后地区的耕牛已经死得一头不剩。九月，肥后国流传“邻国已无一头牛”，而等到当月中旬，该地的牛也因从筑后传来的牛瘟而死亡。进入十一月，九州各村已经到了每村仅余一两头牛的地步，死牛总数远远不止两三万头。

熊本藩主细川忠利认为牛的大量死亡“其痛甚于大风”，便从十月开始就早早地暂停了熊本城的修筑工事。为了保证小麦种植不受影响，他还派遣家臣们前往各自知行地，帮助百姓耕种。此后，忠利试图用马来帮助耕作却并不顺利。他一度向萨摩求购马匹，但因为各方都前往萨摩求购以至于耕马价格超过了战马而不得不中止。忠利把派遣家臣去知行地以及去萨摩求购马匹不顺的事情告诉邻藩的筑后久留米藩主有马氏，询问对方采取了何种应对策略，还表达了对于来年耕作的不安。

一六三八年蔓延九州的牛瘟于第二年进一步扩展至中国地区。到了一六四〇年八月前后已经是“五畿内之牛死空前，至于大津亦有死牛”，十二月的时候在备后地方也出现对于干旱和耕牛死亡导致来年春耕有可能延迟的担心。一六四一年九月，根据伊势津藩的伊贺奉行提交的牛瘟报告书，伊贺一国六千五百一十一头耕牛当中，有二千二百三十一头死去，病牛也达到了九百六十七头之多。当年，纪伊国也出现了大量死牛，在记录这一事情的小册子上，人们使用了“天下牛死，当地同前”的说法。

如此大量的耕牛死亡，对于领主们来说当然是“苦不堪言”的事情；而对于百姓来说，这不仅意味着失去了用于耕作的重要劳动力，而且如果考虑到牛的粪尿还可以被用作肥料这一点，其影响就更严重了。在九州、中国、四国地区，这件事则成了随之而来的大饥馑的前兆。

连年不断的歉收

宽永末年的饥馑，是近世前期发生的最大规模的饥馑。首先，让我们通过藤田觉的研究来看看全国大饥馑的情况。

饥馑明显显现，是在一六四二年（宽永十九年）和一六四三年。不过在此之前，饥馑的征兆已经在地方上出现了。一六四〇年六月，虾夷地区的驹之岳火山喷发，大量火山灰漫天而落。津轻地区当年粮食大规模绝收，饿死了许多人。当年九月秋田地区遭遇大风，水稻因此受灾严重。

次年一六四一年夏天，津轻地区的梨花晚至六月土用①时期才开放，气象异常、五谷不实，继上一年之后再次出现饿死者。当年六月，五畿之内、中国、四国地区大旱，会津地区遭遇大雨冰雹导致庄稼损失惨重，丰后臼杵夏天大旱、八月则遭遇大洪水。同年八月秋田降霜，备后的旱田则由于强风暴雨造成的大水而遭受巨大损失。加贺也因为遭遇漫长雨季和冷风而受灾严重。

入秋，全国性的歉收越来越明显。山形藩的年贡收缴量在一六三八年有七万八千七百一十五石，一六三九年则大跌至四万二千六百零六石，一六四〇年是四万零九百二十三石，一六四一年是三万六千四百九十六石，一六四二年则减少到三万一千二百七十九石。伊势、伊贺领内遭遇歉收，邻国也大致相同。肥后则爆发虫害。

但是，在这一阶段，虽然个别领主相继对歉收和饥馑

---

① 根据阴阳五行学说，立春、立夏、立秋、立冬前的十八天被称为“土用”，尤其是指夏季立秋前的土用。

采取了应对措施，但幕府尚未针对全国性的饥荒出台对策。

进入一六四二年，饥馑开始在全国各地显现。正月，水户百姓手头的食物消耗殆尽。二月，津轻藩前一年的歉收导致杂谷和萝卜没有任何收成，到了“百姓可食之物全无”的状态。江户的米、大豆价格也因此暴涨，各国出现的饥馑形势陆续被报告给了幕府。二月，家光取消了上一年七月做出的在今年派遣诸国巡见使的决定。虽然做出这一决定的理由是饥馑，但在这一时期，家光并没有积极制订应对饥馑的对策。

三月到五月，津轻出现了大量死者，广岛藩和备后三次藩也开始出现饿死者。到四月，不仅东北的米泽、庄内、秋田、津轻等地，关东、信浓、西国也相继爆发饥馑。伊贺有些百姓为了挖掘能够充饥的葛根、蕨根而放弃种植庄稼，而同样的状况在越后村上藩也开始出现。

幕府开始应对饥馑

一六四二年（宽永十九年）四月参拜完日光后，家光从四月三十日至五月二日陆续向参勤交代的四十七位大名下达了归国许可。家光在叮嘱大名们彻查领内基督教徒取缔问题的同时，也要求他们各自对前一年因庄稼受灾而贫困的诸国人民进行力所能及的抚民救济。另外，家光还指示他们在归国途中切勿劳烦已经疲敝不堪的途中人马，而要依次出发。

五月二日，家光通过老中要求旗本轮番返回知行领地并安置贫困百姓；五月九日，又命令谱代大名轮流返回领地并进行安置。就在这些指示发出的同时，家光还要求幕府掌握幕领的粮食种植情况。五月二十三日，老中召集美浓、远江、伊势、骏河、上总、下总、伊豆、武藏、信浓等九国的代官，从他们那里了解到了前一年和当年粮食种植的情况。

在此期间，江户米价的暴涨受到重视，幕府开始讨论如何平抑物价。五月，幕府藏奉行的违法行为遭到举报。六月此案大审，包括城米奉行、浅草藏奉行、勘定方、代官、小扬、町人在内的六十余人遭到切腹、斩首、流放等严厉处分。这次事件不仅对此后藏米的管理机制，也对幕府勘定机构的改革和确立产生了重大影响。

五月二十四日，幕府首先以畿内和近国为对象发出七条法令，其中包括禁止华美的祭祀和佛会、超出此前规定的服装用度和嫁娶乘物、不合时宜的家屋建设，禁止将种植粮食的本田地改种烟草，禁止在马鞍上安装毛毡，奖励栽培树苗。这一法令被认为出自京都所司代以及担任国奉行的小堀政一和五味丰直之手。

紧接着在二十六日，幕府向关东幕领代官们下达命令，禁止地方酿酒，禁止民间贩卖乌冬面、切面、荞麦面、细面、馒头等，禁止制作豆腐，要求民众专心于田地耕作、多吃粗粮少吃大米，指示不要无端征调百姓做劳役，征收年贡时不要与百姓发生冲突，要保证年贡米的质量，各村要制作账目以防范有关村财政问题的诉讼，最后还禁止地方上的各种宗教募款和鲜鱼贩卖。

全国饥馑对策

幕府的饥馑对策，首先以将军所在的江户和幕府领为对象展开。但全国范围的饥馑对策也几乎同时开始实施了。

一六四二年（宽永十九年）五月八日，家光叫来永井尚政、永井直清、松平正纲、秋元泰朝、江户町奉行和宫城和甫，向他们表示，去年的庄稼损失惨重，当年夏天民间也甚为疲敝，如果今年再次歉收，来年就还会饿死人，因此要求大家就如何对诸国人民施以“抚育之计”进献良策。五月十三日，家光又召唤老中和永井尚政等人，外加大坂町奉行久贝正俊，以及过去曾经担任江户町奉行的岛田利正，命令他们处理相关问题。次日，幕府定下了要在各国用高札发布给民众的法令内容：

诸国各地田亩不得荒芜，必以精心耕作，若有本无作毛（收货前的稻米或小麦）损失而妄申受难、以为年贡难交之族类，可以犯曲事（恶事）之故惩处之。

月 日

这一高札内容以老中奉书的方式在五月三十日和六月二日下达给诸大名，大名们则将写有这一内容的高札立于领内。

六月，肥后爆发大洪水，佐贺藩和萩藩也遭受水灾，萩藩还同时遭遇了“前所未闻”之大旱灾。同样是在六月，近江彦根町中已经无米可卖，藩中发出命令，禁止民众购买多于所需口粮数量的大米。信浓木曾谷遭遇饥馑，虽然已借到大米但依然出现了饿死者。加贺金泽也由于三年持续歉收，出现了大量饿死者。

六月二十九日，就在饥馑持续扩大之时，关于领内处理，幕府以包括大名领在内的全国为对象，下达了应对饥馑的布告。该布告由松平正纲、秋元泰朝、岛田利正、两位江户町奉行、宫城和甫六人向东国大名传达，由板仓重宗、永井尚政、永井直清、久贝正俊、曾我古祐、石河胜政、小堀政一、五味丰直八人向西国大名传达。从交付到大名手中的布告内容上看，其中的第一条是：

盖因当年诸国人民疲敝，故应略赦百姓之责，若

> 当年庄稼有何损耗，来年则可致饥馑也。俭约之事已多次申令，诸侍亦已悉晓其旨，万事慎用以为减少耗费，町人百姓以下之食物用度，亦应有此觉悟，细算以免至于饥馑，勿论不应滥赊米谷于百姓诸人，可传此意于彼地也。

从其内容中可以看出，饥馑对策的对象不仅包括武士，百姓町人也都被纳入其中。在这之后的其他条文内容涉及了禁止百姓不缴纳年贡、不许在定额之外滥用百姓提供劳役、节约五谷、禁止在本田地中种植烟草等内容，最后要求这些命令要得到大名家臣、领内寺社、町人百姓们的坚决遵守。

上述饥馑对策，除了为确保大米种植而禁止在本田地中种植烟草之外，主要是以节俭为基调的，实在算不上积极主动的政策。不过值得注意的是，该政令和此前的高札实际上都是幕府对大名领内治理事务的直接干涉。

3 “满是乞食人”

连续两年歉收

一六四二年（宽永十九年）的年景，在最开始的时候好像比往年要好，可从七月到八月，山城国便遭遇旱灾。七月，关东地区也遭遇干旱，可进入八月之后却出现了连天雨和大洪水，造成了歉收，此后又因为霜冻，灾害不断持续。北国地区八月遭遇连天雨，会津降下大霜，包括仙台领、米泽领在内都预测年贡将会减少。土佐国东部出现虫害，西部遭遇风灾和水害，歉收连连。八月前后，信浓某村饿死一百四十七人，九十二人被卖为奴，三十八户百姓逃难，八十二匹马死亡，八十三头耕牛死亡，村中三分之一的家庭绝户。

七月二十五日，小堀政一与五味丰直以畿内近国为对象，发出了包括小百姓议定年贡上交比例、田地禁止种植棉花、旱地禁止种植菜籽这三条追加条目在内的十七条法令。此后，京都和大坂也发出了针对町人的节俭令。

另外，二十九日，幕府以关东为对象，要求村中对单身或者生病、人手不足的百姓提供耕作上的帮助，另外还以下不为例为方针，要求对今年用水不足的地区调拨水资源。在这条法令中，首次出现了幕府对劳动力和用水等百姓生活具体内容的关注。此外，该法令中关于村内互相扶助和强化村请制度等内容也值得关注。

综合七月二十五日的法令和二十九日针对关东发出的法令中关于村内互相扶助的规定，八月十日，幕府又发出新的法令，追加了驱逐藐视领主治理的“无赖百姓”，整顿堤防，禁止基督教，以及有关道桥工程的法令条目。

进入闰九月，从北部的津轻藩和南部藩直到九州，歉收现象已经凸显，两年连续出现饥馑的情况已经不可避免。

针对这一事态，家光认为来年的饥馑已不可避免，故于闰九月十四日向全国大名发出命令，要求他们扶持因歉收而疲敝的百姓，勿向百姓行不义之事，另外对明明没有遭遇灾害却拒不缴纳年贡的百姓施以严厉处罚。不仅如此，幕府还下达指示，要求以江户、京都、大坂为首的城下酿酒坊减至此前的一半，地方上的酿酒坊则全面禁止；还在禁止制作耗费五谷的乌冬面、切面、细面、馒头、南蛮点心、荞麦面等食物的同时，要求对能够制作食物的原材料“从头到尾”毫无浪费地仔细使用。

在这一命令下达之际，幕府以“日本之大米贮藏”为理由，要求大名报告领内的粮食种植情况以及前一年与当年的年贡上交比例，试图掌握全国大米的生产量。

饥民与遣返流民

从一六四二年（宽永十九年）年末起，饥民遍及各地，饿殍遍野。加贺藩的记录中写到“自江户至京洛，北国临海一道，人马饿死沿路不绝”，将军所在的江户自一六四三年年初起就有数百名饥民聚集于日本桥附近，每天都有数人饿死。不过即便这样，江户的情况还是要比其他地区好得多。

京都的状况就比江户凄惨，时任朝廷左大臣的九条道房就将目睹之惨状写在了自己二月二十四日的日记中：

> 洛中、洛外满是乞食人，自去年夏时便是如此，实则古来六七十年所未有之饥馑也。此乃去年、前年农产不丰之故，是末代之时德化不降者耶。往昔之祈年奉币以下诸祈礼，近年断绝已久，不敬神佛之事无甚于此。至于饿死之人甚多，人道已忘，或弃婴孩于轩下，或抛七八岁之幼童于路边。人多失其养，以至于自然饿死，为犬相食。沿户乞食者千万人，无可施救之，上之圣德不施于下，不成于事。

所司代板仓重宗向江户报告京都的饥民人数为两千人。此外，身在江户的大德寺僧人泽庵也在写给细川光尚的信中说："听闻丹后、但马等国之中，年年乞食之人甚多，道路之上死人塞目。"

一六四三年二月五日，为了解决江户的大米不足问题和平抑米价，幕府命令诸大名从领地用船运来发给江户家臣们的俸禄米，同时禁止江户的大米买卖，试图以此解决江户的大米供应和米价问题。

紧接着，幕府于七日开始调查聚集于日本桥附近的八百名乞讨者的原籍并将他们分别移交给了所属领地的大名。同一天，幕府就将原籍尾张的六十人、原籍水户的十六人、原籍佐仓的三十六人等大约三百人移交给了相关大名。

京都和大坂也在同一时期开始遣返饥民。从所司代板仓重宗处得知的遣返饥民人数中，原籍若狭小滨藩者有十九人，原籍近江彦根藩者则分两次遣返，第一次人数不明，第二次则有十八人。小滨藩主酒井忠胜听闻此事之后向板仓重宗回复道，本藩已比去年有更多的心理准备，下令防止他国饥民流入本国或本国饥民流入他国，却仍然造成如此事态，给重宗增添了莫大的“麻烦”。彦根藩主井伊直孝则在写给领国家臣的信中认为，分两次遣返乞讨者实在是“处置不当甚增麻烦之事”。由此可见，领主们对于饥民流至领外一事怀有明确的“耻辱”感。

卖子

让我们从另一个角度来审视这次饥馑的惨状。在曾是小滨藩领的越前敦贺郡大比田浦村的村长文书中，留下了四份从饥馑开始的一六四一年（宽永十八年）到一六四三年之间写成的卖子字据，此处仅举其中的一份如下：

永代卖却儿子之事

一、本人因无法上交午年之御纳所（缴纳年

贡），故将我子次郎以丁银二十六两六分为价请于各处，承蒙贵府收买我子而留之勿使卖弃于远国，已收到上述之银两，上交于年贡御藏，感激之情无以言表，必将永代为贵府之进退为试听也。若此子有何欠落之事，可以本人为使代为行之。为至后世以为证明，作此状一札如是。

宽永十九年　　　　　河上（拇指印）

午十二月十一日　　　五郎兵卫（印）

孙兵卫（印）

弥左部（拇指印）

河端（印、拇指印）

次郎兵卫（拇指印）

彦右卫门（拇指印）

比田刀祢弥七郎殿

台鉴

这一卖子字据，是名为河上的百姓由于不能按时缴纳年贡，便将儿子次郎以约等于一石大米价格的二十六两六分白银卖给了大比田浦村的村长，所得银两作为年贡上交，并且保证而如果此子逃走，则河上会亲自代替其子所做的保证。“勿使卖弃于远国”这一句，即表现出了父亲对于儿子得以留在村中的安心，也反映出百姓已被逼迫至如此地步。

当年，作为敦贺郡大村长之一同时也是上文买主的大比田浦村村长不仅被藩里要求全力征缴敦贺郡中的未进（尚未缴纳的年贡），同时也因为自己所在村子的未进过多而遭到了严厉斥责。正是因为藩主如此苛酷的年贡征收手段，就算幕府早就颁布了人身买卖禁止令，百姓们还是不得不卖儿鬻女，也才有了上述卖子字据的出现。

《土民仕置之条目》

在饥馑之害不断扩大、饥民充斥诸国各地、大量死者出现的时候，幕府对饥馑的应对政策开始从以节俭为中心逐渐向“百姓之存立”的方向转变。由此前对百姓无节制的掠夺转变为保证“百姓之存立”，当然并不是就此放弃对百姓的掠夺，而是为实现可持续的掠夺而做出的改变。

一六四三年（宽永二十年）二月，幕府向旗本和代官下达命令，要求他们为了当年的播种而向百姓出借种子，并表示如果他们没有这种余力，幕府可以提供援助。此外，此前一直禁止的“谱代奉公”（没有规定期限的终生劳役）也在幕府领内以“饥民”为限得到承认。不仅如此，知行规模较小的旗本也被命令前往知行地监督粮食耕作并整顿频频发生的盗窃问题。

三月十日，幕府向代官发出七条法令，第二天又发出了包括十七条内容的《土民仕置之条目》。

三月十日法令的第一条，要求代官们每年春夏前往各自的代官所，认真检查河川堤防的工事并对需要进行修建的提出要求；在此期间还要确认小麦种植情况的好坏。第二条，要求代官们秋季也要前往管理地区巡视，检查田亩的状态并要求缴纳年贡。第三条，家资殷实的百姓会因为购买土地而更加富裕，家境贫困的百姓则会因卖掉土地而愈加困苦，因此今后应禁止田地买卖。第四条，家境贫困的百姓如果在代官的全力帮助下依然不能安身自立，那么代官应该借给他们适当数量的食物，使其能够自立。第五条，事先向名主、百姓认真阐述相关法度的内容宗旨并告知百姓不可违背。第六条，如果百姓有轻度违反法令之举，可根据其违法程度核算成天数，作为惩罚让其整顿河堤、种植竹木或参加相关的建设工程；如果其罪深重，则交由奉行所处理。第七条，各处均派遣有目付监察，因此管理不当的代官会被判“越度”（过失罪），这件事要向包括代官手下的“手代”等人认真传达。

包括十七条内容的法令《土民仕置之条目》，是对此前所发出的法令的总括，并添加新条目制定而成，不仅总结了幕府的饥馑对策，而且此后也变成了幕府农业政策的基本法令。

第一条禁止庄屋（村长）和总百姓（上层百姓）建

造不合规格的房屋，第二条禁止村长及其妻儿使用绢、绸、布、木棉以外，胁百姓（中下层小百姓）使用布、木棉以外的衣料，第三条禁止用紫红梅对衣物进行染色，第十一条禁止百姓使用交通工具，第十六条禁止过于华美的佛事祭祀等。上述条目从日常生活层面命令百姓厉行节俭。

此外，第四条要求百姓以杂谷为日常食物、禁止妄食白米，第五条为节约五谷而禁止地方贩卖乌冬面、切面、细面、荞麦面、馒头、豆腐等食物，第六条禁止地方上酿酒和卖酒，第七条禁止百姓在前往都市时无端饮酒，第十条禁止在本田地中种植烟草。上述条目对百姓的饮食和种植行为加以限制，以确保食物供给并要求在食物方面厉行节俭。

第八条要求百姓在耕种之时认真照料田地、勤于除草，如果懒散则将被认定为行“恶事”而遭到处罚。第九条要求以五人组和村为单位对无法进行耕种的单身百姓、患病百姓进行扶助，以便整顿田地、收获粮食。第十二条要求百姓不可收留从别处而来不事生产之人于乡中，如有隐瞒必将受到惩罚。第十三条禁止永久性的土地买卖。上述条目深深地触及了百姓的生产活动，而在饥馑以前的地方农村法令中是看不到这些内容的。由此可见，幕府的确以这次饥馑为契机，开始实施重视百姓生存的政策。

第十四条提及要为应对关于年贡的诉讼而准备场所，同时禁止向逃亡百姓提供住宿。第十五条规定，如果难以忍受所在地地头（旗本）或代官的管理，幕府许可百姓在全额缴纳年贡之后移居他乡，并对关于年贡缴纳等问题的百姓诉讼原则进行了规范。此外，第十七条还禁止马车在装载了木材、草料、干货海产等时进入江户城中。

该法令虽然只是以关东幕府领为对象的，但其反映出的“百姓之存立”观念由此明确地得到了领主们的认同并作为政策加以推行，因此意义重大。

4　饥馑与诸大名

“不可使百姓饿死”

面对遍及全国的粮食歉收和饥馑，大名们各自采取了应对措施。在这里，让我们以深度参与了幕府应对饥馑行动的大老酒井忠胜在其领地若狭小滨藩所推行的应对措施为中心，参照其他大名的应对策略，对这个问题一探究竟。

从一六四二年（宽永十九年）起，小滨藩年贡无法缴纳的情况就开始增加并表面化了。再加上该藩在近江国高岛郡的领地在初春之时遭遇大雪，导致青菜和白萝卜等农作物都被积雪覆盖而无法收割，百姓已经濒临饿死。对此，忠胜在二月三十日写信给领国年寄，告诉他们：“金银米钱之储备，正为此时之用。我等当须有所作为，万一我之治下有一人饿毙，则必至审判也。”除此之外，忠胜还下令通过从若狭徒步搬运大米以及支取大津藏米等方法救济百姓，认为“百姓饿死乃我等之耻”，要求做出万全的处理以避免领地人民饿死。

此外，就在当年年底，饥馑已十分明显，忠胜认为这次饥馑乃是“天下之饥馑”“五十年未有、百年未遇之事”。忠胜据此向领国的家老做出指示，此前的金银储备就是为了大规模的军役和像这样的饥馑而准备的，因此要心怀这样的准备做出“恰当”的处置。

这种勿使百姓饿死的想法并不只局限于忠胜一人。备后福山藩的水野胜重（胜俊）于一六四三年正月命令领国家臣们以“不使百姓饿毙”之决心进行处理；同年三月，时任近江幕府领管理一职的小堀政一也向负责管理工作的家臣们做出指示：“听闻江州（近江）优于他国，故百姓多聚于此”，“诸位须巡视各地不留死角，专心专意勿使有饿死之事”。而就在当月，幕府代官松原弥右卫门向自己管辖的美浓代官所领内的村官下达命令，要求领内包括高持（有土地的本百姓）、无高（无土地的百姓）在内六岁以上的百姓出现饥馑之时，须出借金钱以“使其不至于死地”。由此观之，勿使百姓饿死的这一想法，乃是所有领主们的共通认识。在这样的背景之下，困扰领主们的主要问题就集中到了如何确保和维持来年用于耕种的劳动力了。

忠胜虽然做出了勿使人“饿以至于死地”的命令，但在二月三十日写给领国的信中还是指出“倘有欺每（欺侮）地当（地头）之处置、心怀恶意之百姓，纵有五十至于百人亦以死罪惩处之”，也就是指示家臣对藐视领主处置权的行为进行严厉惩罚。

这种态度与同年八月十日幕府规定的法令中关于惩处“无赖百姓”的内容前后呼应。

饥馑初期的应对

从小滨藩来看，针对该藩家臣采取的饥馑对策并非以知行采邑的方式而是以俸禄知行的方式进行，因此家臣们每年都按照惯例从藩的仓库中领取俸禄米。或许是出于这一原因，该藩对家臣们并没有采取特别的饥馑对策。当饥馑预计发生的一六四二年（宽永十九年）五月前后，忠胜要求家中武士们暂停用于购买衣物的金银支出、节约早晚餐的食物，强调要做好饥馑到来的心理准备。十二月，该藩比往年更早地向下级家臣发放了相应的救济俸禄米。

一六四二年五月，忠胜预测到北国恐怕不会有大米进入小浜和敦贺，便效仿江户的政策，命令以小滨为首，包括敦贺、高滨、熊川、佐柿等地的街市到秋天为止不得制作酒、豆腐、麦糕、乌冬面、切面等食物。

一六四一年四月，备后福山藩，为平抑城下米价的高涨开始公开贩卖米谷并下令只能购买够吃到八月的口粮。在近江彦根藩，一六四二年六月，城下藏米殆尽导致米价暴涨，因此限制町人们购买的米量不得超过口粮所需，以此防范对大米的囤积居奇等投机性买卖行为。米泽藩于同年六月公定米价，同时试图促进领内藏米的流通。

进入六月，小滨藩受幕府之命，将此前提到的高札立于领内小滨、高滨、熊川、佐柿、敦贺、高岛六处。不仅如此，到月末，该藩还将幕府以全国为对象下发的关于节俭、百姓不纳粮、对于百姓的劳役赋课、节约五谷、种植烟草等问题的法令严格下达给了领内各村。

到十二月，敦贺和小滨聚集了大量来自他国的饥民。对此，忠胜表示领内无法养活他国饥民，因此下令增加国境等地检查站的人手以使饥民不得进入领国。次年正月，忠胜又再次下令谨防他国饥民进入领内，同时也要防止领内饥民流往他国。

鸟取藩也采取了上述对策。一六四二年十二月，该藩在得知有他国饥民进入领内之后，向国境沿线村庄的村长和百姓们下达命令，要求他们阻止饥民流入领内和领内饥民流出，并要求他们提交保证书。这些政策与将聚集于江户和京都的饥民遣返至各自领主之处的政策一样，都包含了领主有“抚育”领民的责任这一基本原则。

饥民与施粥

进入一六四三年（宽永二十年），小滨藩各村也开始出现饿死之人，熊川一带死者尤甚，有大量孩童被抛弃在城郭附近的竹原之堤处。此时施粥便开始了。小滨藩向拥有田地的百姓出借耕种时的劳力口粮和米种，之后又向虽没有土地但从村长处承包了耕种土地的百姓出借劳力口粮，而施粥的对象则是除上述生产劳动之外的无地百姓以及穷困的渔师、町人等。

一六四二年十二月二十九日，忠胜预测到饥民数量会在正月、二月、三月大规模增加，因此下令在小滨、敦贺、高滨准备施粥，同时向领内下发了“调粥记录”。以下便是这一“记录”的内容：

饥民抚育粥之数

一、稗一斗六升　　粉六升四合

一、麦八升　　粉四升六合

荒布

一、煮干　　干菜一斗四升

今法

一、盐　　　　　　四升

一、水　　　　　　一石四斗

以上之粥一日五百盏，以养二百二十人。

“荒布”是海带科的海草——学名褐藻，“煮干”是干菜，“今法”实际是“令法”（山柳）的别称，该植物的嫩芽可以用来充饥。用这些东西做成的粥中会加入麦粉和稗粉，却不会加入大米。不过，此后发出的书信中有了新的指示，要求不再加麦粉和稗粉而改为加入大米。和江户时代后期发生饥馑时所施的粥相比，这一时期做粥的材料还是比较丰富的。

次年正月，忠胜向领国发出书信，指示家臣制作煮粥用的大锅——如有需要可以做十个甚至二十个，如果煮粥的道具不够则可以去他国采购。在同一封书信中，忠胜还提到虽然已经“向两千名饥民进行了前后两次、为期一百五十天的施粥”，但耗费的白银还没有超过三四十贯，这等数额不过是“区区小钱”，还命令领内不可使民饿死。此外，在之后的书信中，忠胜还表示为了救助饥民，即便是耗费一百贯、二百贯的银钱也是毫无“疑虑”，对解决饥馑问题表达了强烈的决心。

施粥于二月八日从小滨开始，此后饥民连日增加，到十三日时已经超过了七百人。忠胜担心如果继续这样施粥的话饥民会达到数千人，因此下令将饥民分为三类并只向最饥饿的人施粥。另外，只在一处施粥会造成领内饥民的集中并出现混乱，因此忠胜下令不光在小滨，还要在敦贺和高滨进行施粥。

百姓存立

一六四二年（宽永十九年）五月，忠胜为保证田地耕种的顺利，向领国年寄下达了数条指示。其一，向育苗不利和没有新苗的地方出借相应的金钱，让其准备二轮耕种。其二，发生干旱之时，由藩或派遣人手帮助水源不足的各村百姓或提供解决方法以为救济，全力护好贮水池。其三，对于已经十分疲敝的村庄，通过让其参与平日里就理应修建的堤坝和河川整治等工程，以此发放稍多的大米。

正如这样，忠胜对百姓生活的具体内容做出了详细指示。这些政策此前并非没有，却正是以这次饥馑为契机开始大量出现在大名们的领国内。

身在领国的忠胜于八月二十三日下达指示，让各村的“疲敝”百姓通过挖掘城郭壕沟的泥沙来换取五合米的救济，试图尽可能地以此缓解百姓的贫困。

一六四三年正月，忠胜下令向拥有田地和家屋的百姓出借劳力口粮和米种；对于村里没有田地的百姓，则以其从村长处承包耕种田地为条件出借劳力口粮，标准为一天一合米；另外，对于尤其能干的人，则以让其参加堤坝和河川整顿工程为条件，向他们下发两合或三合的俸禄米。上述政策在试图维持饥馑过后的生产活动的同时，也在极力抑制藩库的财政支出。另外，关于饥馑时期救济俸禄米的数量，鸟取藩是每天男性一合，女性五勺（相当于二分之一合），可以说每天一合是当时的一个标准。

从一六四二年到一六四三年，小滨藩向领内百姓借出的劳力口粮的数量，包括小滨三千俵，一六四二年年底遭遇大火的敦贺四千俵，高滨五千俵，高滨渔师二百五十俵，西津渔师三百俵，佐柿町民与渔师合计三百俵，熊川三百俵，近江高岛郡运木船工一百表，上述合计一万三千二百五十俵，再加上向各村借出的一万五千俵，总计二万八千二百五十俵。不仅如此，该藩还为了水稻种植而向各村出借米种，出借量从往年的六千多俵大幅增长到了一万一千五百二十八俵，试图以此确保种植的顺利。

这些为了保证百姓的耕作而出借劳力口粮和米种的行为，虽然是全国各藩都采取的政策，但正是以这次饥馑为契机，领主们对百姓存立的关心陡然增加了。处理“百姓存立”的成功与否，仅对领主们日后掠夺百姓来说，也是意义重大的。

一六四二年除夕，忠胜在写给领国年寄们的信中强调，“若致百姓困苦迷惑，身陷难关，抑或偏投他国，则是此前以来处置无责之故也”，表达了对保证百姓存立这一政策重要性的认识。

特辑专栏：
《庆安御触书》是庆安二年颁布的吗？

《庆安御触书》作为理解江户时代农业政策的最重要法令之一，不仅是日本中学、高中的日本史教科书中的必修内容，还是有关日本历史的通史性著作中一定会提到的重要史料。

对这一史料的评价，在教科书和研究者之间存在少许区别。大多数教科书都将其视为强制农民耕作和统辖农民生活的法令，而研究者们则关注它所反映出的领主对于农民生产和劳动方式的介入，这种介入历经宽永饥馑，使得领主阶级的视线触及了农民的生产经营活动。以“一夫一妻之百姓”为基础、以小农维持政策为基调的农业政策则以这一法令为标志正式展开。当然，教科书和研究者们都将《庆安御触书》颁布于一六四九年（庆安二年）作为论述的前提。

不过，在第八代将军吉宗下令编纂并完成于一七四四年（延享元年）的幕府法令集《御触书宽保集成》，以及江户时代前期的《御当家令条》等法令集中，都没有收录《庆安御触书》这一法令。收录了这一法令的，是始编于一八〇九年（文化六年）并完成于一八四三年（天保十四年）的幕府正史《德川实纪》，以及一八九〇年（明治二十三年）由司法省编纂而成的《德川禁令考》等后世史料。关于这一法令的来源，《德川实纪》以《条令拾遗》为出典，《德川禁令考》则同时以《条令拾遗》和编纂于一八三五年的《教令类纂》为出典。到了一九五九年（昭和三十四年），榎本宗次根据上述情况对该法令颁行于一六四九年这一点提出了质疑。自此以后，榎本宗次的提议虽然也在相关研究者的考虑范围内，但大多数研究者并不认同这一质疑。

不过到了一九九〇年，丸山雍成在整理一直以来有关《庆安御触书》的研究史的基础上推测："幕领的特定代官在直面宝历至天明时期（一七五一～一七八九）农村结构的质变、痛感重整和维持本百姓体制的必要性之后，通过参考斟酌近世初期到中期之间的幕府法令、五人组账前书或者特定的教谕材料，创造出了新的农民教谕书（《百姓身持书》）并在随后引起广泛关注。该法令恐怕是把这一农民教谕书修正和增补之后，以《庆安御触书》的名义流传开来的产物。"

丸山雍成不仅继承了榎本宗次的观点，而且列举出了与《庆安御触书》虽然在法令条数和字句多少上有所差异但仍属同一体系、标记时间为“天明二年（一七八二）寅正月吉祥日”的《百姓身持书》的存在；此外，他还以近年来地方史研究的相关成果为基础，指出在近世前期的诸藩保留的资料和编纂的法令集中都没有找到《庆安御触书》的身影。笔者也赞同丸山雍成的意见，认为《庆安御触书》并非一六四九年颁布的法令。

在此，笔者将以丸山雍成的研究成果为前提再稍加论述。在《德川实纪》引用的出典《条令拾遗》中，《庆安御触书》其实是以《百姓身持之书》为名称收录的。它与丸山雍成提到的一七八二年《百姓身持书》具有同样的教谕书性质，本身就被排除在法令这一形式之外。另外，在十七世纪特别是前期颁行的幕府法令都是以领主或代官为对象的，几乎没出现过直接以百姓为对象的情况。结合上述情况而言，《庆安御触书》本身就与当时的法令形式存在巨大差异。

榎本宗次推测作为《德川实纪》出典根据的《条令拾遗》成书于江户后期，反对榎本宗次观点的松崎欣一则认为其成书时间应该更早，丸山雍成虽然认为松崎欣一的批判并不成立，但也并未对该书的成书年代进行积极探讨。接下来我们就来讨论一下《条令拾遗》的成书年代。

将《庆安御触书》以《条令拾遗》为根据收录在

《德川实纪》中的人，是大学头林述斋。述斋本是美浓岩村藩松平乘蕴之子，后被大学头林家收为养子，承担着监护岩村藩政的职责。一八三〇年（文政十三年）岩村藩接受述斋的指导，刊行《庆安御触书》并在领内发布。述斋于一八三〇年八月八日造访因好学而出名的大名松浦静山并谈到了以下之事：

> 岩村藩之松平家，尚存有庆安二年二月自公仪（将军）遍发于民间之小册，实乃贯通下情之内容，实可一读。岩村藩之藩主尚为年幼，又是在下（述斋）之本家，故在下实于私下辅佐其藩政。于其处知此法令之所存，此番广为公布于领内、下布于各户而刊行已毕。

我们很容易推测出上文中提到的“小册”就是《庆安御触书》，由于静山实际上将岩村藩当年刊行的《庆安御触书》借来并进行了抄写，因此他能够对其内容进行确认。如果从上述言语来看的话，述斋在上述时间点还认为《庆安御触书》是由岩村藩流传而来，而并不知晓还有其他材料收录了这一内容。换言之，他此时并不知道《条文拾遗》的存在。

《德川实纪》的编纂者在编纂工作已经开始了十几年

的时间点上，仍然不知道《德川实纪》的引用典籍《条令拾遗》的存在，这是很难说通的，更何况他不以岩村藩刊行的书为出典这一点也显得非常不自然。不过，如果我们将《条令拾遗》的编者推断为述斋本人或者是参与了《德川实纪》的编纂工作之人的话，上述疑问就可以得到解决。也就是说笔者的推理是，林述斋在编纂实纪的过程中接触到了刊行于岩村藩的《庆安御触书》，在将其列为《德川实纪》的引用典籍之时，也把其与同时期的其他法令一起汇编成了《条令拾遗》并以后者作为出典。

终章　东亚中的日本

1　日本型华夷秩序

朝鲜与中国——国书纠葛

国书，对于交换它的各个国家来说，都是彰显其外交地位的重要物件。在此，让我们根据永积洋子的研究成果，以国书为素材，考察一下幕府对日本与诸外国之间关系的定位。

一六一七年（元和三年），朝鲜使节在伏见城拜谒秀忠，同时呈上了朝鲜国王的国书。崇传受命书写这封国书的回信并立即完成了这项工作。不过，宗氏的使者在这时到来，指出以前由西笑承兑[①]书写的朝鲜国书回信中没有

① 活跃于近世初期的京都相国寺禅僧，曾在丰臣秀吉和德川家康手下参与政治和外交事务。

写上“日本国王”而是只写了“日本国”，此事在朝鲜使节回到本国之后出现问题，使节遭到了惩罚。因此宗氏提出请求，希望在这一次的回信中能够写上“日本国王”。

对此，崇传向正在讨论善后对策的幕府年寄众表示：

> 王字自古以来不见于往高丽之书翰也，高丽之于日本乃戎国也，日本之王与高丽之王向无书信沟通，况乎此前兑长老所作之书简亦继往昔之例写就，故而至今更无妄加王字之理也。

也就是说，崇传将不使用“王”字的理由，归结为三点，即朝鲜对于日本来说乃是“戎国”，至此为止的历史中也没有出现过王与王之间的书信交往，以及西笑承兑也是根据往昔的先例来处理国书问题，并以此说服了年寄们。次日，秀忠也认可了崇传的解释，决定不在回信中书写“国王”。不过，由于朝鲜使节的强烈要求，该回信还是在宗氏手中被加上“王”字之后，由使节们带回了朝鲜。

关于这一点会在之后着重讨论，不过起码在这一时间点上，幕府是以朝鲜为“戎国”这一观点单方面确定日朝关系的。关于朝鲜的这种认识并非开始于这一时期，而是对因日本和中国对等而视朝鲜为“一等下”的律令制以来的传统观念进行的再确认。但是，这一围绕国书问题展开的议论之中，由幕府对既有观念进行重新确认这一行为本身在江户时代外交秩序的形成过程当中也占据着重要地位。

此后，一六二一年，标注日期为中国万历四十七年（一六一九年）六月、由中国浙江都督发出的书简经前来长崎的中国商人之手带到日本。该书简的第一行内容为“钦差总镇浙直地方总兵官中军都督府佥事王为”，其中除“王”字以外的其他文字皆为木版印刷而成。此外，这与发给将军的书信和发给长崎奉行长谷川权六的书信在文字内容上都是完全相同的。在被问及对这一事情的意见之时，崇传表示此举甚是“无礼”并将其定性为“怠慢失礼之书”。因此，幕府没有接受该书简，也没有向来到京都的中国人递交回信，而是由崇传写成文书交给京都所司代并在当地由长谷川权六向中国人宣读了这一文书。其内容是：“大明与日本之通信，向来由朝鲜告知对马，再由对马奏上。今此执而奏之者狂妄无据，故须速返彼邦，以朝鲜为通译，再述所求之事方可也。”由此可知，幕府对华外交关系的原则性态度是，日本与中国的正式外交关系要通过朝鲜和对马而结成。

在这次事件发生十一年前的一六一〇年（庆长十五年），本多正纯写信给福建总督要求维持和平和重启贸易，一六一三年幕府也命令琉球国王与福建总督进行交涉，与那时相比，此时幕府的态度可以说发生了巨大的转变。

此事虽然并没有确立日本与朝鲜之间的外交体制，但决定了整个江户时代日本对日中、日朝关系的基本立场。

荷兰使节奴易兹

关于荷兰驻台湾总督彼得·奴易兹为说明台湾情况并请求停止朱印船来航台湾而造访日本但最终失败一事，前文已经进行了说明。此处让我们以奴易兹呈交给将军的书信为重点，考察在以日本为轴心的外交秩序中，幕府对荷兰的定位。

奴易兹于一六二七年（宽永四年）六月二十日抵达平户并在发往江户的报告中被当作由荷兰派遣的“大使”。七月五日，奴易兹从平户启程，自京都开始受到诸如由幕府提供人马等与朝鲜通信使相当的待遇并于八月二十二日抵达江户。抵达之后的次日，奴易兹受到关于出使目的和进献品的询问，二十四日则被要求提供呈交给将军的书信抄件。

此时，围绕着使节究竟是由荷兰国王派出，还是由驻雅加达东印度总督派出一事出现了问题。奴易兹表示，总督由国王赋予了巨大的权限，此外以莫卧儿帝国为首的亚洲各国都是与总督之间缔结的外交关系，他要求尽快允许自己拜谒将军。然而，在经过一个多月的交涉之后，在酒井忠世的宅邸，奴易兹收到了土井利胜做出的如下回复：

> 交给将军的书信翻译体裁不整，格式全无。其次，总督区区荷兰国王之臣下而已，不得递交书信于将军。再次，此前未闻有船只来于雅加达也。由此观之，汝并非荷兰国王之使节也，故不准汝拜谒将军。可速速归去。

如果考虑到在庆长年间（一五九六～一六一五）菲律宾总督是可以毫无障碍地向家康和秀忠进呈书简的话，那么幕府的态度无疑发生了巨大转变。虽然拒绝拜谒、不受理书简的背景中，的确还包括当时垄断台湾贸易的长崎奉行末次平藏和他所笼络的幕府年寄们的影响，不过这里所展现出的幕府的原则性态度——能够与将军缔结对等外交关系的人只能是国王——同样是十分清晰的。

在这一原则面前，此后荷兰选择的道路就变成了作为商人维持贸易关系，也就是不以国王使节的身份，而以商人的首领——商馆馆长——的身份，或者说是“谱代之御下吏”的身份获准去拜谒将军。

中断五年的贸易于一六三二年重启，次年荷兰商馆馆长依将军之命参府，拜谒了将军。由此以后，荷兰商馆馆长参府一事成为惯例，荷兰也由此在整个江户时代被认定为“通商之国”的一员。

虾夷与琉球

一五九〇年（天正十八年）蛎崎庆广（后改姓松前）上洛，通过拜谒秀吉而成为幕藩领主的一员。此后，秀吉于一五九三年（文禄二年）下令，禁止全国各地前往虾夷之人对阿伊努人行非法之举并公认了蛎崎氏征收船役的权利。在当时秀吉下发的朱印状中，阿伊努人被称作“夷人”。

此后，一六〇四年（庆长九年），家康向松前庆广授予了虾夷地区贸易的垄断权。在家康这次下发的黑印状中，阿伊努人同样被称作“夷仁”。这样一种将阿伊努人当作“夷”的想法此前虽然也一直存在，但中央政府正式将其规定为“夷”的重要意义依然不容忽视。不仅如此，在家康黑印状的附言部分，还有“夷之仪无论行往何地，皆应以夷之意愿许之”这一条款，幕府由此单方面规定了与阿伊努人之间的相互关系。

也就是说，关于这一时期作为“夷”的阿依努人的地位，和对朝鲜以对马宗氏为中介、对琉球以萨摩岛津氏为中介相同，幕府选择以松前氏为中介与阿依努人保持关系。不过，朝鲜和琉球都向将军派出拜谒使节，而阿依努人则没有。

自从一六〇九年岛津氏出兵琉球以后，琉球成为岛津氏的领地，遭到俘虏的琉球国王尚宁则于次年由岛津氏押赴骏府、江户，分别拜谒了家康和秀忠。不过，之后琉球作为“通信之国”被纳入幕府的外交秩序却不是在这一年，而要等到琉球为庆祝家光上洛以及继任将军一职之事而派遣庆贺使的一六三四年（宽永十一年）时才最终确立。

从这时起，琉球一方面作为岛津氏的属国，另一方面其派遣的使节却被强迫装扮成“异国”风，上演异国使节拜见将军的戏码，而这也就是“通信之国”琉球的成立。就在当年，根据家光下发的领知判物来看，琉球被算进岛津氏的领知高中并由此被整合进了将军领知权的世界。

这样一来，琉球就一方面在岛津氏的支配下遭受严苛的剥削，另一方面则被严格禁止社会风俗和生活习惯的日本化。这样的政策，既是幕府把琉球当作“异国”而采取的必要行为，同时也是为了保证针对中国的独立国家琉球王朝这一体制的存在，以便从中国获得册封，进而确保与中国之间的贸易往来。

最初的朝鲜通信使

前文已经提到，通过对马宗氏的外交努力，朝鲜于一六〇七年（庆长十二年）派出修好使节造访日本，一六〇九年宗氏与朝鲜之间又缔结了《己酉条约》，日朝之间的外交和贸易关系得到恢复。

此后，一六一七年（元和三年）为庆祝大坂之阵的胜利和“日域统合”①，一六二四年（宽永元年）为庆祝家光继任将军职，朝鲜使节相继造访日本。对日本方面来说，这是从归服于日本的朝鲜所派出的使节；可对朝鲜方面来说，这则是在日本的请求之下才派出的使节，也就是所谓的“回答使”。而上述这种两国之间立场上的差异，通过对马藩的国书伪造以及改写等行为一度被糊弄了过去。

然而，对马藩主宗义成和其家臣——与幕府保持密切关系并一手掌握对朝外交的柳川调兴——之间产生了矛盾，导致伪造国书一事也由此暴露。

一六三一年，调兴向幕府申请解除与义成之间的主从关系并试图以幕府下赐的一千石知行和对朝贸易的权利为条件成为幕臣。对此，义成视之为非法之举并向幕府上诉。在两者的纠纷中处于不利地位的调兴进而曝光了宗氏在对朝外交关系中的违法行为。结果，原本是宗氏与柳川氏主从之间的争端，一下子转变成了涉及幕府外交体制的

① 指日本全国的统一。

重大问题。

其中最主要的问题点在于一六一七年秀忠交给朝鲜方面的回信中“日本国源秀忠”中加上了“王”字一事，以及一六二四年的回信中“日本国主”被改为“日本国王”一事。“日本国王”的称号乃是足利义满接受明朝册封时所用的称号，绝非当时幕府所用的称号。

幕府的审理历经三年时间，家光最终于一六三五年三月十一日亲自对这一事件进行了裁定。当时，以御三家为首的在府诸大名悉数被要求登城并出席了这次裁定。结果，柳川调兴被认定犯有伪造国书之罪并流放津轻，宗义成则得到领地保全的结果，并被命令负责来年朝鲜通信使的来聘。对这场足以同时处置双方的家内骚动事件的诉讼，家光做出了处罚重臣、强调主从关系的判决并以此谋求对朝外交体制的稳定。但是，家光并不认可让宗氏一直以来的外交体制继续持续下去。

就在这次国书伪造事件之后，幕府向朝鲜方面表示，日本国书将采用日本年号并以“日本国源某”的落款书写，朝鲜国书中则应称将军为“大君”。然后，幕府还创造出了派遣京都五山的禅僧定期轮班前往对马府中的以酊庵（禅寺）负责监察对朝外交事务并掌管往来书信的制度。

一六三六年岁末，朝鲜派出庆贺太平的通信使访问江户。包括正使任絖、副使金世濂、从使黄床在内，使节团总人数达到了四百七十五人。使节团于十二月六日抵达江户，于十三日拜谒了家光。自此以后，每逢将军继任，使节都会为表庆祝而来访日本。这就是“通信之国”朝鲜的成立。

2　作为“日本”的本国意识

日光东照宫

一六三六年（宽永十三年）四月，庄严华丽的日光东照宫竣工，将军家光在以御三家为首的诸大名以及公家、门迹们的陪同下进行了参拜。此东照社，自一六三四年开始建设，用了仅仅一年半的时间就得以完工。秋元泰朝担任奉行的这次工程，乃是一项投入了黄金五十七万两、白银一百贯、大米一千石的大改建。而且上述这些花费并没有向大名征收，而是全部由幕府负担的。

该东照社于当年年底迎来了从朝鲜访日的朝鲜通信使的参拜。由于这次参拜并不在预订计划之内，因此最初遭到了使节们的严词拒绝，但是在宗义成的强烈恳求下使节们终于进行了参拜。接下来在一六四三年，为庆祝家纲诞生而被派遣到日本的朝鲜通信使则进行了正式参拜并进献了仁祖亲书的匾额、梵钟、香露、花瓶。一六四四年，琉球庆贺使也参拜了日光。

荷兰商馆馆长并没有参拜过东照宫，不过历代商馆馆长相继在一六三六年改建的时候进献了悬垂式的吊灯，在一六四〇年还进献了立式灯架和支撑式灯架，在一六四三年则进献了阿姆斯特丹出产的铜制九角回旋灯架。

不可否认的是，东照社的大改建的确源于家光对家康强烈的尊崇意识。不过，正如上文所指出的那样，幕府从自我中心观念出发创造的以日本为核心的外交秩序，通过参拜东照社或进献礼品等方式具象化以及固定化，东照社则是这一政策的道具。东照社的庄严华丽，便是对处于上述秩序中心地位的将军以至于日本国威信的具体表现。

为了进一步强化东照社的庄严地位，家光还向朝廷提出了宫号宣下的请求。一六四五年（正保二年），朝廷在授予东照社宫号的同时，也将其神位晋升为正一位。下达这一宫号授予旨意的宣旨中，提到“五畿七道诸国郡司等，宜崇宜敬，勤勉不懈”。这是东照宫由“关八州镇守”向“日本之神”的进化。

不仅如此，为了进一步提高获封宫号的东照宫的威信，使其时时为民众瞻仰，家光还提出希望每年由朝廷派出敕使前往日光。这一请求通过当年前往江户执行宫号宣下任务的敕使上报，在后水尾天皇主持的商议之下，于次年得以实现，这就是日光例币使。该例币使的派遣，自此开始直到大政奉还的一八六七年（庆应三年）为止每年四月执行，其间从未中断。另外，派往伊势的例币使也于同一时期恢复。

宽永通宝

就在日光东照社的大改建完工、家康二十一年忌的祭祀结束后不久，一六三六年（宽永十三年）五月五日，江户市中立起了写有宽永通宝的铸造和使用相关法令的高札，幕府对于钱币铸造权的掌控也由此开始。高札记录的法令规定黄金一两等于铜钱四贯的兑换基准并禁止使用含铜量不足的劣币。当时虽然其他旧钱仍旧一度被允许和宽永通宝共同使用，但是在佐贺锅岛氏向幕府问起这一问题的时候，后者则明确表态禁止使用新钱以外的其他钱币。恐怕只不过是为了钱币的流通和回收，古钱才暂时被允许使用而已。

这一时期的钱币铸造都是在江户和近江坂本进行的，不过之后不久，大坂和京都也都开始铸造钱币。到了十一月，幕府向常陆水户、陆奥仙台、三河吉田、信浓松本、越后高田、长门、备前、丰后中川领（今竹田市）等地的大名下发铸币模板，要求他们开始铸造新钱并计划在次年八月开始把这些新钱投入流通。等到三年后的一六四〇年，大量新钱铸造完成，由于考虑到不再需要更多的钱币，水户以下的八处铸币所于是被关停。

在此期间，幕府禁止从日本出口铜矿，但允许旧钱出口，逐步推进流通货币向宽永通宝的一元化过渡。当时，铜钱原本是日本向东亚世界出口的重要商品，萨摩、筑后、肥后等地都曾经有过出于贸易目的的钱币铸造。不过，由于幕府上述铸币政策的实施，萨摩等地的铸币权就遭到了否定。

此前，虽然秀吉和家康也铸造金银货币推向流通领域，但铜钱始终以宋钱和明钱等中国铜钱以及模仿中国钱而成的私铸钱为主进行流通。因此，历届当权者们都会发布“撰钱令”① 以图推动货币流通的顺畅。在这一状况下，伴随着国内商品流通的日趋活跃，对于铜钱的需求量也大幅度增加，幕府在掌握了货币铸造权之后，便铸造了宽永通宝来解决上述问题。

对于铸造宽永通宝一事，同时也可以将其放在此前已经提到过的日本对中国、朝鲜、琉球、荷兰等国外交秩序的形成以及东照社大改建所反映出的家光、幕府的

① 室町幕府和织田信长时期多次推行的法令，主要内容是禁止私铸劣币并停止其流通。

自我意识——本国意识形成的大潮流之中，作为本国意识觉醒的一种标志来加以理解。也就是说，幕府将此前广泛流通的中国钱排除出日本国内，自己亲手铸造钱币并在国内推行流通，由此将日本从一直以来所置身的以中国为核心的世界体系中抽离，创造出一套独立于其外的体系构架。

南明政权唐王的援兵请求

在中国，一六四四年（宽永二十一年）三月，李自成率领由流民组成的部队攻陷北京，明崇祯帝自尽。李自成在攻击驻守北边的明将吴三桂之时，被吴三桂和清军的联合部队所击败，于是放弃北京城南下。

一六三六年国号才从后金改为清的清军趁此机会越过山海关入主中原，将首都迁到了北京。但是，清国没能迅速地掌握中国的全境，而是遭到了逃出北京的李自成的抵抗；此外，明朝皇族子弟也于各地建立王朝，福王、桂王、唐王、鲁王等相继出现。在这期间支持唐王的主要势力就是雄踞福建的海商郑芝龙。上述诸王的抵抗，自此开始持续了大约二十年的时间。

一六四五年（正保二年）岁末，水师都督周崔芝受郑芝龙之命，派遣使者来到萨摩。接到报告的长崎奉行山崎正信，于十二月二十六日将周崔芝发来的书信以及使者传达的口信记录发往江户。内容是请求日本提供三千援兵以便与清军交战。

研究者们推测，长崎奉行发来的书信抵达江户的时候已经是一六四六年了。家光让林鹅峰诵读了这封书信，之后征求了井伊直孝的意见并与老中们进行商谈，最后于一月十二日让尚在江户的另一名长崎奉行马场利重和大目付井上政重二人向山崎正信传达了幕府的决定，其内容如下：

> 日本与大明之勘合中断已一百余年，日本人不出于唐地，甚少之唐船每年来于长崎，却听闻仍有船只私密来航。故而汝可言于使者曰，此番使者之请求轻率，不可上报于将军，使者应速速归国去也。

不过，虽然具体情况不得而知，但幕府应该是向使者转达了如果唐王派出正式使节则可以对出兵请求一事进行商讨的意见。

另外，在这一决定做出的前一天，京都所司代板仓重宗告诉其外甥重矩，的确有一个派遣总大将一名、大将十名以及对应一百万石高的兵力前往明国的计划。但是如果考虑到当年正月重宗并没有身在江户这一点，这恐怕只不过是江户政界尚在讨论之中的意见被他听到了只言片语而已。

同年九月，明唐王派遣的正使抵达日本，再次提出援兵的请求。家光则找来井伊直孝、大老酒井忠胜、老中以及御三家反复商谈此事。在商议过程中，纪伊的德川赖宣强烈主张出兵论，希望以自己为总大将、统率西国、中国地区大名出兵，然而井伊直孝则认为在中国和朝鲜拥有土地毫无意义。结果大势倒向了拒绝提供援军的一方。

于是，九月二十一日，幕府通过老中奉书指示长崎奉行，“轻言援兵之事不能如此简单传信至江户，认真说清楚之后就让使者回国去罢”。实际上成为问题的内容在于唐王书信中有数处意义不明、表述无礼以及进献之物选择得不谨慎等。

采取了上述措施之后不久，十月三日入港长崎的中国船就带来了福州沦陷、唐王和郑芝龙逃亡的消息。此后，一六四八年（庆安元年）、一六五八年（万治元年）、一六六〇年郑芝龙之子郑成功数次提出的援兵请求也都被幕府一一拒绝。

由于上述这些明朝发出的援兵请求，幕府的中国政策也因为关于出兵可能性的探讨而出现了动摇，不过最终还是没有发生重大转变。有江户一代，中国在日本的外交秩序当中始终被摆在“通商之国”的位置上。

日本型华夷秩序与本国意识

从秀忠到家光，以日本为核心的近世外交秩序逐步确立。这实际上是把中国的中华思想替换成了日本的形态，将日本视为中华，将周边诸国和诸民族视为“夷”的外交秩序。

朝鲜乃是“戎国”，相较于日本处在“一等下”之国的地位，通信使则是向日本朝贡和隶属的标志。琉球，尽管如同日本国内其他地区一样被纳入石高体制并由将军赏赐给了岛津氏，但仍然是与将军保持主从关系的外国之一，其证据之一便是庆贺使、恩谢使被强迫以异国风情参府。

放弃国家之间外交关系、选择确保贸易利益的荷兰人，被视为“谱代之御下吏”，每年新的商馆馆长都被要求参府，成为对将军五体投地的外国之一。

虾夷、阿依努在被整合进幕藩制社会之时处于“夷”的位置上，受到松前氏的支配。中国，则是没有正式建立外交关系的“通商之国”。

这样一来，日本作为中华，朝鲜、琉球、荷兰作为异国，阿依努作为“夷”的日本型华夷秩序就完成了。

但是，就如同将朝鲜视为较之日本“一等下”之国一样，这样一套秩序并不是经过相互确认之后的结果，而是日本以自我为中心打造的相当观念性的东西，这一点绝对不能忽视。另外，这套秩序的形成，分别是荷兰人以长崎奉行、朝鲜以对马宗氏、琉球以萨摩岛津氏、阿依努以虾夷松前氏为中介的。这一在当时被称为“取次”的体制，在国与国或者国与民族之间发挥着疏解矛盾的缓冲剂作用。

这样一种日本型华夷秩序，既是通过与他国之间的相互交流而逐步形成的，同时也与日本本国意识的逐步确立步调一致。

丰臣秀吉在一五八七年（天正十五年）的伴天连追放文中明确日本为神国，家康也在其于一六一三年（庆长十八年）授意金地院崇传起草的《伴天连追放之文》中称呼日本为“神国、佛国”。这虽然是出于针对基督教国家的本国意识，但附着了大量传统因素在内的这一意识，尚未作为具有实际形态的内容得到认同。

秀忠和家光在确定本国与中国、朝鲜、琉球、荷兰以及遭到驱逐的葡萄牙等国之间的相互关系的同时，也将本国意识逐步明确化了。其中就包含着在国书中使用日本年号、以日光东照宫为舞台接受各国的参拜和礼品进献，以及宽永通宝的铸造等明确彰显日本国家意识的事情。

若因内战使吾等之王统至于断绝，则此耻辱必只

> 落于我一人之身；若我等之领土有一寸交于外国之手，则此事实乃国家之耻也。

这是家光写给长崎奉行的书信中的一句。记录这句话的传世文献并非日本，而是外国人的记录。不过其中并没有针对基督教国家的“神国、佛国”观念，而是将本国作为极其具体的国家来加以认识的。正是如此，日本型华夷秩序和本国意识的相互关联就逐步形成了日本近世的外交秩序和国家意识。

学术文库版后记

大概两年前，某位在日本国立大学讲授古代史的教员对我说："我现在还在用藤井先生的著作《江户开幕》当作一般通识课程的教材。"我虽然有些惊讶，更多的却是无以言表的感谢。后来，讲谈社方面向我建议，将这本书作为学术文库的一册再版发行。距离原书付梓已经过去了二十五年，或许没有先前听到的话，我可能就会对再版心有顾虑了吧。

再次捧读原书的时候，我注意到了很多错误。此外，在文库版初次校订阶段，也得到了讲谈社校阅部门对内容的认真确认，他们指出了很多我原本没有注意到的史料引用错误和含义误读等问题。

上述这些内容，在这次再版中都得到了订正。另外，原书几乎每章都附加的特辑专栏也只留下了《出头人大久保长安》和《〈庆安御触书〉是庆安二年颁布的吗?》两段，其他的全都省略了。

这本书虽然是基于主要参考文献中的拙作、拙文等内容而写成的，不过如果没有主要参考文献中所举出的各位学术前辈的大量研究成果作为依据，绝对无法成书，对这种恩惠我深表感谢。

前面也已经提到，本书之中实有很多疏漏之处。对我本人来说，书中刚刚展开的叙述以及没能深入探讨的问题，都陆续变成了此后研究的指针和课题。在此请允许我列举部分如下。

第一章、第二章、第五章、第七章关于江户时代前期政治史的探讨，在一九九四年《十七世纪的日本——武家之国的形成》（《岩波讲座日本通史》12）、一九九五年的《近世“公方”论》（《日本国家的历史特质 近世、近代》，思文阁出版）中，扩展成为关于幕府权力特质的讨论。这两篇论文后被收录于二〇〇二年出版的《幕藩领主的权力构造》（岩波书店）一书。另外，以本书出版以前写过的数篇论文为基础，我还出版过以江户幕府为焦点题为《江户时代的官僚制度》（青木书店，一九九九年）的一本小书。

第二章中的秀忠大御所时期的领知宛行权问题，后来展开成为以《宽永十一年的领知朱印改与〈宽永御朱印〉》（《人文学报》七四，一九九四年）为首的数篇相关论文，在二〇〇八年整理为《德川将军家领知宛行制的研究》（思文阁出版）一书。

第三章中关于“将军与天皇”关系的问题在本书出版后不久，就扩展成了《江户幕府的成立与天皇》(《讲座·前近代的天皇2》，青木书店，一九九三年）一文，此后到二〇一一年变成了《天皇的历史05　天皇与天下人》(讲谈社）一书。

第四章和第七章中提到的锁国问题，在此前提到的《十七世纪的日本——武家之国的形成》一文的后半部分中，从其余东亚世界和欧洲势力的相互关系入手，讨论了实现锁国的政治性课题和基督教政策等内容。

第六章中提到的江户前期大名问题，后来发展成了一九九八年的《庆长年间武家官位相关的四份“寄书”》(《日本史研究》四三四）和二〇一〇年的《近世前期的政治思想》(《新体系日本史4　政治社会思想史》，山川出版社）等文章。

由此观之，这本书其实成了我研究内容的结构框架，后来的相关研究都是从这本书里面孕育而生的。另外，这些研究的时间范围也并没有局限于江户前期，而是扩展到了从战国时代到江户前期。包括本书出版之后得到的新知新见，我又于二〇一五年写成了《从战国乱世到太平之世》(岩波新书，系列日本近世史1)一书。如蒙一读，荣幸之至。

二〇一六年七月

藤井让治

年　表

公历	和历	天皇	将军	日本	世界
1598	庆长三	后阳成		7月秀吉病情恶化,以五大老五奉行为中心相互交换保证效忠丰臣秀赖的誓纸 8月秀吉去世,但为顺利从朝鲜撤军,秘不发丧	
1599	四			1月秀赖依照秀吉遗命由伏见城移居大坂城 2月家康施展谋略使前田利长、细川忠兴屈服 闰3月石田三成失势 6月家康在大坂城拜见秀赖 9月北政所(高台院)离开大坂城西之丸,家康随后迁入 12月五大老中仅剩家康一人留在上方	
1600	五			3月荷兰船"立弗德号"漂流至丰后。家康在大坂城召见了船长威廉·亚当斯 4月家康再次要求上杉景胜上洛并遭到拒绝 5月家康决意进攻会津 6月家康由伏见启程前往江户 7月石田三成推举毛利辉元为西军盟主并起兵 8月伏见城陷落。家康自下野小山西上 9月东军于关原击败西军。家康进入大坂城西之丸 10月三成、惠琼交刃而死。家康没收西军领地并论功行赏	1600年英国设立东印度公司

续表

公历	和历	天皇	将军	日本	世界
1601	六			1月幕府设定禁里御料。东海道驿站制度设立 3月家康由大坂城移居伏见城 8月上杉景胜转封米泽三十万石。板仓重胜就任京都所司代 10月家康回信给安南国阮潢,朱印船贸易由此开始	1601年俄罗斯在曼卡泽亚设置基地
1602	七			4月岛津家久获得萨摩、大隅、日向的领有权许可 5月家康参内 10月家康自伏见返回江户。小早川秀秋殁 12月家康要求岛津家久派遣琉球使节 *这一年,奥斯定会传教士登陆平户	1602年荷兰设立东印度公司
1603	八		家康	1月家康向柬埔寨国王发出书信 2月家康就任征夷大将军,于江户开幕。广桥兼胜、劝修寺光丰成为武家传奏 3月诸大名被分配工程劳役,江户市町开建。小笠原一庵就任长崎奉行 4月丰臣秀赖就任内大臣 7月千姬嫁于秀赖	1603年英王伊丽莎白一世去世
1604	九			1月幕府向松前庆广下发了承认其虾夷地支配权的决定书 3月黑田如水殁 5月家康引入丝割符制度,确立生丝专买制度 7月家光诞生。幕府命令诸大名制作乡账和国绘图 *这一年,东海、东山、北路各道路修整,设置一里冢路标	1604年法国设立东印度公司

续表

公历	和历	天皇	将军	日本	世界
1605	十		秀忠	2月家康前往伏见 3月秀忠上洛 4月秀赖升任右大臣。家康让将军之位于秀忠 5月家康要求秀赖上洛,但遭到拒绝 10月家康返回江户 12月家康在写给菲律宾总督的回信中提出要禁止基督教在日本传教	
1606	十一			3月江户城工程正式开始(天守阁于次年完成,但整个工程直到1636～1638年的大工程后才最终完成) 4月家康要求垄断武家官位授予的执奏权。宇喜多秀家被流放 8月角仓了以主持开通了大堰川航运 9月宗义智伪造了家康的国书送往朝鲜 12月开铸庆长通宝,停止流通永乐钱	
1607	十二			3月松平忠吉殁。小笠原监物等家臣殉死 闰4月朝鲜国使节分别在江户和骏府会见了秀忠和家康 7月骏府城完工,家康由伏见移居此处	1607年英国于弗吉尼亚建成第一个殖民地詹姆斯顿
1608	十三			6月狩野光信殁 10月尾张藩总检地 12月再度发出永乐钱禁止流通令	

续表

公历	和历	天皇	将军	日本	世界
1609	十四			1月家康建议秀赖重修方广寺大佛 3月岛津家久出兵琉球 4月岛津军攻陷首里城，俘虏国王尚宁 5月荷兰船入港平户要求通商 6月对马宗氏与朝鲜缔结《己酉条约》 7月发生宫女私通事件。琉球成为岛津氏领地。荷兰得到对日贸易许可 8月荷兰在平户建立商馆 12月有马晴信击沉葡萄牙船，日葡通商中断	1609年西班牙与荷兰缔结停战条约。阿姆斯特丹银行成立
1610	十五			2月名古屋城开始建设 6月家康将威廉·亚当斯建造的黑船送给菲律宾政要比韦罗，并将其送往墨西哥。伊奈忠次殁 8月岛津家久陪同尚宁拜见家康和秀忠 10月本多忠胜殁	1610年伽利略发现木星的卫星
1611	十六		后水尾	1月岛津义久殁 3月家康上洛，在二条城会见秀赖 4月家康向在京诸大名告示三条誓文并命其宣誓遵守（《武家诸法度》的先驱） 7月家康会见葡萄牙使节，许可日葡贸易 11月中国商人获准在长崎进行贸易	
1612	十七			1月家康向东国诸大名告示三条誓文并命其上交誓纸 3月幕府下令禁止基督教 8月颁布禁烟令和基督教禁令	1612年英国使节造访阿育陀耶

续表

公历	和历	天皇	将军	日本	世界
1613	十八			6月家康向传奏下达了《紫衣法度》和《公家众法度》 9月家康接见英国使节并给予其通航朱印状。支仓常长遣欧使节团出发 12月金地院崇传起草《伴天连追放之文》	1613年罗曼诺夫王朝建立
1614	十九			1月大久保忠邻作为伴天连追放总奉行，捣毁教会并将传教士驱逐至长崎 4月方广寺大佛殿完工 7月家康命令大佛开光供养法会延期举行。角仓了以殁 9月高山右近、传教士和信徒被驱逐出日本 10月家康决定进攻大坂，进入二条城（大坂冬之阵） 12月讲和条件谈妥，交换誓纸	1614年法国召开三级议会
1615	元和元			1月宗义智殁 3月丰臣方再次起兵 4月家康、秀忠出阵（大坂夏之阵） 5月大坂城陷落，战死者甚众。秀赖、淀殿自杀 闰6月一国一城令颁布 7月《武家诸法度》《禁中并公家诸法度》公布	
1616	二			1月家康病卧在床 3月家康升任太政大臣 4月家康去世 5月幕府设置下田奉行。选钱遭到禁止 8月外国船来航被限定在长崎和平户（中国船除外）	1616年努尔哈赤建立后金国。伽利略遭受宗教审判

续表

公历	和历	天皇	将军	日本	世界
1617	三			3 月日光东照社竣工 4 月四名传教士在肥前遭到处决 6 月秀忠上洛。众多大名转封 8 月后阳成上皇去世 9 月秀忠向诸大名、公家、门迹、寺院颁发领知宛行状,之后返回江户 ＊这一年,狩野探幽成为幕府御用画师	
1618	四			1 月幕府在大奥颁布壁书 5 月秀忠五女和子入内延期 8 月加藤忠广家发生御家骚动,家老加藤正次被流放	1618 年德国三十年战争开始
1619	五			5 月秀忠上洛 6 月福岛正则改易 7 月松平忠明转封大和郡山,浅野长晟转封广岛,德川赖宣转封和歌山 8 月设置大坂町奉行。五十二名基督徒在京都七条河原被处以火刑 ＊这一年年中伏见城废弃,设置大坂城代和城番。菱垣船开始巡航	1619 年荷兰设置雅加达总督
1620	六			1 月大坂城开始重修 2 月禁里附近失火,四十七町二千八百余户烧毁 3 月浅草米藏建成 4 月威廉·亚当斯殁 6 月和子入内 7 月搭乘了两名传教士的平山常陈朱印船被抓获,带至长崎奉行处 8 月支仓常长回国	1620 年清教徒在北美普利茅斯建立殖民地。后金军入侵朝鲜

续表

公历	和历	天皇	将军	日本	世界
1621	七			7月幕府向英国和荷兰商馆馆长传达了武器出口禁令等三条命令 9月秀忠接见暹罗国使并回答国书 *伊势舞蹈在这一年开始流行	
1622	八			7月两名传教士与平山常陈被处决 8月传教士等五十五人在长崎西坂被处决(元和大殉教) 10月本多正纯改易 12月广桥兼胜殁 *外样大名妻儿在这一年移居江户	1622年山东爆发白莲教起义
1623	九		家光	3月松平忠直流放丰后 6月秀忠上洛 7月家光上洛,就任征夷大将军 8月秀忠献上一万石禁里御料,总数达到两万石 11月英国关闭平户商馆。兴子内亲王(之后的明正天皇)诞生 *酒井忠世在这一年就任家光年寄	1623年荷兰炮制安汶岛大屠杀
1624	宽永元			3月幕府拒绝与西班牙通商 4月板仓重胜殁 9月秀忠由本丸移居西之丸 11月和子升为中宫皇后。家光移居本丸	1624年荷兰染指台湾
1625	二			4月二条城设置城番。毛利辉元殁	1625年英王查理一世登基

续表

公历	和历	天皇	将军	日本	世界
1626	三			6月秀忠上洛 8月家光上洛 9月后水尾天皇行幸二条城。秀忠升任太政大臣,家光升任左大臣 ＊这一年幕府加强了对基督教的镇压	
1627	四			7月秀忠宣布1615年以后许可的紫衣和上人称号全部无效 9月幕府回绝了荷兰驻台湾总督奴易兹的交涉请求。基督徒三百四十人被处决	1627年后金军再次入侵朝鲜
1628	五			5月幕府扣留进入长崎港的葡萄牙船作为朱印船抢夺事件的报复(日葡贸易中断) 7月幕府扣留入港平户的荷兰船,命令荷兰商馆关闭(日荷贸易一度中断) 8月秀忠年寄井上正就在殿中遇刺身亡	1628年英王批准《权利请愿书》
1629	六		明正	7月泽庵、玉室等人遭到流放(紫衣事件) 9月《武家诸法度》改订 10月家光乳母福(春日局)拜谒天皇 11月后水尾天皇让位于兴子内亲王 ＊这一年宗氏派使节前往朝鲜	
1630	七			11月岛原城主松仓重政派出两艘军舰前往菲律宾诸岛 ＊这一年山田长政在暹罗遭毒杀身亡	

续表

公历	和历	天皇	将军	日本	世界
1631	八			6月奉书船制度实施 *自这一年起处决伴天连的事件连年不绝	1631年李自成起事
1632	九			1月秀忠去世 4月大番、书院番等将军直辖军开始整编 5月熊本城主加藤忠广被改易 6月老中稻叶正胜被派往肥后 10德川忠长被没收领地、改易。日荷通商重启 12月水野守信、柳生宗矩等四人就任总目付	1632年泰姬陵开始动工
1633	十			1月向各国派出巡见使 2月幕府实施对番士的加增和增员，制定军役令。长崎奉行收到十七条职务条令 3月松平信纲、阿部忠秋等就任“六人众” 10月荷兰商馆馆长库克巴克尔参府	1633年徐光启殁
1634	十一			1月稻叶正胜殁 3月规定老中、六人众、定奉行职权的法令颁布 5月长崎的实力派町人开建出岛。相当于锁国令的三条禁制出台 7月家光上洛，向京都町人下赐白银五千贯 闰7月大坂、堺、奈良的地子钱被免除 *禁里御料从这一年开始由幕府管理和掌握	

续表

公历	和历	天皇	将军	日本	世界
1635	十二			5 月幕府将外国船的来航和贸易限定在长崎、平户。日本人被禁止来往海外 6 月《武家诸法度》改订完成,参勤交代制度和五百石以上大船禁令出台 8 月幕府命令全国大名实施基督徒取缔政策 10 月南蛮誓纸推行,寺请制度实施 12 月以旗本为对象的《诸士法度》出台	1635 年法国介入三十年战争
1636	十三			3 月酒井忠世殁 4 月日光东照宫改建完成 5 月伊达政宗殁 6 月宽永通宝开铸 7 月长崎葡萄牙人被隔离至出岛 12 月朝鲜使节任絖一行四百七十五人拜谒家光	1636 年后金改国号为清。哈佛大学创立
1637	十四			10 月岛原、天草相继爆发一揆 11 月家光派出上使板仓重昌、石谷贞清 12 一揆军退守原城	1637 年笛卡尔出版《方法论》
1638	十五			1 月板仓重昌战死 2 月原城陷落。死伤甚众 4 月岛原城主松仓胜家改易,寺泽高坚天草领被没收 8 月九州全境爆发牛瘟 9 月家光指示诸大名强化基督徒取缔政策 11 月土井利胜、酒井忠胜就任大老	1638 年奥斯曼土耳其夺回巴格达

续表

公历	和历	天皇	将军	日本	世界
1639	十六			4月家光命令全国大名彻底执行节俭和基督徒取缔政策 7月禁止葡萄牙船来航(锁国完成) 8月江户城本丸烧毁	1639年北美康涅狄格基本法成立
1640	十七			6月幕府将前来寻求重启贸易的葡萄牙船乘员六十一人斩首并烧毁船只。设置宗门改一职 ＊从这一年起全国爆发大饥馑	1640年英国召开长期议会
1641	十八			2月福冈城主黑田忠之被任命为长崎警固 3月细川忠利殁 5月按照幕府的命令,荷兰商馆由平户迁至长崎 8月家纲诞生	1641年爱尔兰爆发天主教徒叛乱
1642	十九			3月佐贺锅岛氏被任命为长崎警固 4月幕府命令大名、旗本、代官解决饥馑。农村的烟草种植、酿酒等行为被禁止 6月幕府在全国范围内出台写有耕作规定的高札 ＊这一年各地饥民众多	1642年英国爆发清教徒革命
1643	二十	后光明		2月江户禁止大米买卖,江户、大坂开始遣返流民 3月十七条《土民仕置之条目》出台,禁止田地永久性买卖,下令厉行节俭 6月荷兰船漂流至南部藩领内。朝鲜通信使抵达江户 9月《宽永诸家系图传》编成	
1644	正保元			3月丝割符制度应用范围扩大 7月土井利胜殁 12月幕府命令全国大名制作城绘图、国绘图	1644年李自成围困北京,明亡。清迁都北京

续表

公历	和历	天皇	将军	日本	世界
1645	二			7月幕府处置江户市中的无赖之徒(倾奇者) 11月东照社获得宫号 12月细川忠兴殁。南明发出援兵请求,被幕府拒绝	1645年清军攻陷南京。李自成败死
1646	三			1月纲吉诞生 4月根据家光奏请设立日光例币使 10月南明的援兵请求再次被拒绝	
1647	四			6月瞭望岗哨发现的两艘葡萄牙船入港长崎。幕府将其封锁在港内 8月幕府向葡方递交了拒绝恢复国交的回答书,并许可其出港	
1648	庆安元			2月《江户市中法度》制定,乞讨、无标价散卖等行为被禁止 4月大坂市中诸商业行为管理、町人行为规则制定 6月农民借贷土地被禁止。《公事诉讼令》制定	1648年法国爆发投石党运动
1649	二			2月长崎奉行向幕府呈交《唐人风说书》 3月大名向旗本下达节俭令	1649年查理一世被处决。英国颁布共和国宣言
1650	三			5月德川义直殁 10月幕府再次拒绝南明的援兵请求 ＊这一年夏,林罗山撰《本朝通鉴》完成。开始流行在御荫年参拜伊势神宫	
1651	四		家纲	4月家光去世。堀田正盛、阿部重次等人殉死 7月庆安事件爆发 8月家纲将军宣下	

主要参考文献

以下是作为本书执笔依据和参考的文献。涉及多个章节的文献，将在其主要章节中列出。由于篇幅有限，此处未能列出全部参考文献，另外还有部分论述未能完整收录其出典，还望读者谅解。

全书相关文献

家永三郎他編『岩波講座日本歴史』10・11（岩波書店　一九六三年）

辻達也『日本の歴史』13　江戸開府（中央公論社　一九六六年）

岩生成一『日本の歴史』14　鎖国（中央公論社　一九六六年）

佐々木潤之介『日本の歴史』15　大名と百姓（中央公論社　一九六六年）

高尾一彦『国民の歴史』13　江戸幕府（文英堂　一九六九年）

林屋辰三郎『国民の歴史』14　寛永鎖国（文英堂　一九六九年）

京都市『京都の歴史』4・5（学芸書林　一九六九・一九七二年）

北島正元『日本の歴史』16　江戸幕府（小学館　一九七五年）

朝尾直弘『日本の歴史』17　鎖国（小学館　一九七五年）

児玉幸多『日本の歴史』18　大名（小学館　一九七五年）

岡田章雄『図説日本の歴史』10　キリシタンの世紀（集英社　一九七五年）

箭内健次『図説日本の歴史』11　江戸の開幕（集英社　一九七五年）

朝尾直弘他編『岩波講座日本歴史』9・10（岩波書店　一九七五年）

佐々木潤之介編『大系日本国家史』3　近世（東京大学出版会　一九七五年）

深谷克己他編『講座日本近世史』1～4（有斐閣　一九八〇～一九八一年）

歴史学研究会他編『講座日本歴史』5・6（東京大学出版会　一九八五年）

江户开幕

水林彪『封建制の再編と日本的社会の確立』(山川出版社　一九八七年)

朝尾直弘他編『日本の社会史』1~3(岩波書店　一九八七年)

深谷克己『大系日本の歴史』9　士農工商の世(小学館　一九八八年)

井上光貞他編『日本歴史大系』3　近世(山川出版社　一九八八年)

朝尾直弘編『日本の近世』1　世界史の中の近世(中央公論社　一九九一年)

藤井譲治編『日本の近世』3　支配のしくみ(中央公論社　一九九一年)

第一章、第二章

参謀本部編『日本戦史』関原役(一八九三年)

参謀本部編『日本戦史』大阪役(一八九七年)

中村孝也『徳川家康文書の研究』(日本学術振興会　一九五八~一九六〇年)

北島正元『江戸幕府の権力構造』(岩波書店　一九六四年)

中村孝也『徳川家康公伝』(日光東照宮　一九六

五年）

岡本良一『大坂城』（岩波書店　一九七〇年）

塚本学「武家諸法度の性格について」（『日本歴史』二九〇　一九七二年）

山口啓二『幕藩制成立史の研究』（校倉書房　一九七四年）

藤野保『新訂幕藩体制史の研究』（吉川弘文館　一九七五年）

水江漣子『江戸市中形成史の研究』（弘文堂　一九七七年）

黒田日出男「江戸幕府国絵図郷帳管見（一）」（『歴史地理』九三—二　一九七七年）

北島正元編『幕藩制国家成立過程の研究』（吉川弘文館　一九七八年）

中村孝也『家康の政治経済臣僚』（雄山閣　一九七八年）

岡本良一編『大坂城の諸研究』（名著出版　一九八二年）

藤野保『日本封建制と幕藩体制』（塙書房　一九八三年）

北島正元編『江戸幕府—その実力者たち』（国書刊行会　一九八三年）

徳川義宣『新修　徳川家康文書の研究』(吉川弘文館　一九八三年)

川村博忠『江戸幕府撰国絵図の研究』(古今書院　一九八四年)

森晋一「慶長期幕政について」(『海南史学』二二　一九八四年)

大阪府史編集委員会『大阪府史』五 (大阪府　一九八五年)

藤野保『徳川幕閣のすべて』(新人物往来社　一九八七年)

川村博忠『国絵図』(吉川弘文館　一九九〇年)

山本博文『幕藩制の成立と近世の国制』(校倉書房　一九九〇年)

高木昭作『日本近世国家史の研究』(岩波書店　一九九〇年)

藤井譲治「大名城郭普請許可制について」(『人文学報』六六　一九九〇年)

藤野保『徳川政権論』(吉川弘文館　一九九一年)

第三章

奥野高広『皇室御経済史の研究』後編 (畝傍書房

一九四四年）

鎌田道隆『近世都市・京都』（角川書店　一九七六年）

橋本政宣「江戸時代の禁裏御料と公家領」（『歴史と地理』二七九号　一九七八年）

森谷尅久『上洛』（角川書店　一九七九年）

熊倉功夫『後水尾院』（朝日新聞社　一九八二年）

上野秀治「徳川時代の武家の官位」（『歴史公論』一〇七　一九八四年）

高埜利彦「江戸幕府の朝廷支配」（『日本史研究』三一九　一九八九年）

深谷克己『近世の国家・社会と天皇』（校倉書房　一九九一年）

辻達也『日本の近世』2　天皇と将軍（中央公論社　一九九一年）

第四章

岩生成一『南洋日本町の研究』（岩波書店　一九六六年）

岩生成一『朱印船と日本町』（至文堂　一九六六年）

江户开幕

中村栄孝『日鮮関係史の研究』中・下（吉川弘文館　一九六九年）

海保嶺夫『幕藩制国家と北海道』（三一書房　一九七八年）

清水紘一『キリシタン禁制史』（教育社　一九八一年）

田中健夫『対外関係と文化交流』（思文閣出版　一九八二年）

中田易直『近世対外関係史の研究』（吉川弘文館　一九八四年）

菊池勇夫『幕藩体制と蝦夷地』（雄山閣　一九八四年）

岩生成一『新版　朱印船貿易史の研究』（吉川弘文館　一九八五年）

三宅英利『近世日朝関係史の研究』（文献出版　一九八六年）

村井早苗『幕藩制成立とキリシタン禁制』（文献出版　一九八七年）

荒野泰典『近世日本と東アジア』（東京大学出版会　一九八八年）

中村質『近世長崎貿易史の研究』（吉川弘文館　一九八八年）

外山幹夫『長崎奉行』（中央公論社　一九八八年）

加藤栄一他編『幕藩制国家と異域・異国』（校倉書房　一九八九年）

永積洋子『近世初期の外交』（創文社　一九九〇年）

ロナルド・トビ『近世日本の国家形成と外交』（創文社　一九九〇年）

五野井隆史『日本キリスト教史』（吉川弘文館　一九九〇年）

五野井隆史『徳川書キリシタン史研究　補訂版』（吉川弘文館　一九九二年）

第五章

日光東照宮編『徳川家光公伝』（日光東照宮　一九六一年）

鈴木進『江戸図屏風』（平凡社　一九七一年）

辻達也「寛永期の幕府政治に関する若干の考察」（『横浜市立大学論叢』二四－三　一九七三年）

煎本増夫『幕藩体制成立史の研究』（雄山閣　一九七九年）

江户开幕

服藤弘司『幕藩体制国家の法と権力Ⅰ　幕府法と藩法』(創文社　一九八〇年)

大野瑞男「大坂城米について」(『政治経済の史的研究』所収　一九八三年)

佐々木潤之介『幕藩制国家論』上・下（東京大学出版会　一九八四年)

所理喜夫『徳川将軍権力の構造』(吉川弘文館　一九八四年)

柳谷慶子「江戸幕府城詰米制の成立」(『日本歴史』四四四　一九八五年)

柳谷慶子「江戸幕府城詰米制の機能」(『史学雑誌』96－12　一九八七年)

泉正人「参勤交代制の一考察」(『早稲田大学大学院文学研究科紀要別冊』14集　一九八七年)

小池進「将軍『代替』における江戸幕府軍隊の再編について」(『東洋大学大学院紀要　文学研究科』25　一九八九年)

田中誠二「萩藩の本・支藩関係をめぐって」(『山口県地方史研究』六一　一九八九年)

山本博文『寛永時代』(吉川弘文館　一九八九年)

藤井譲治『江戸幕府老中制形成過程の研究』(校倉書房　一九九〇年)

第六章

石坂善次郎『池田光政公伝』（一九三二年）

谷口澄夫『池田光政』（吉川弘文館　一九六一年）

谷口澄夫『岡山藩』（吉川弘文館　一九六四年）

谷口澄夫『岡山藩政史の研究』（塙書房　一九六四年）

藤井駿他編『池田光政日記』（山陽図書出版　一九六七年）

小浜市史編纂委員会編『小浜市史』藩政史料編Ⅰ（小浜市　一九八三年）

岡山県史編纂委員会編『岡山県史』近世Ⅰ（岡山県　一九八四年）

藤井譲治「日本近世社会における武家の官位」（『国家』所収）（京都大学人文科学研究所　一九八九年）

小浜市史編纂委員会編『小浜市史』通史編上巻（小浜市　一九九二年）

第七章、终章

石原道博『明末清初日本乞師の研究』（冨山房　一

九四五年）
小葉田淳『日本の貨幣』（至文堂　一九五八年）
岡田章雄『天草時貞』（吉川弘文館　一九六〇年）
長崎県史編纂委員会編『長崎県史』藩政編（吉川弘文館　一九七三年）
中村質「島原の乱と佐賀藩」（『九州文化史研究所紀要』二四　一九七九年）
煎本増夫『島原の乱』（教育社　一九八〇年）
藤野保編『佐賀藩の総合研究』（吉川弘文館　一九八一年）
田代和生『書き替えられた国書』（中央公論社　一九八三年）
加藤栄一「ブレスンス号の南部漂着と日本側の対応」（『日蘭学会会誌』14－1　一九八九年）

第八章

榎本宗次「『慶安御触書』考―その成立年代についての疑義」（『歴史評論』一〇六号　一九五九年）
佐々木潤之介『幕藩権力の基礎構造』（御茶の水書房　一九六四年）
藤井譲治「幕藩体制初期の藩財政」（『史林』五六

一一　一九七三年）

茎田佳寿子『江戸幕府法の研究』（厳南堂書店　一九八〇年）

藤田覚「寛永飢饉と幕政」（『歴史』59・60　一九八二・一九八三年）

松崎欣一「『慶安御触書』の諸本について」（『日本歴史』四二三　一九八三年）

丸山雍成「『慶安御触書』論の推移とその存否をめぐって」（『近世近代史論集』所収）（吉川弘文館　一九九〇年）

根岸茂夫「『慶安御触書』をめぐる数々の疑問」（『教室の窓—新しい社会』三五〇　一九九一年）

索　引

*天皇一词中包括上皇和法皇。

C

E

F

G

H

M

N

江户开幕

T

W

X

Y

Z

图书在版编目(CIP)数据

江户开幕 / (日)藤井让治著；刘晨译. --北京：社会科学文献出版社，2018.11

ISBN 978-7-5201-3211-4

Ⅰ.①江… Ⅱ.①藤… ②刘… Ⅲ.①日本-中世纪史-江户时代 Ⅳ.①K313.36

中国版本图书馆CIP数据核字(2018)第174855号

江户开幕

著　　者 / [日]藤井让治
译　　者 / 刘　晨

出 版 人 / 谢寿光
项目统筹 / 董风云　沈　艺
责任编辑 / 沈　艺　李　洋　续昕宇

出　　版 / 社会科学文献出版社·甲骨文工作室(010)59366551
地址：北京市北三环中路甲29号院华龙大厦　邮编：100029
网址：www.ssap.com.cn
发　　行 / 市场营销中心(010)59367081　59367018
印　　装 / 三河市东方印刷有限公司

规　　格 / 开　本：889mm×1194mm　1/32
印　张：12.625　字　数：232千字
版　　次 / 2018年11月第1版　2018年11月第1次印刷
书　　号 / ISBN 978-7-5201-3211-4
著作权合同登记号 / 图字01-2017-5424号
定　　价 / 72.00元